新版
街道を歩く
甲州街道
大高利一郎

日本橋

日本橋の獅子像

日本国道路元標（レプリカ）

日本橋は街道の基点である。現在、日本橋の中央の路面に埋め込まれている道路元標のレプリカが北西の橋詰広場にある。

内藤新宿

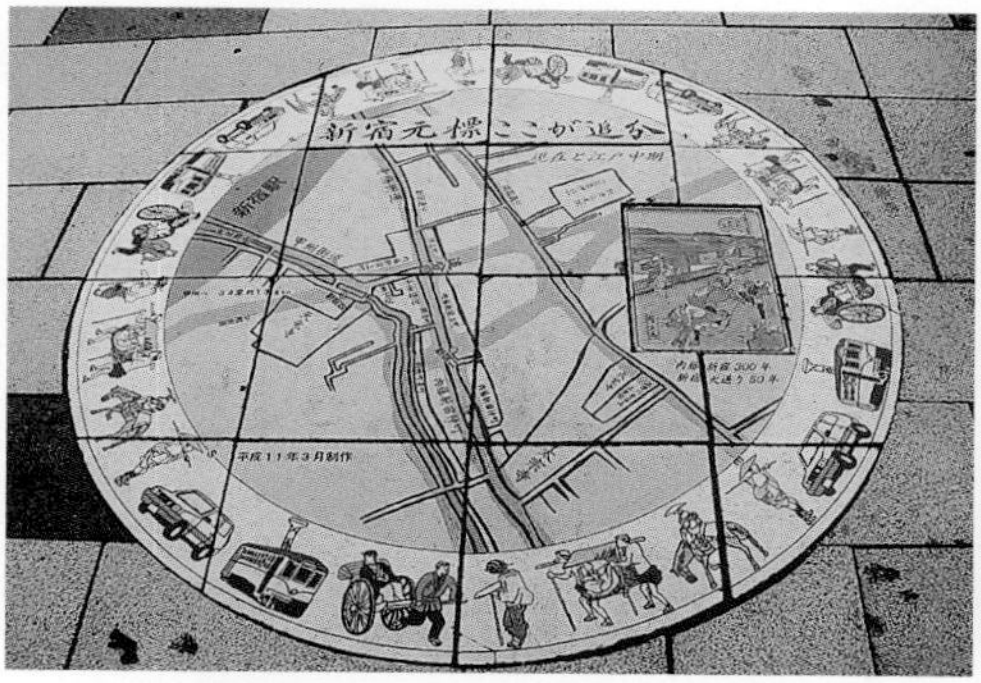

新宿の追分道標

新宿三丁目交差点は甲州街道と青梅街道との分岐点。この手前の歩道にそれを示す追分の道標が埋め込まれている。

府中宿

府中宿の高札場

江戸時代の宿場では民衆に対して法令を伝えるための高札場が立てられていた。甲州街道では府中宿に唯一、ほぼ昔のままで高札場が残っている。

初期の甲州街道

古民家（旧柳澤家住宅）

初期の甲州街道を歩いて、崖下の歴史道を抜ける。するとヤクルト本社近くには江戸時代から使われていた農家を移築、復元した古民家が保存されている。

日　野　宿

日野宿本陣

各宿場には大名が宿泊する本陣や脇本陣、旅籠、問屋場などが設けられていた。日野宿の本陣は都内で現存する唯一の本陣建物である。

竹の鼻公園の一里塚

一里塚は里程の目標として街道の両側に1里ごと土を盛ったもの。竹の鼻公園には日本橋から11里を示す「一里塚跡碑」がある。

八　王　子

いちょう並木

八王子の追分から高尾駅まで4・2キロメートルの間、約770本のいちょうの木が植えられている。

猿　　橋

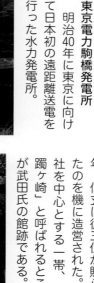

猿橋
日本三奇矯の一つとして知られている。現在の橋は昭和59年に復元されたもの。

東京電力駒橋発電所
明治40年に東京に向けて日本初の遠距離送電を行った水力発電所。

武田信玄と甲府

武田神社
祭神は武田信玄。大正8年、信玄に従三位が贈られたのを機に造営された。神社を中心とする一帯、「躑躅ヶ崎」と呼ばれるところが武田氏の館跡である。

善光寺
永禄元年創立。信玄は長野善光寺が戦火にさらされることを恐れて、本尊以下諸仏や寺宝をこの地に移した。

台ヶ原宿

金精軒

台ヶ原宿は甲州街道の中で最も当時の雰囲気を残していて、日本の道百選にも選ばれている。中でも和菓子屋、金精軒は「信玄餅」の元祖である。

七賢

北原家は寛延2年頃に高遠から移住して以来、造り酒屋を営んできた。桁行16間に及ぶこの建物は、全国的に見ても第一級の幕末大型町屋である。

諏訪大社

信濃国一の宮として全国に1万余の分社をもつ諏訪大社の一つ、下社秋宮は中山道との分岐点にある。幣拝殿の四隅には「御柱」が立っている。

秋宮一之御柱

幣拝殿

新版

街道を歩く

甲州街道

もくじ

●本書を利用するにあたって

◈本書掲載のデータは２０２２年12月現在のものです。刊行後のお問い合わせ電話番号、開館時間、定休日、住所、交通機関、交通事情などに変更が生ずる場合があります。

◈本書に掲載されている場所によっては、現在お住まいの方もいらっしゃいます。ご迷惑とならないよう、十分マナーをお守りください。

◈本書の地図は見やすくするため便宜上、実際の距離縮尺が見た目や実際と異なるところがあります。

●地図記号

- 甲州街道のルート
- ＪＲ線
- 私鉄線
- バス停
- 本陣跡
- 脇本陣跡
- 問屋場跡
- 石碑・塚
- 高速道路・有料道路
- 一般国道・その他道路
- 市役所 ◎
- 警察署 ⊗
- 交番 X

●用語解説

本陣　江戸時代の宿場で、大名などが宿泊した公認の宿舎
脇本陣　大名の従者が多く、本陣が対応しきれなくなったとき、予備にあてる宿舎
問屋場（といやば）　人馬の継立などの事務を行ったところ
継立（つぎたて）　宿場で人馬を乗り継ぐこと
旅籠　一般の旅人が利用した宿舎
高札（こうさつ）　法度などを記し、人目をひく所に高く掲げた板札
講札（こうふだ）　講が指定した旅館に掲げてある看板
枡形（ますがた）　敵の侵入を阻むため、まっすぐに進めないよう意図的に道を折り曲げたもの。鍵の手
間宿（あいのしゅく）　正規の宿駅間に設けられた旅人休憩用の宿
立場（たてば）　人足・旅人の休憩場所
見附　枡形のある城門の外方に面する部分
一里塚　街道の両側に1里ごとに土を盛り、里程の目標とした塚
関所　交通の要衝や国境に設けて、通行人や通行貨物を検査するところ
行在所（あんざいしょ）　天皇行幸の際の仮のすまい
宝篋印塔（ほうきょういんとう）　宝篋印陀羅尼を納める塔。後に供養塔・墓碑塔として建てられた
廻国塔　日本全国の主要な神社仏閣を巡り、法華経を納める行を行った人たちが記念に建てた石塔
二十三夜塔　陰暦23日の夜に月待をする行事の際、供養のしるしとして建てた石碑
常夜灯　街道沿いに設置され、夜通し灯されている明かり
道祖神　集落の入り口などに多く、道路の悪霊を防いで行人を守護する神
出桁造り（でげたづくり）　桁を表に通し、軒を支える横梁を渡した造り

1里＝36町＝約３・９キロメートル
1町＝60間＝約１０９メートル
1間＝6尺＝約１・８メートル
1貫＝３・７５キログラム

甲州街道の宿駅

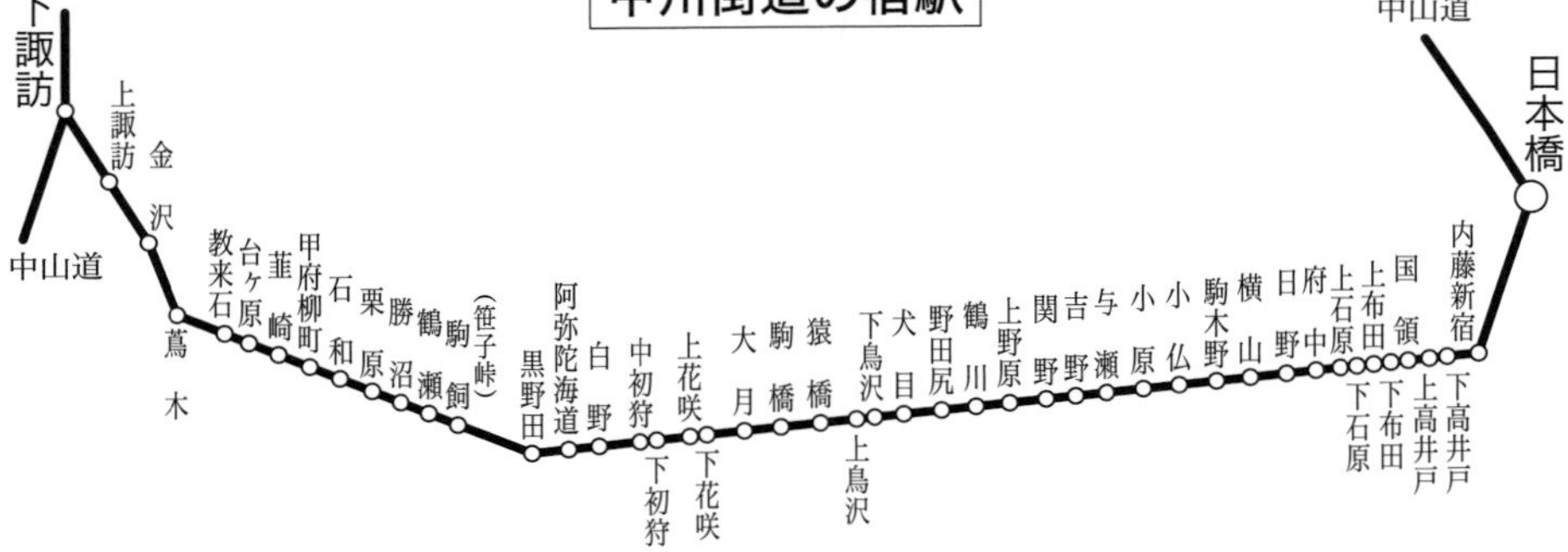

甲州街道宿継ぎ形態　(45宿32次)

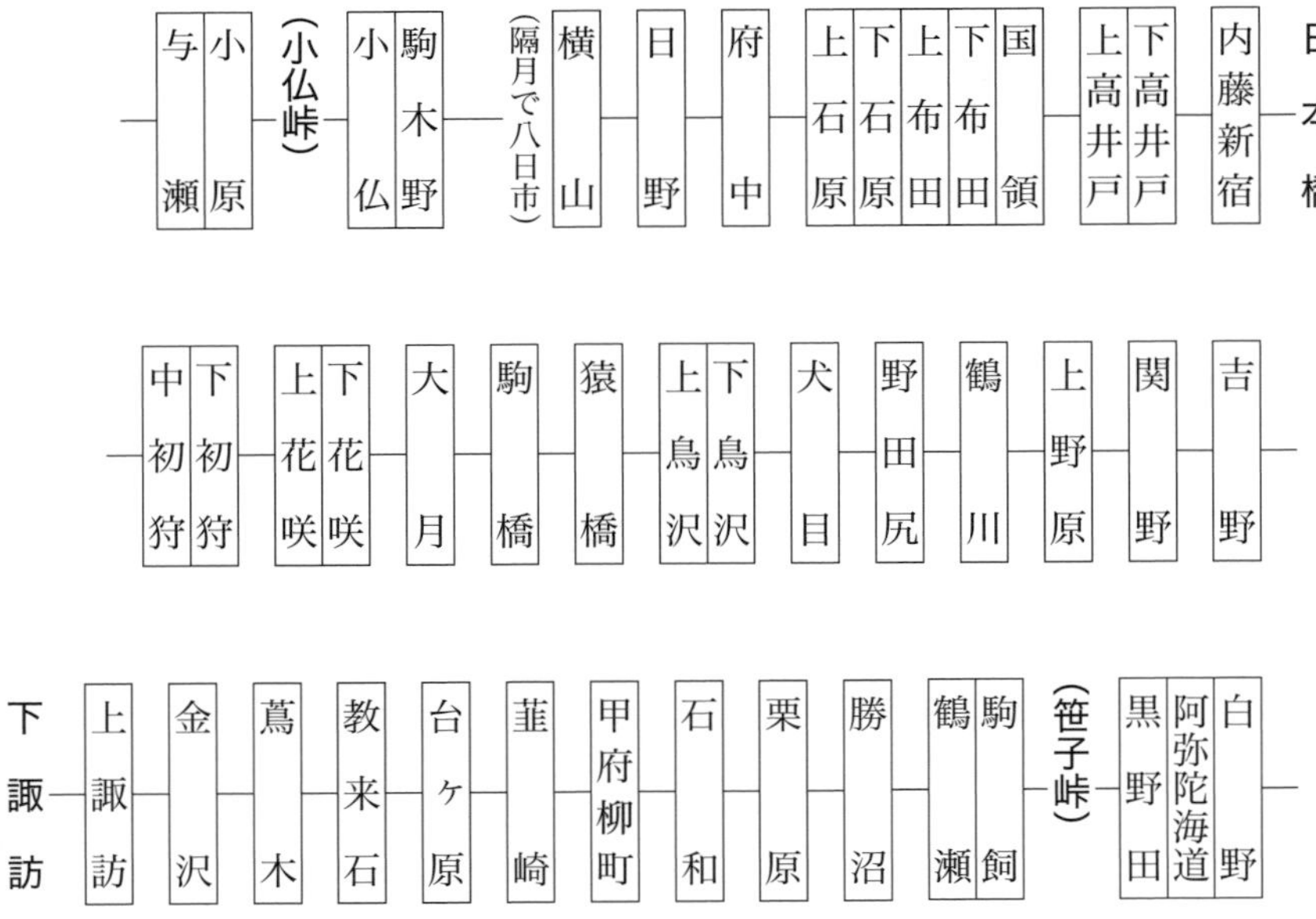

『日光・奥州・甲州道中宿村大概帳』より

※江戸幕府は正徳６年（1716）に「甲州道中」という名称を用いるべき旨を定めているが、本書では便宜的に「甲州街道」で統一している。また、各回冒頭に掲載している宿駅間の距離は『日光・奥州・甲州道中宿村大概帳』による。

第1回
日本橋から内藤新宿
（2里）

— 日本橋（2里）内藤新宿 —

ポイント

江戸時代の俤を訪ねる

行程：日本橋……白木の名水跡の碑……一石橋……呉服橋交差点……東京駅……日本工業倶楽部会館（幕府伝奏屋敷）……大名小路……和田倉門……馬場先門……日比谷見附跡……桜田門……日本水準原点（井伊直弼屋敷跡）……渡辺崋山生誕地跡……半蔵門……平河天満宮……上智大学（尾張徳川家の中屋敷）……四ツ谷駅（四谷見附跡）……西念寺……愛染院……須賀神社……田宮稲荷……消防博物館……長善寺……四谷大木戸跡碑……玉川上水記念碑……内藤新宿開設三百年記念碑……新宿御苑（内藤駿河守下屋敷）……内藤新宿……太宗寺……成覚寺……追分……天龍寺……新宿駅

＊歩程約7.8キロメートル

日本橋

《江戸城》

平安末期から鎌倉時代にかけて、秩父氏の一族、江戸氏が居館を構えた跡といわれる。築城したのは太田道灌で、長禄元年（1457）に完成。この城を見て道灌は、「わが庵は松原つづき海近く富士の高嶺を軒端にぞ見る」と詠んだといわれる。太田氏のあとは上杉氏、続いて北条氏が領したが、天正18年（1590）、関東に入った徳川家康はここを居城と定めた。

1 日本橋

日本橋川に架かる橋。天正18年に家康が江戸城へ入ったところは、ほとんどが葦の生えた浜であった。江戸城の整備が行われて、付近を埋め立てる町割りが始められた慶長8年（1603）、初めて架橋。このときの橋の長さは約51メートル、幅約8メートル、橋脚8本。欄干には擬宝珠（ぎぼし）が施され、反りのある木橋だった。擬宝珠の付いている橋は、市中で城郭に架かる橋と日本橋・

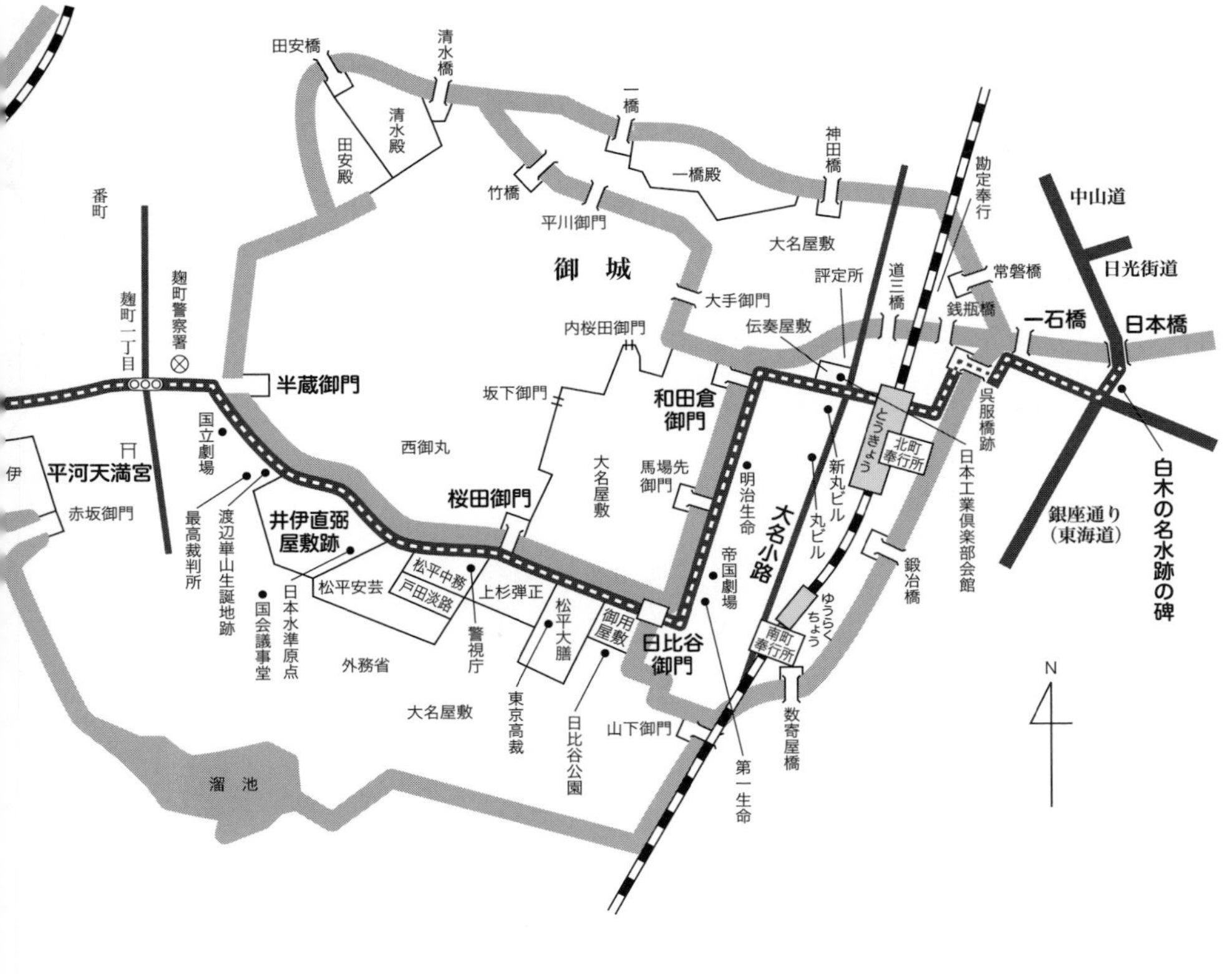

京橋・新橋だけである。

翌年2月にはこの橋を起点に五街道が整備され、一里塚が築かれる。以後19回の架け替えがあった。現在の橋は明治44年（1911）に、それまでの木の橋から石の橋へと生まれ変わったものである。

花崗岩で造られたルネサンス様式のアーチ型橋柱の上には、獅子と麒麟を模した像を配置。さらに街道の基点の意味で、明治建築界の三巨頭の1人である妻木頼黄（よりなか）による松と榎がデザインされている。

橋名標の文字は徳川15代将軍慶喜の筆によるもの。橋の中央には「日本国道路元標」のプレートが埋め込まれ、その真上の首都高速道上下線の間には「東京市道路元標」が建っている。現在、これらのレプリカが橋の北西詰に置かれ、その前に主要都市までの距離を刻んだ石板がある。日本橋は江戸の中心であるばかりでなく、日本の中心でもあったので、各地への里程はこの橋から測られたのである。

かつて橋の南詰に高札が建てられ、道をはさ

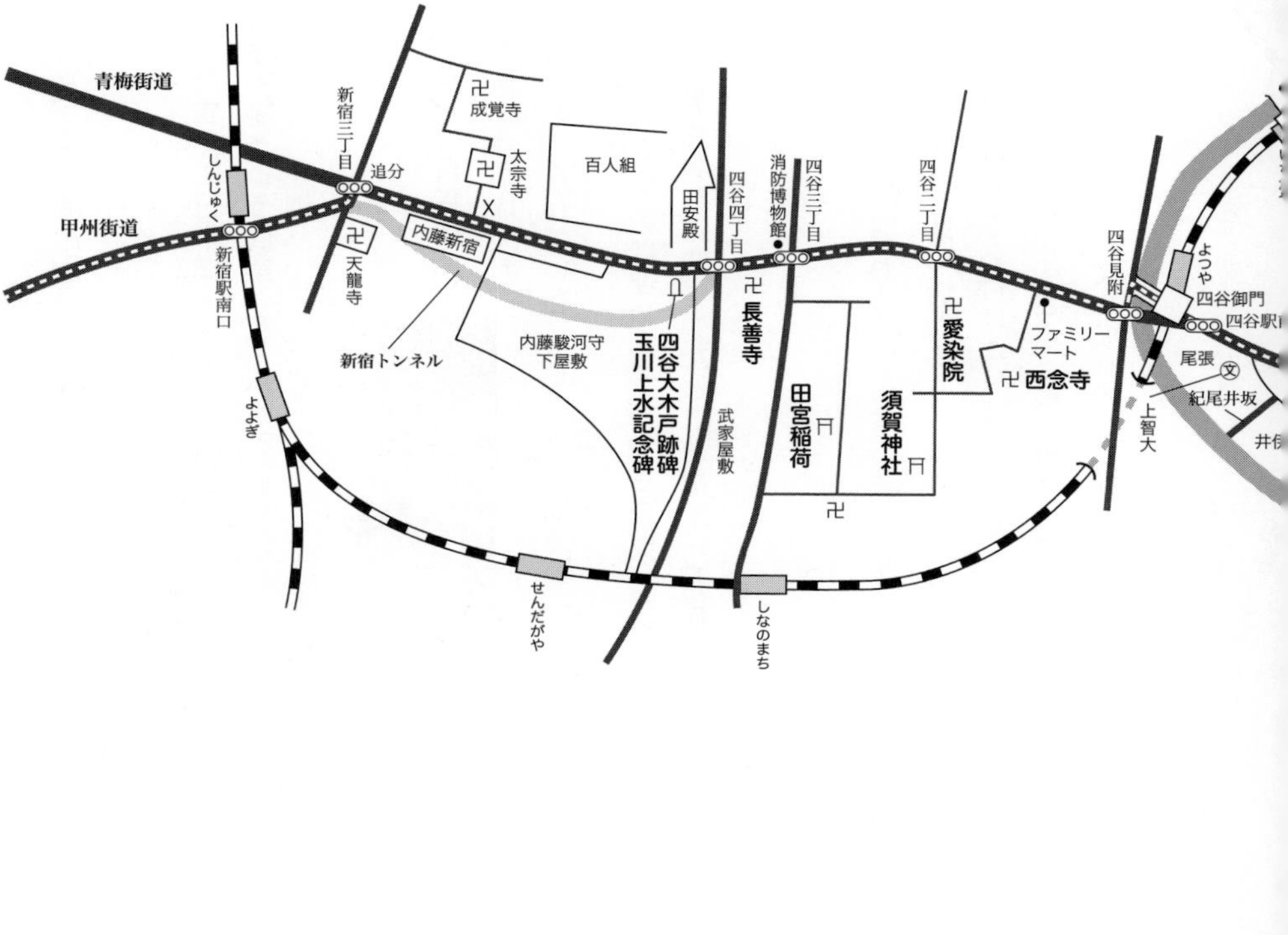

んで向かい側には、大罪人が晒(さら)された晒し場があった。また、橋の北詰から江戸橋との間は魚河岸であった。

◆日本橋を南に進む。これは東海道と同じコースである。すぐに日本橋の交差点になるが、その北東の角には、COREDO日本橋という商業施設があり、その敷地内には「白木の名水跡の碑」がある。

2 白木の名水跡の碑

ここにはかつて白木屋という百貨店があった。白木屋店内の堀抜き井戸は、お茶の名水として知られ、店内は朝鮮使節来朝の際の休憩所にあてられていた。

◆日本橋交差点から分かれて、西に進む。やがて呉服橋の跡（いまは埋め立てられて名前のみが残る）を抜けて、東京駅の日本橋口を入る。途中、呉服橋の交差点を右に曲がったところに「一石橋」がある。

白木の名水跡の碑
（1999年撮影　現在は別地に移転）

3 一石橋

外濠から東へ流れる日本橋川に架かった最初の橋である。この橋の北に金座(きんざ)改役(あらため)後藤庄三郎宅、南には幕府御用達の呉服商後藤縫殿助の店があり、後藤（5斗）と後藤（5斗）を足すと一石になったことから江戸っ子は洒落(しゃれ)て「一石橋」と名付けた。

この橋の上に立つと、西の江戸城の方向には、道三堀に架かった銭瓶(ぜにがめ)橋と道三橋、東には日本橋と江戸橋、右手北には常盤橋、左手南には呉服橋と鍛冶橋が見え、自分の立っている橋を加えると、八ツの橋が見えたので、俗称「八ツ見の橋」ともいわれていた。

また、この橋の南詰西側に迷子石といわれる「迷子しらせ石標」（都旧跡）が建っている。正面に「満与ひ子の志るべ」、左に「たつぬる方」、右に「志らする方」、裏側に「安政四丁巳年（１８５７）２月西河岸」と刻まれている。

一石橋の北、50メートル左側に、明治10年に架け替えられた都内最古の洋式石造アーチ橋の常盤橋がある。この橋を渡ったところには常盤橋御門跡（国史跡）があり、枡形の石垣が残る。

◆東京駅八重洲口の辺りはかつて北町奉行所のあった場所。丸の内口への連絡通路を通って東京駅を横断する。丸の内北口を出て、和田倉橋に向かう。途中、日本工業倶楽部会館前を南北に通る道が「大名小路」である。日本工業倶楽部会館には幕府の伝奏屋敷（迎賓館）があった。

4　大名小路

外様大名の江戸屋敷として割り当てられた場所である。また、この通りには幕府の役所である評定所（最高裁判所）、伝奏屋敷、南町奉行所もあった。

◆道は和田倉橋の交番を前にして、内濠に突き当たる。その先の宿、内藤新宿に向かうには、江戸城内を通るわけにはいかないので、南（日比谷、半蔵門方面）に行くか、北（竹橋、田安門方面）に行くかである。横山吉男氏の『甲州街道を歩く』によると「元禄十六年（一七〇三）、南関東に大地震が起こり、江戸市中は壊滅状態となった。……（中略）……このとき「北回りコース」は廃止され、比較的被害の少なかった「南回りコース」（山ノ手コース）が整備されたようである」とある。

大名小路

5 和田倉御門

説明板によると、家康江戸入りの時、一の蔵として土衆通行のために橋を架け、門を設けて蔵の御門と称したことが名前の由来になったとある。

明治になって一帯が軍用地に指定され、和田倉門も陸軍の調馬厩となった。その後、大正12年の関東大震災で門とともに大きな被害を受け、門は撤去された。このとき被害を受けた和田倉橋は、コンクリートを土台とした木橋の姿で後に再建されている。

和田倉橋を渡った先には枡形がある。そこは昔の景観を残すよう復元され、江戸城の門と橋を偲ぶのにふさわしい風景となった。

◆和田倉門から内壕に沿って南に進む。東京駅から宮城にむかう行幸通を横断し、馬場先門を過ぎる。左手に第一生命本社ビルを見て、堀が右に折れるところが「日比谷見附跡」である。

和田倉門

6 日比谷見附跡

日比谷公園入口の交番付近に、江戸城外郭城門の一つである「日比谷見附（日比谷門）跡」の石垣の一部が残っている。城門は外側から順に高麗門・枡形・渡櫓（わたりやぐら）・番所が石垣で囲まれていた。『御府内備考』によると、松平陸奥守正宗が築いたことが書かれている。

明治6年に撤廃され、日比谷公園を造成する際、石垣の西側は濠となっていたが、昔の面影を偲んで心字池が造られた。

◆石垣が一部残っている濠に沿って西に進むと、やがて「桜田門」が見える。この門と向かい合って警視庁のビルが建っている。

7 桜田御門

古来この辺り一帯は「桜田郷」といわれ、旧江戸城本丸の「内桜田門（桔梗門）」に対して「外桜田門」と名付けられた。通常「桜田門」という場合には、この「外桜田門」を指している。

桜田門外の変は、万延元年（1860）3月3日、現在の警視庁前で起きた。井伊直弼（大老）は家茂を将軍の継嗣としたこと、勅許を待たず日米修好通商条約に調印して、反対派を安政の大獄で弾圧したことにより、水戸・薩摩の浪士18名に襲撃された。

桜田門

◆やがて正面には昭和11年（1936）に完成した国会議事堂が見える。議事堂に入る道を横切った辺りが「井伊直弼屋敷跡」で、現在はこの地に「日本水準原点」が置かれている。説明板には、「水準原点の位置は、この建物の中にある台石に取り付けた水晶板の目盛りの零線の中心で、その標高は24・4140メートルと定められている」とある。

日本水準原点

8 井伊直弼屋敷跡

彦根藩井伊家の上屋敷があった場所には、改易になるまで加藤清正の上屋敷があった。明治以後は陸軍参謀本部や陸地測量部が置かれていた。

井伊候の藩邸表門の前、石垣のもとには「桜が井」があった。『江戸名所図会』には「亘り九尺ばかり、石にて畳みし大井なり。釣瓶の車三つかけならべたり」とある。「桜が井」の道を挟んだ濠の際には、「柳の水」も保存されていた。『江戸名所図会』によると、近くの御堀端番屋裏にある柳の木のもとには「柳の水」もあり、「いづれも清冷たる甘泉なり」であったそうだ。

◆三宅坂を渡り、最高裁判所手前の角の小公園には「渡辺崋山生誕地跡」の説明板がある。それによると渡辺崋山は通称を登といい、寛政5年（1793）、三宅備前守藩邸内に生まれ、大部分をここですごしたとある。

彼は天保8年（1837）、モリソン号事件で異国船打払令に反対し、『慎機論』を著したのだが、蛮社の獄で処罰され、自殺した。天保12年のことである。

国立劇場を過ぎると、「半蔵門」が見えてくる。この半蔵門で濠と分かれ、門を背にして西に向かう。

9 半蔵御門

古くは「麹町門」といったが、伊賀忍者で組織した伊賀組の組頭・服部半蔵の組屋敷があり、警固にあたっていたことから「半蔵門」といわれるようになった。この門から延びる甲州街道は、江戸落城の折に、将軍が甲府へ避難する道と考えられていた。したがって半蔵門から四谷門に至る街道の北側の番屋一帯は、江戸を警護する旗本の住宅地として割り当てられていた。彼等は番方（ばんがた）と呼ばれ、50名を1組として6組が組織され、戦時には将軍本陣の前後左右に、平時には城内に勤務して江戸城の警護にあたっていた。現在この辺りを指す「番町」の名前はここから生まれた。

◆麹町一丁目の信号を過ぎ、次の通りを左に入ると「平河天満宮」がある。

10 平河天満宮

文明10年（1478）、江戸平河城主太田道灌が、菅原道真の霊夢を見て、城内に天満宮を建立した。その後、徳川家康が築城のため、本社を平河門外に奉遷。慶長12年、2代将軍秀忠が現在地に奉遷したことによって、地名も「平河町」と名付けられた。

◆半蔵門からは、ほぼ一直線に西に向かう。街道の北側一帯は番町で、南側は尾張藩・紀伊藩・井伊掃部頭の中屋敷。街道に面したところには町家が軒を連ねていた。

やがて四谷見附となる。その手前左側の上智大学は、かつて尾張徳川家の中屋敷であった。これを過ぎると四ツ谷駅である。麹町入口には「四谷見附跡」の石垣が残っている。

11 四谷見附跡

外堀にかかった四谷御門の枡形の跡。御門は90近くあり、旗本や譜代大名が見附番所で警備を行っていた。この門は寛永16年（1639）に毛利秀就（ひでなり）により造営。明治5年に撤去されて現在は石垣が残るのみ。

◆四谷門（四ツ谷駅）を過ぎた一帯には、街道を防衛するように武家屋敷が並んでいた。大名の下屋敷を取り囲むように旗本や御家人の屋敷があり、さらに下級武士である御先手組（おさきてぐみ）、御槍組、百人組与力同心、大御番与力同心などが組単位で住む大縄地という場所が散在していた。

四谷門を過ぎた左手には多くの寺もある。左手ファミリーマートを過ぎてすぐの小道を入ると突き当たりに「西念寺」がある。

四谷見附跡

12 西念寺（浄土宗）

西念寺は徳川家康の長子信康の冥福を祈るため、家康の命により、服部半蔵正成が開山した。天正10年（1582）、織田信長の命により、家康は断腸の思いで半蔵に信康への介錯（首切）を命じたが、半蔵はこれを断った。徳川譜代家臣が敬遠した検視の役を引き受けた天方山城守通綱（みちつな）が信康介錯の役を担うことになったが、それにより家臣一同から命を狙われ、高野山に逃避した。後年、通綱は越前中納言結城秀康に召し抱えられた。

専称山の山号、西念寺の寺号は半蔵の法名からとられたもの。文禄2年（1593）、麹町・清水谷に開山されたが、寛永11年の外濠工事のため現在地に移った。

寺には信康の供養塔と半蔵の墓（法名＝専称院殿安誉西念大禅定門）がある。また寺宝として半蔵の大槍が伝えられている。

◆西念寺をぐるりと廻って反対側、観音坂を下って突き当たりを右に進む。しばらく進むと右手に見える天王坂に愛染院がある。ここには『群書類従』をあらわした塙保己一（はなわほきいち）の墓、内藤新宿を開いた高松喜六の墓がある。

観音坂を背に進み、階段を上ったところに「須賀神社」がある。

13 須賀神社

江戸の初期より東京四谷の地に鎮座する四谷十八ヵ町の鎮守様である。毎年6月に行われる御祭礼は、古くは四谷の「天王祭り」といわれ、江戸五大祭りの1つとして有名であった。

パンフレットによると、社名の須賀とは「須佐之男命が出雲の国の簸（ひ る）の川上に八俣の大蛇を討ち、平らげ給い『吾れ此の地に来たりて心須賀、須賀し』と宣り給いて、宮居を占め給いし故事に基づき名付けられた」とある。

◆階段を背にして、突き当たりを右に進む。顕性寺の前の小道を進むと、左手に「田宮稲荷（お岩稲荷）」が祀られている。

14 田宮稲荷

境内にかつてあった説明板には、次のように記されていた。

「都旧跡田宮稲荷神社跡

文化文政期に江戸文化は爛熟期に達し、いわゆる化政時代を出現させた。歌舞伎は民衆娯楽の中心になった。「東海道四谷怪談」の作者として有名な四代目鶴屋南北〔金井三笑の門人で幼名源蔵、のち伊之助、文政十二年（一八二九）十一月二十七日没〕も化政時代の著名人である。「東海道四谷怪談」の主人公田宮伊左衛門（南北の芝居では民谷伊右衛門）の妻お岩を祭ったお岩稲荷神社の旧地である。物語は文政十年（一八二七）十月名主茂八郎が町の伝説を集録して、町奉行に提出した「文政町方書上」にある伝説を脚色したものである。明治五年ごろ、お岩神社を田宮稲荷と改称し、火災で一時移転したが、昭和二十七年再びここに移転したものである」

田宮稲荷

◆再び甲州街道に戻る。四谷三丁目信号の北西角には消防博物館があり、江戸時代の火消しの様子を知ることができる（コラム参照）。その先、四谷四丁目信号手前には「笹寺」と呼ばれている「長善寺」がある。

15 長善寺（笹寺・曹洞宗）

天正３年（１５７５）の開山。笹寺の名称は、徳川３代将軍家光が鷹狩の際に立ち寄り、周辺に笹が生い茂っていたため、命名したと伝えられる。本尊として2代将軍秀忠の念持仏である「めのう観音像」を崇源院よりたまわった。

総門の額「笹寺」は永平寺承天和尚（永平寺39世）の筆。

〈江戸勧進角力旧址碑〉

江戸の勧進角力は宝暦年間（１７５１～６４）に始まったといわれているが、当時は定まった場所での興行ではなかった。主に深川八幡で催されたが、この寺など他の神社・寺院の境内でも開催されていた。

両国回向院が定場所となったのは、天保４年から。以来70年間、回向院場所が続いた。旧両国国技館が開設されたのは明治42年である。

◆四谷四丁目の交差点の先、自動車道の御苑トンネルと分岐するところが四谷大木戸跡であり、小さな広場に都旧跡「四谷大木戸跡碑」が立っている。「見附」は城門、「大木戸」は江戸城下町の入り口を意味している。

その隣に建っている大きな石碑は「玉川上水記念碑」である。

16　四谷大木戸跡碑

甲州街道出入口の関門として、元和2年（１６１６）に設けられた。道の両側に石垣を築き、高札場もあったが、寛政14年（１７９２）に廃止。大木戸から内藤新宿までの石畳は、明治初年まで残っていたという。現在も大木戸が地名として残っているのは、ここと高輪大木戸跡の2カ所である。なお、この碑石は昭和34年、地下鉄丸ノ内線工事のときに発見された玉川上水の石樋が使われている。

四谷大木戸跡碑

17 玉川上水記念碑

「四谷大木戸跡」とともに明治28年に建てられ、玉川上水が引かれた理由と玉川庄右衛門・清右衛門兄弟の苦心が記されている。ここには水番所が置かれていた。玉川上水はこの水番所まで開渠で引かれ、ここから石樋を地中に埋めていた。そして江戸城内、番町、平河町および虎の門方面へ流し、余った水は大木戸から内藤駿河守の屋敷へと流していた。隣のビルは水道局になっている。

◆小さな広場の先、左手が内藤駿河守の下屋敷。昭和24年から新宿御苑として一般に開放されている。道の右側には百人組の屋敷があり、土地と屋敷を与えられた伊賀者の鉄砲隊百人同心が住んでいた。彼等が内職として栽培したつつじは「大久保つつじ」として有名になった。

大木戸門の手前、四谷区民センターの植込には「内藤新宿開設三百年記念碑」がある。

内藤新宿開設三百年記念碑

〔内藤新宿〕

本陣1軒　旅籠24軒　問屋場1軒　総家数698軒

人口2377人（男1172人　女1205人）　宿場の長さ9町10間

※以下、宿のデータは『日光・奥州・甲州道中宿村大概帳』（以下『宿村大概帳』と表記）参照

甲州街道1番目の宿場は高井戸であったが、日本橋から高井戸までは4里2町（約16キロメートル）と遠かった。そのため浅草・阿部川町に住む名主、高松喜六（喜兵衛）が元禄10年、同志4人と

ともに、太宗寺の南東に宿場を設置するよう幕府に願い出た。このときの運上金は５６００両だったという。

　翌年に許可となり、信州高遠藩・内藤大和守の下屋敷や旗本・朝倉氏の屋敷地を返上して新しい宿場を作った。これが「新宿」の地名の由来である。

　約1カ月で新しい宿場を完成させた喜六は本陣兼問屋として移り住んだ。宿ができると間もなく「四谷新宿馬糞の中でアヤメ咲くとはしおらしい」という潮来節の替え唄が流行した。

　ところが享保３年（１７１８）に突然廃駅を命じられる。再び宿が開かれたのは54年後の明和９年（１７７２）２月であった。

　内藤新宿について『江戸名所図会』には「甲州街道の官駅なり（この地は旧へ内藤家の第宅の地なりしが、後町屋となる。ゆゑに名とす）。日本橋より高井戸までの行程、およそ四里あまりにして人馬とも労す。よって元禄の頃、この地の土人官府に訴へて、新たに駅舎を取り立つる、ゆゑに新宿の名あり。しかりといへども、ゆゑありて享保の始め廃亡せしが、また明和九年壬辰（一七七二）、再び公許を得て駅舎を再興し、いまは繁昌の地となれり（このところより高井戸へ一里二十五町あり）。追分といふは、同所甲州街道、八王子通りおよび青梅等への分かれ道なればなり」とある。

◆四谷警察署新宿交番横の小路を右に入ったところに、内藤家の菩提寺である「太宗寺」がある。

18 太宗寺（浄土宗）

　開山は年誉故心学玄大徳。寛文８年（１６６８）。

「昔はわづかなる草庵なりしを、寛永（一六二四〜四四）の頃、内藤大和守重頼（一六二八〜九〇・大名）この地を賜りしとき、この地に住める道心者ありしに、重頼若干の地を与えられしが、広割なるをもって太宗（たいそう）なりといひしかば、重頼とりあへず、『さあらんには寺号を太宗と付けよ』とありしより号とす」と『江戸名所図会』にある。

本尊の阿弥陀如来は恵心僧都の作。

門を入った右手に江戸六地蔵の第3番として正徳2年（1712）に造立された銅造地蔵菩薩坐像（都指定文化財）がある。発願は深川の地蔵坊正元。鋳物師は神田鍋町の太田駿河守藤原正儀。

江戸六地蔵は、江戸の出入口6カ所に建てられた。その場所と建立年月日は次の通り。

品川寺（品川区）東海道　宝永5年（1708）9月造立
東禅寺（台東区）奥州道　宝永7年8月造立
太宗寺（新宿区）甲州街道　正徳2年9月造立
真性寺（豊島区）中山道　正徳4年9月造立
霊巌寺（江東区）水戸街道　享保2年（1717）4月造立
永代寺（江東区）千葉街道　享保5年7月造立
（永代寺の地蔵像は現存せず）

銅造地蔵菩薩坐像の左には閻魔堂がある。高さ5・5メートルの閻魔や奪衣婆像があり、別名「新宿えんま寺」とも呼ばれる。墓地には内藤家5代正勝の墓（宝篋印塔（ほうきょういんとう））や常夜灯がある。庫裏の前庭の石灯籠（内藤家の墓所より出土）は左十文字紋があり、切支丹灯籠と呼ばれている。

太宗寺の江戸六地蔵

内藤正勝の墓地

◆太宗寺の北側に「成覚寺」がある。

19 成覚寺（浄土宗）

開山は浄蓮社岌誉上人瑞翁直心和尚。文禄3年（１５９４）に起立。俗称「投げ込み寺」。子供合埋碑、浮世絵師・狂歌師・戯作者であった恋川春町の墓がある。

〈子供合埋碑〉

区指定有形文化財。碑面に「子供合埋碑」、台石に「旅篭屋中」とある。万延元年建。

◆新宿三丁目の交差点が追分で、甲州街道と青梅街道の分岐点である。その前の歩道には「追分道標」があり、少し手前の左側には江戸時代から続く老舗「追分だんご本舗」がある。

新宿三丁目を左折し、次の交差点を右折。陸橋の上がＪＲ新宿駅南口である。陸橋の方に曲らないで直進すると、左手に時の鐘で知られる「天龍寺」がある。

20 天龍寺（曹洞宗）

天文23年（１５５４）、遠州天竜川の辺りに開かれた。天和３年（１６８３）に当地を拝領。開山は春屋宗能和尚。『江戸名所図会』には、「同所追分より南の方、甲州街道の左にあり。本尊千手観音……（中略）……境内に地蔵堂と観音堂あり。また構への内に一里塚あり」とある。この寺の門前地には高札場があった。

また、笠間城主牧野備後守成貞が寄進したオランダ製の櫓時計があり、この時計をもとに「時の鐘」が撞かれたと伝えられている。この鐘は登城する侍たちが遅刻をしないよう30分くらい早めに撞かれたという。そのため遊女との別れも早められ、「追い出しの鐘」ともいわれた。

時の鐘は上野寛永寺・市谷八幡の鐘とともに江戸三名鐘の１つに数えられた。鋳造は明和４年、多摩郡

谷保村の関孫兵衛藤原種久の手による（区指定有形文化財）

◆時間が許すならば四谷三丁目交差点にある消防博物館に寄りたい。「火事と喧嘩は江戸の華」という言葉があるように江戸名物の第一は火事であった。江戸時代の火消の歴史、火消道具、消防システムなどが展示解説してある。

火　消

「火事と喧嘩は江戸の華」という言葉が江戸の特色をよく表しているように、火事は江戸の名物の第一に挙げられる。ところが江戸初期に消防組織はなく、武家屋敷の火災は大名や旗本が各自消火にあたり、町屋の火災は町人自身の消火活動に任せていた。

大名火消

そんな中起こった寛永18年（1641）の桶町火事では、将軍徳川家光自ら大手門まで出て指揮をとったが、江戸の大半を焼く火事となってしまった。そこで翌々年、6万石以下の大名16家を4組に編成。1万石につき30人の人足を出し、1組（420人）が10日ずつ防火にあたることにした。これが「大名火消」である。

定火消（じょう）

しかし江戸史上最大の大火といわれる明暦の大火によって大名火消程度では対応できないことを痛感した幕府は、大火の翌年の万治元年（1658）に「江戸中定火之番」、すなわち「定火消」を創設した。

幕府は2千から3千石の旗本4人に命じて、麹町半蔵門外・飯田橋・お茶の水上・市ヶ谷佐内坂に火消屋敷を与え、火消人足を抱えるための役料３００人扶持を給し、与力6人、同心30人を附属させた。その後さらに6人の大名が追加され、寛文2年（１６６２）には10隊となり、定火消は「十人火消」とも呼ばれるようになった。この10隊は江戸城の北西部、八重洲河岸・赤坂溜池・駿河台・赤坂門外・小川町・四谷門外に先の火消屋敷４カ所を加えた計10カ所に置かれた。これは北西の季節風が吹く冬に火災が多く、この地域から出火すると江戸の町は風下となって、大火となる恐れがあったからである。

定火消に任命された与力・同心は皮頭巾・皮羽織を着用し、与力は騎馬で、同心は徒歩で出動した。また、実際に消火活動を行うのは「臥煙（がえん）」と呼ばれる火消人足であった。彼らは屋敷の臥煙部屋と呼ばれる大部屋に暮らし、夜寝るときは丸太棒を枕とし、火災の知らせがあると不寝番が丸太棒の端を槌で叩いて起こしたという。

定火消は幕末になると減少し、安政2年（１８５５）には8組、慶応2年（１８６６）には4組、翌3年にはわずか1組１２８名だけになった。

町火消

一方、享保3年に町奉行大岡忠相は、町人自身による消防体制を組織化した。その組織は隅田川以西の町々をおよそ20町ごとに47の小組に分け、いろは47文字を組の名とした（へ・ら・ひの3字は語感が悪いので除き、代わりに百・千・万を用いた）。それぞれ纏（まとい）や幟（のぼり）を定めて、各組の目印としていた。

江戸時代の火の見櫓には各火消の特色が表れている。定火消の火の見櫓には中央に太鼓、四隅に半鐘が吊り下げられ、大名火消には板木、町火消には半鐘が吊るしてあった。

また、火の手が上がったとき、たとえ最初に町人が発見しても、定火消の火の見櫓で鐘を鳴らさない限り、町火消の火の見櫓で鐘を打つことはできなかったようである。

第2回

内藤新宿から高井戸宿
（２里12町40間）

── 内藤新宿（２里）下高井戸宿（12町40間）上高井戸宿 ──

ポイント

地名の由来の地を訪ねる

行程：新宿駅南口……箒銀杏……諦聴寺……正春寺……荘厳寺……旗洗池跡碑……牛窪地蔵……笹塚……代田橋跡……塩硝蔵地跡……下高井戸宿……築地本願寺和田堀廟所……栖岸院……覚蔵寺……宗源寺……高井戸一里塚跡……上高井戸宿……長泉寺……京王線芦花公園駅

＊歩程約9.2キロメートル

新宿駅

◆新宿駅南口を出て西方に約８００メートルほど直進すると、まもなく左側に見える文化学園の西端に箒を逆にしたような銀杏、「箒銀杏」がある。

１ 箒銀杏

樹齢３００年で、箒を逆さにしたような形をしている。その下に天神社がある。かつて近くに流れていた玉川上水に架かる橋は「天神橋」と呼ばれていた。

◆さらに３００メートルほど進むと、左側に諦聴寺、「正春寺」と並んでいる。

２ 正春寺

老中土井利勝の弟、土井昌勝の妻は徳川２代将軍秀忠の乳母となり、初台局（はつだいのつぼね）と称した。その功により天正19年（１５９１）、武州豊島郡代々木村に２００石の知行地を賜った。よって「初台」の地名が、いまに残っている。老後は代々木で過ごし、元和８年（１６２２）８月22日に没した。

初台局の娘は３代将軍家光の乳母となり、梅園局（うめぞののつぼね）と称した。しかし母の死後、髪を剃り、法名を「正春院釋尼清安」と称して母と同じ代々木

に隠居し、この寺の開基となった。慶安４年（１６５１）９月12日没。「正春寺」の名はこの正春院を所縁としてつけられたものである。

ここには大逆事件で処刑された「管野スガの碑」がある。遺骸はこの寺にあった妹の墓に合葬され、昭和18年、岡山県吉備町に移された。碑面には「くろがねの窓にさし入る日の影の移るを守りけふ暮しぬ　幽月女子獄中作とし彦書（堺）昭和46年」、碑陰には「革命の先駆者　管野スガここにねむる一九七一年七月十一日　大逆事件の真実を　明らかにする会これを建てる　寒村書」とある。

正春寺の住職と語らう筆者

◆西参道口の交差点の北東はかつて大きなガスタンクが並んでいた。

西参道口交差点から約２００メートルで、山手通りとの交差点。ここには「初台」という表示がある。右手に見えるオペラシティの中には新宿区と渋谷区の境界が走っている。

甲州街道から少し離れるが、山手通りを北に進み、次の交差点を過ぎる。すぐに左に入る細い道が不動通りで、この道を進むと右手に「荘厳寺」がある。江戸時代には「幡ヶ谷不動」の名で信仰を集めていた。

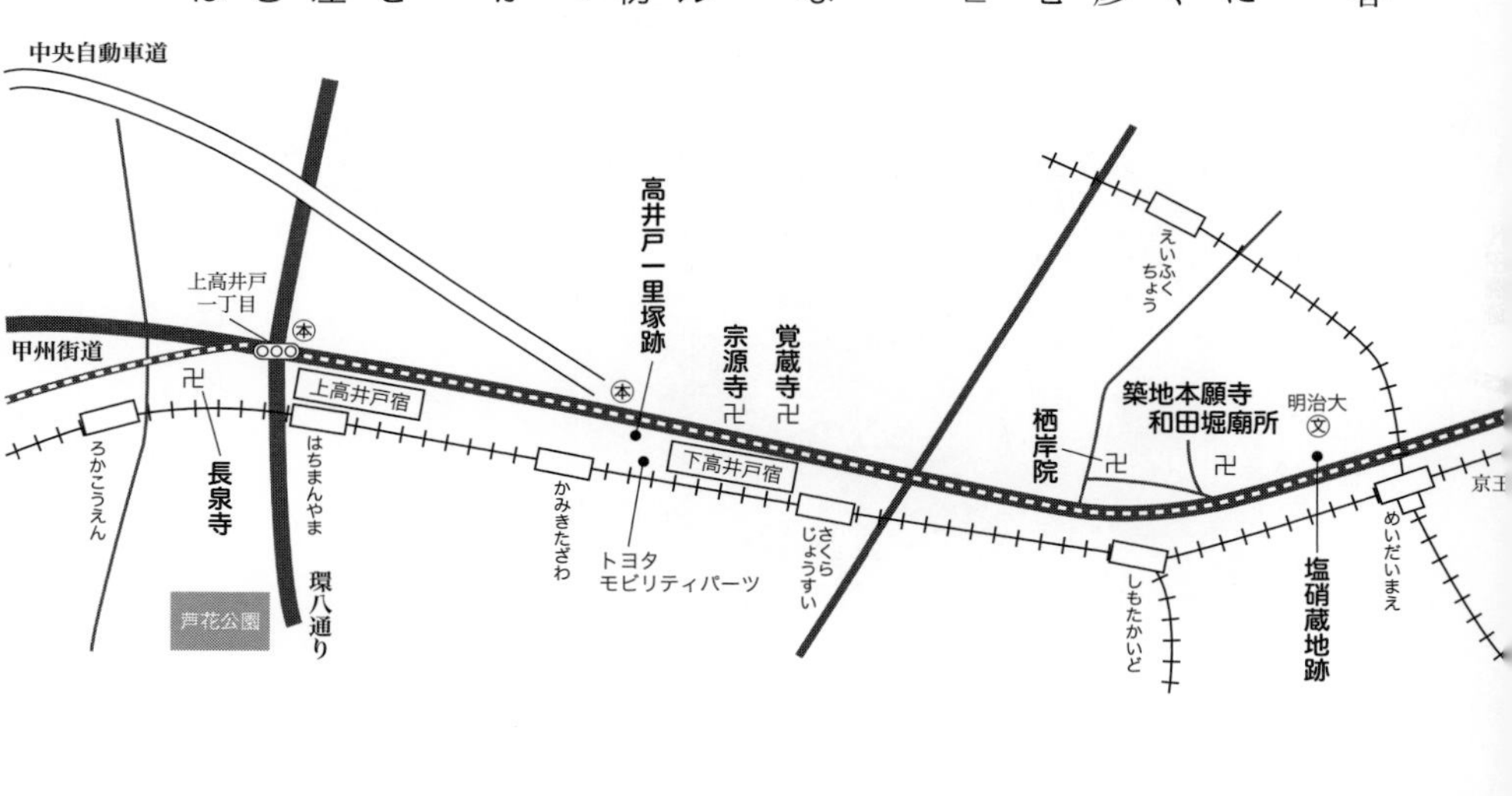

3 荘厳寺（幡ヶ谷不動）

かつては幡ヶ谷村の鎮守、幡ヶ谷氷川神社の別当寺であった。山門をくぐると道標を兼ねた大きな常夜塔がある。竿の部分に「嘉永3年（1850）」とあり、台石には大宮八幡、十二社、井之頭　二里などの文字が見える。かつてこの塔は、甲州街道と現在の山手通りが交差する付近にあり、道しるべの役割を果たしていた。

芭蕉の句碑「暮遅き　四谷過ぎけり　弊艸履（かみぞうり）」がある。

◆再び甲州街道に戻ってしばらく進むと、右側に代々木警察署が見えてくる。その手前、セブンイレブン横の小径を入った先に東郷元帥の筆による「旗洗池跡碑」がある。

4 旗洗池跡碑

後三年の役（1083～87）からの帰途、八幡太郎源義家がここにあった池で旗を洗ったという伝説があり、これが「幡ヶ谷」の地名の由来となった。

◆幡ヶ谷駅の少し手前左側に貞享3年（1686）建立の子育地蔵がある。一見、お店のようなお堂の中に元禄・正徳時代の庚申塔もある。

笹塚交差点の手前左側に「牛窪地蔵」が祀られている。

5 牛窪地蔵

この辺りは湿地帯で、雨乞いの場所であった。また、ここには刑場があり、極悪人が牛裂きの刑に処せられたので「牛窪」という名が付いた。牛窪地蔵は悪疫が流行したので、子どもの安泰を祈願し、正徳元年（1711）に建立された。ここには地蔵のほか、文化3年に建てられた

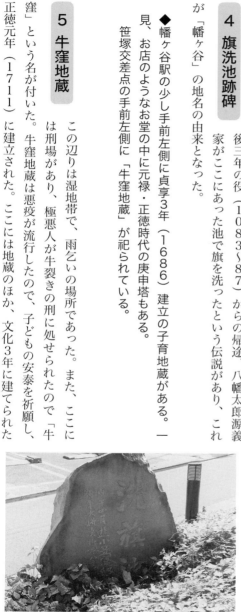

旗洗池跡碑

道供養塔や庚申塔がある。この「道供養塔」は、道路自体を供養して報恩感謝の念を捧げ、交通安全を祈る全国でも珍しいものである。

◆笹塚交差点から300メートル、笹塚交番の隣に「笹塚」の説明板がある。

6 笹塚

笹塚の地名は、甲州街道の両側に笹の繁った塚があったことに由来する。慶長9年（1604）に大久保長安によって設置され、天保14年（1843）の『村差出明細帳』には「一里塚、村内字笹塚と申所往来左右に御座候」とあり、一里塚という説もある。

◆この笹塚から500メートルで杉並区に入る。大原交差点より150メートルで「代田橋」。かつてここを玉川上水が斜めに貫き、長さ5間、幅3間余の石橋が架けられていた。ただ、土で覆われていたので、その形はよくわからなかったらしい。

7 代田橋跡

『江戸名所図会』に「(このところまでは道より左に添ひて流る。橋より右に添ひて流れ、橋下にて水流左右に替はれり)。橋の上に土を覆ふゆゑに、その形顕れず。（この橋下を流るるは、多磨川の上水なり）」とある街道随一の名所であった。この地域一帯は昭和41年（1966）に暗渠化されたが、大原2丁目の玉川上水緑道に上水の昔の面影を多少見ることができる。

玉川上水跡（代田橋駅付近）

牛窪地蔵敷地内の石碑

◆やがて京王井の頭線を越えると、右側に明治大学の和泉校舎が見える。その入口近くに「塩硝蔵地跡」の説明板がある。この辺りから高井戸宿に入る。

8 塩硝蔵地跡

江戸幕府の塩硝蔵（弾薬等の貯蔵庫）として設置され、明治維新のときにはその弾薬が彰義隊などの平定に威力を発揮したといわれている。約2万坪の土地に蔵が5棟あり、御鉄砲玉薬方同心3人が年番で交代居住して、警備にあたった。また、近隣16カ村について、昼夜交替で3人ずつの課役が徴せられた。塩硝蔵（火薬庫）は、明治維新の際に無傷で政府軍に接収され、その後は陸軍省の火薬庫となっていた。

◆塩硝蔵地跡の隣に「築地本願寺　和田堀廟所」がある。

9 築地本願寺　和田堀廟所

築地本願寺は関東大震災で全焼したため、それまで中央区にあった檀家の墓地をここに移した。その後、廟所として築地の仮本堂と瑞鳳殿も移築された。

樋口一葉、水谷八重子、古賀政男らの墓がある。

◆この辺りは寺院が多い。和田堀廟所の西のはずれから斜めに入る。国道20号と並行して走る小径には、「栖岸院（せいがん）」などがある。

10 栖岸院

知恩院を本山とする浄土宗の寺。開基は老中安藤対馬守重信。江戸時代には住職が将軍に単独で拝謁できる「独礼の寺格」を許されていた。『江戸名所図会』に「麹町八丁目右側にあり。浄土宗にして洛の知恩院に属せり。本尊阿弥陀如来は恵心僧都（えしんそうず）（942〜1017）の作。開山は妙誉真入上人と号す。当時に頼朝の念持仏と称する聖観音は霊像を安置す」とある寺が、大正6年（1917）に移転したもの。

◆桜上水駅を過ぎて右側に「覚蔵寺」、少し進むと「高井戸」の由来となった「宗源寺」がある。

11 覚蔵寺

江戸時代から庶民の信仰が厚い鬼子母神像があるので有名である。文永8年（1271）、日蓮が鎌倉の龍ノ口で危うく処刑されかかったときに、ゴマの餅をくれた老女に感謝し、鬼子母神像をこの老女に与えた。その後、覚蔵寺の13世日曜が、この老女の子孫から譲り受け、ここに祀ったものといわれている。

12 宗源寺

日蓮系の寺で叡昌山（えいしょうざん）。開山は光伯院日善。

境内の不動堂は、もとこの近くにあった本覚院（明治5年廃寺）のものだったが、明治44年（1911）に現在地に移転。昭和42年（1967）に改築したもの。この不動堂はかつて高台にあったため「高井堂」と呼ばれ、それが「高井戸」という地名になったという説もある。

◆甲州街道を進み、中央自動車道と分岐するところに、かつて「高井戸一里塚」があった。いまはトヨタモビリティパーツの前に標識が立っていて、現在の日本橋からの距離、「16キロメートル」の表示がされている。

13 高井戸一里塚跡

日本橋から4番目の一里塚である。五間四方の塚の上には榎が植えてあったという。

◆すぐに甲州街道は世田谷区に入るが上北沢4丁目で再び杉並区になり、上高井戸1丁目でバイパスと分かれる。
左の道を進むと、まもなく芦花公園駅の入口で、再び世田谷区に入り烏山となる。途中、左手に「長泉寺」がある。

14 長泉寺（曹洞宗）

慶安元年創建。享保13年（1728）に建てられた観音堂もあり、堂内に区指定文化財「板絵着色西国巡礼図」2枚一対がある。また、「徳本上人の名号碑」や、高井戸宿で武蔵屋という本陣を務めた並木氏の墓もある。

〔高井戸宿〕

下高井戸宿　宿場の長さ17町
本陣1軒　旅籠3軒　問屋場1軒　総家数183軒
人口890人（男439人　女451人）
上高井戸宿　宿場の長さ6町
本陣1軒　旅籠2軒　問屋場1軒　総家数168軒
人口787人（男415人　女372人）

継立（つぎたて）は1カ月のうち前半15日が下高井戸宿、後半の15日が上高井戸宿の務めであった。

宿駅には常に決められた数の人馬を置くことが義務付られていた。甲州街道では人足25人・伝馬25頭と定められていたが、大名や公用旅行者のための人馬継立は無償だったので、かなり財政を圧迫していた。そこで負担を軽くするために「上高井戸宿」「下高井戸宿」に分けて15日ずつ受け持ち、上下で1宿としていた。継立の代わりに馬1頭につき30〜40坪の地租を免除されたが、それでも割に合わなかったという。

幕末のころ下高井戸宿の本陣は富士屋で、問屋は名主篠崎弥惣次宅。上高井戸宿の本陣は武蔵屋、問屋は細淵三左衛門宅であった。

第3回
高井戸宿から布田五宿を経て府中宿
（3里13町30間）

── 上高井戸宿（1里19町30間）国領宿（3町）下布田宿（2町）
上布田宿（8町）下石原宿（7町）上石原宿（1里10町）府中宿 ──

ポイント

荒地と雑木林の台地にある布田五宿と呼ばれる国領・下布田・上布田・下石原・上石原は本陣・脇本陣もない寒村であったが、いまは調布飛行場・味の素スタジアムなどのある都市となった

行程：京王線芦花公園駅……大橋場跡……新一里塚……給田観音堂……大川橋……仙川三差路……仙川一里塚跡……滝坂……金子のイチョウ……妙円地蔵……馬橋……国領宿……下布田宿……上布田宿……常性寺……国領神社……題目塔……蓮慶寺……布多天神社……小島一里塚跡……下石原宿……源正寺……上石原宿……西光寺……旧石原村鎮守……飛田給常夜灯……飛田給薬師堂……染屋不動尊……常久一里塚跡……國府八幡宮……府中宿……大國魂神社……武蔵国府跡……京王線府中駅

＊歩程約13.2キロメートル

大國魂神社

◆芦花公園駅から旧甲州街道を２５０メートル進む。左側には擬宝珠を象った橋の欄干の親柱があり、「武州烏山村　大橋場の跡」と刻まれている。

1 大橋場跡

周りにはずらりと寄進者の名前があり、裏には「昭和62年（１９８７）建立」とある。隣に「出世地蔵」とも呼ばれている「下山地蔵」（高さ１５０メートル、正徳２年（１７１２）造立）や元禄13年の庚申塔などがある。

烏山には烏山用水や、そこから引いた小さな用水路が縦横に走っていて、甲州街道が烏山地区を通過する７１８間の間には、橋が７カ所架けられていた。かつて街道の南側に広がっていた水田が宅地化して使われなくなると用水は暗渠化し、その上に小路や遊歩道が造られていた。

◆道は烏山を過ぎて給田に入る。給田三丁目の信号の次の小径を左に入ると「給田観音堂」がある。

2 給田観音堂

創設の由来は不明だが、『新編武蔵風土記稿』にその名があり、徳川氏関係の尼寺と推定される。本堂脇にある「宝

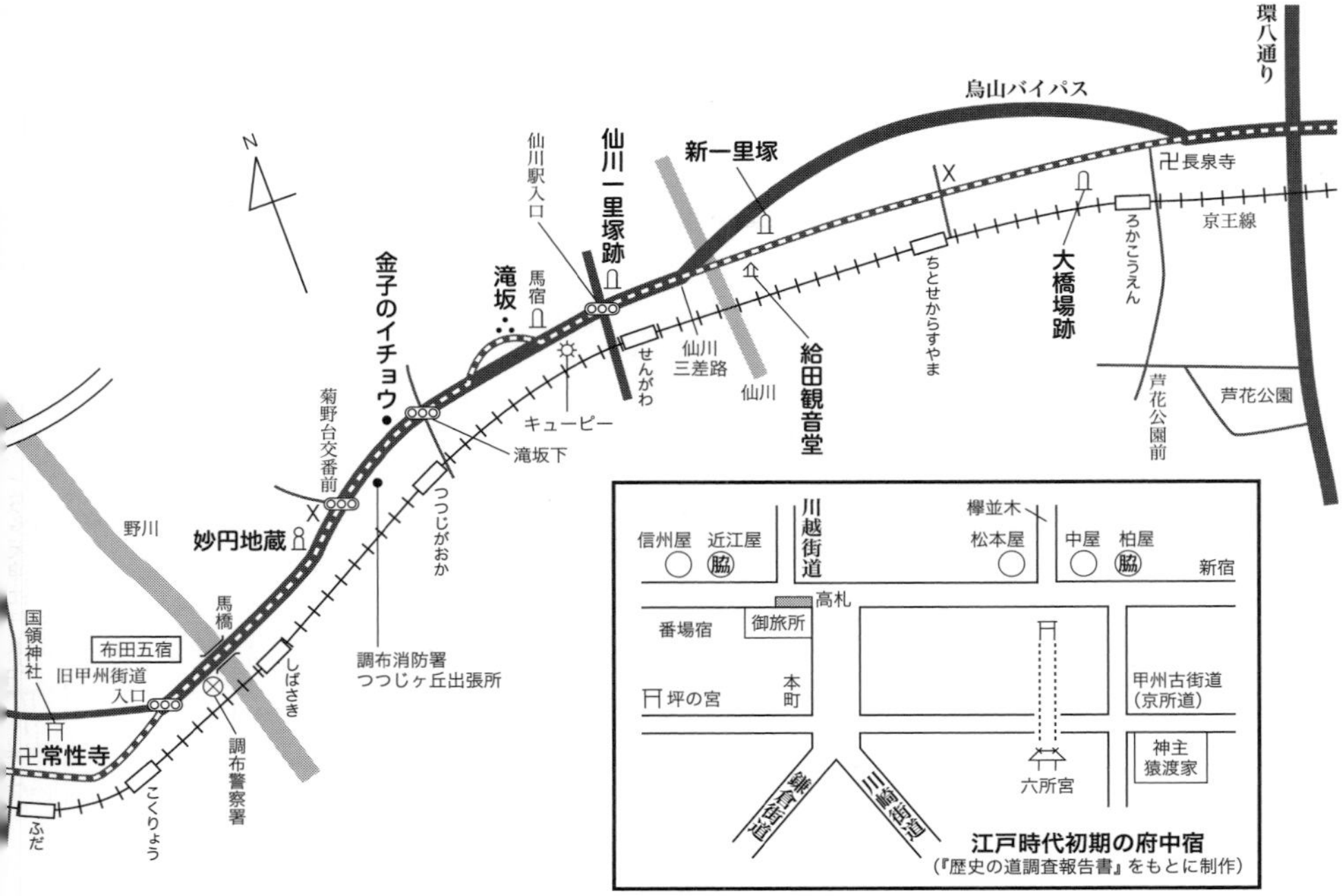

篋陀羅尼経之塔」はかつて甲州街道沿いにあって、徳川関係者は必ず下馬したと伝えられている。

◆大橋場跡から1・2キロメートル、給田三丁目の信号から少し戻って池亀家の門前に「新一里塚」がある。

3 新一里塚

明治3年（1870）に品川県が建てた道標。内藤新宿を基点としている。この道標は内藤新宿の石工に造らせて幡ヶ谷村・下高井戸宿・給田村、国領宿・染屋村・番場村の計6カ所に配ったが、現存するのはこれ1点である。

◆この先で仙川にかかる大川橋を渡る。仙川三差路を過ぎて仙川駅から来た道と交わるところ、歩道橋の階段の下に「仙川一里塚跡の碑」が建っている。

新一里塚

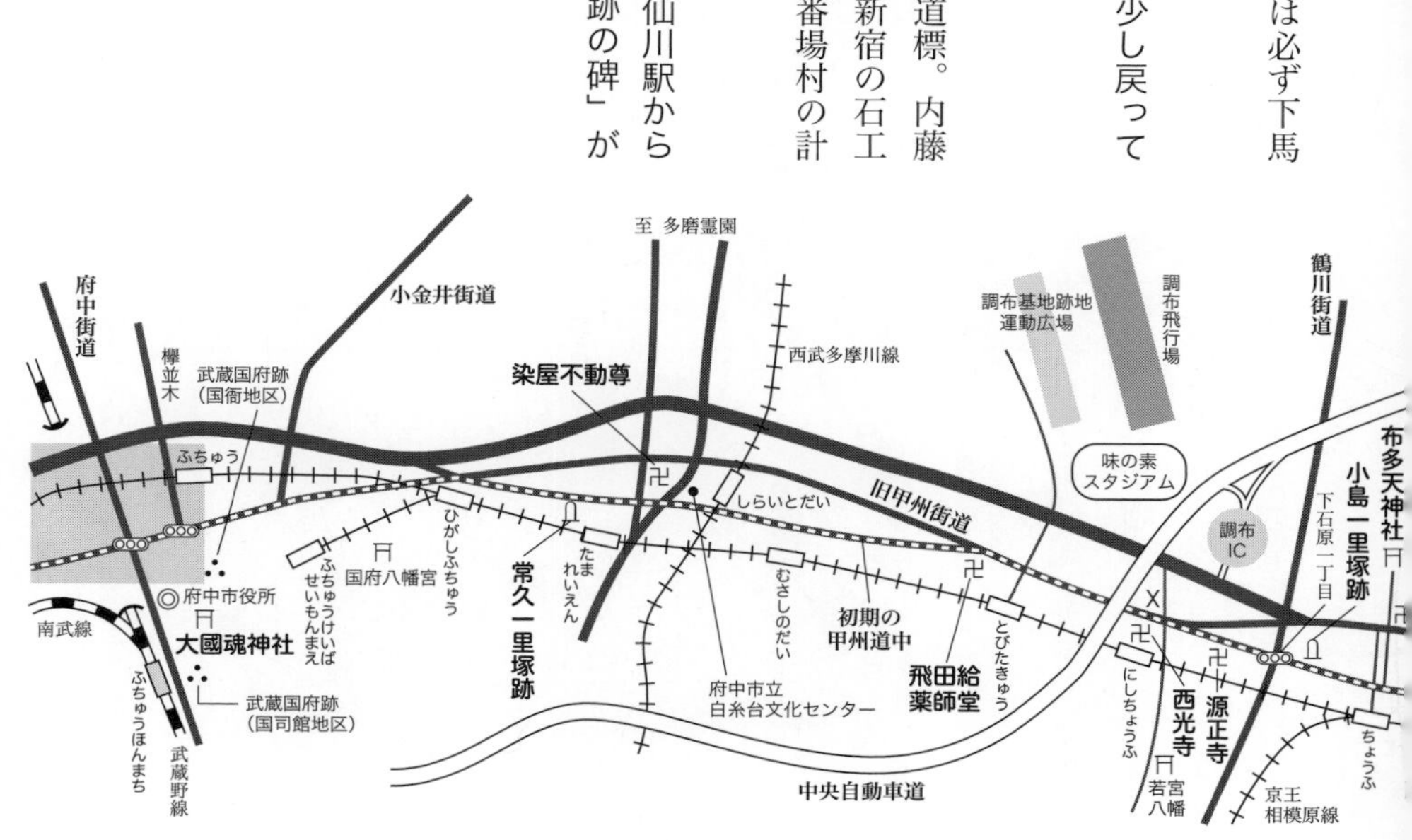

日本橋から5里目の一里塚。かつては街道両側に塚があったのだが、現在はこの碑が残るのみ。

4 仙川一里塚跡

◆さらに進んで左手に見えるキューピー株式会社の建物、仙川二丁目交差点を過ぎると、右手に下りになっている道がある。ここが「滝坂」である。

5 滝坂

滝坂入口の石の標柱には「馬宿　川口屋」、「滝坂旧道」と書かれている。川口家は戦前まで馬方や行商人を相手に馬宿を営んでいた。滝坂はその名が示す通り、かつては雨が滝のように流れる急坂で、街道の難所の1つであった。

◆滝坂から約150メートルで、国道20号と合流し、現在のつつじヶ丘に入る。仙川・つつじヶ丘について、『新編武蔵風土記稿』の金子村の部分には「此村より昔、眞桑瓜を作り出して味いと美なりしかば、世人金子瓜と称せし、されば他村より生するとも味なるをば、必ず金子瓜とよべるは、この名産に擬せしなるべけれど、今は此所より産せず……（中略）……この地は古へ金子十郎家忠が住居の地なりといふ、しかるに村内に館跡をみず、深大寺村に難波田弾正が古城跡あり、是もしくは金子の居所ならんか」とある。

道の右手の駐車場の奥に銀杏の大木が見える。

滝坂旧道の標柱

仙川一里塚跡

6 金子のイチョウ

「稲荷神社前の一対のイチョウは目通り（目の高さに相当する位置の幹の太さ）幹囲四・〇九メートルと一・九七メートルで太いほうが雄木、細いほうの雌木が実をつける。

山岡家（屋号は鹿島屋）に伝わる古文書によると、この稲荷大明神は寛延元年（一七四八）に鹿島平兵衛が京都の伏見稲荷を勧請したものである。古文書の箱書に「武州玉郡金子村己（つちのと）巳正月十八日鹿島平兵衛」とある。イチョウもそのとき植えたと言い伝えられており、樹齢は約二五〇年と推定される。……（以下略）」と、説明板にある。

◆「金子のイチョウ」より５００メートルほど、左手の調布消防署つつじヶ丘出張所を過ぎると右手の正面に菊野台交番がある。その先に享保12年（１７２７）の庚申塔が祀られ、そこから10メートルほど進んだ右手には屋根がけされた「妙円地蔵」が安置されている。首が欠けていたが、昭和62年に修復された。

7 妙円地蔵

若くして金子村の新助に嫁いだ熊という娘は、夫が若死にし、その弟と再婚した。しかし恵まれない境遇のためか、両眼を失明してしまう。これを機に悟った彼女は、深大寺より「寿量妙円」という法号をもらって尼となり、街道で鉦を鳴らし、念仏を唱えることで多くの人々から喜捨を受けてきた。妙円はその浄財をもとに文化2年（１８０５）に地蔵を作り、人々の安穏を祈った。自らは念仏往生を志願して、文化14年10月29日に没している。それ以来この地蔵を「妙円地蔵」と呼

妙円地蔵

んで、村人たちは悩み事を祈るようになったという。また瀧沢馬琴が『玄同放言』を著して紹介したことによって、妙円地蔵は一躍江戸近在まで有名になった。妙円の墓は深大寺の三昧堂にあり、鉦は調布市郷土博物館に保存されている。

◆やがて野川にさしかかる。その手前１５０メートルほどが柴崎村であった。野川にかかる橋を「馬橋」といい、そこから国領宿に入る。この辺りの川沿いは、かつて馬橋原（まばしっぱら）と呼ばれた低地で、野川を利用した用水堀などがあり、街道には3本の橋が架かっていたという。馬橋を渡った街道の北側には馬捨場があり、「馬頭観音」が建っていた。これは現在、布田駅から深大寺に向けて延びる道を右折するとすぐ右手に見える「常性寺」に移されている。

《布田》

『江戸名所図会』に「布多の里、いま、いはゆる布田邑（むら）これなり。この地は甲州街道にして、上下と分かれたり（石原上下・国領等を合はせて布田五宿と称ふ）

万葉集：多麻河にさらす手作り、さらさらになにぞこの児のここだかなしき　（巻十四）

定　家：手作りやさらす垣根の朝露をつらぬきとめぬ玉河の里

按ずるに万葉集・多磨を多麻に作り、布田もまた古（いにし）へは布多とす。往古（そのかみ）麻の布を多く産せしにより、仮字（かな）にはあれど、その意を含みて麻には作るならんか。当国の府は、この地より西南にありて、その間遠からず。古へ毎国（くにごと）に朝廷へ調布（つきのぬの）を貢ぎせしこと、国史等に詳らかなり」とある。

〔布田五宿〕

国領	旅籠1軒	問屋場1軒	総家数61軒	人口308人（男169人　女139人）
下布田	旅籠3軒	問屋場1軒	総家数95軒	人口429人（男218人　女211人）
上布田	旅籠1軒	問屋場2軒	総家数68軒	人口314人（男153人　女161人）
下石原		問屋場1軒	総家数91軒	人口448人（男219人　女229人）
上石原	旅籠4軒	問屋場1軒	総家数73軒	人口411人（男210人　女200人）

宿場の長さ、計29町36間（※上布田は小島村を含む）

国領・下布田・上布田・下石原・上石原の5宿を称して「布田五宿」といい、あわせて1宿の機能を持っていた。現在の調布市はこの5宿が中心となっている。日本橋からの距離は5～6里（約20～24キロメートル）ほど。

当時の旅人は健脚で1日に8～9里は歩いていた。旅人の多くはここを素通りして、府中宿まで足を延ばしていたので、布田五宿に本陣・脇本陣はなく、ひっそりとした宿であった。

布田五宿は1月を6日ごとに交代する当番制で、両隣の高井戸宿・府中宿へ宿継ぎ業務を行っていた。

安政2年（1855）の『五街道中細見独案内』には布田五宿を「宿の長さ三十丁目」とあり、1宿の扱いをしている。

8　常性寺（真言宗）

鎌倉時代の創建といわれる成田不動尊。地蔵堂・薬師堂が独立して建てられている。もとは多摩川沿いにあったが、慶長年間（1596～1615）に現在地に移された。境内には多数の庚申塔などがある。

薬師堂前の「馬頭観音塔」は文政7年（1824）の建立。もとは馬橋を渡った先の馬捨場にあったが、道路拡張に伴い、ここに移された。これは布田五宿をはじめ、八王子などの馬持が供養のために建てたもので、中に「八王子嶌買」の字もある。

◆常性寺の北側に千年乃藤で有名な国領神社がある。常性寺から300メートルほど、左側には高さ3・7メートルの大きな題目塔が立っている。参道の先、山門の扉に葵の紋の付いている寺が蓮慶寺である。

さらに200メートル進むと、調布駅前の交差点となるが、その数メートル手前、右に入るのが「布多天神社」の参道である。参道入口から400メートルほど、北側の途中で調布バイパスを渡ると鳥居が見えてくる。

9 布多天神社

創建の年代は明らかではないが『延喜式神名帳』に載っている多摩でも有数の古社。もとは多摩川のほとりの古天神という地にあったが、文明9年（1475）に多摩川の洪水を受け、この地に遷座した。社伝によると延暦18年（799）、木綿の実が初めてこの地に渡来したとき、菅原家にゆかりの広福長春という人が、この社に七昼日七夜参籠して、夢のお告を受けた。そこで木綿の作り方を知り、里人に教えた。この木綿で織られた布が「調」として朝廷に納められたことから「調布」という地名が付けられたという。

布多天神社

常性寺の馬頭観音

少彦命名（すくなひこのみこと）と菅原道真の霊を合わせて祀り、学問と農業の神として崇められている。毎月25日には２００年以上続いている天神市が開かれる。また、調布市指定文化財の「太閤の制札」、寛政８年（１７９６）に建立された「狛犬」、「多摩川にさらす手作りさらさらに何ぞこのこの児こだかなしき」と刻まれた歌碑がある。

「太閤の制札」は秀吉が小田原攻めに際し、乱暴狼藉や放火などを禁止したものである。制札によるとこの辺り一帯は「多東郡補陀郷」と記されている。

◆再び旧甲州街道に戻り、調布駅前の交差点から２５０メートル進むと右に駐車場がある。その一角には「小島一里塚跡の碑」が建っている。

10　小島一里塚跡

日本橋から6里目の一里塚。ここにはかつて榎の大樹があったが、危険防止のために昭和40年ころに伐採された。

◆小島一里塚跡の碑より２００メートルで下石原宿に入る。さらに４００メートル、道がいくらか右にカーブするところに、六地蔵が目につく。隣に「源正寺」の石柱が建っている。

11　源正寺（臨済宗　建長寺派）

六地蔵は小屋掛けがしてあり、小屋の奥には檀家の河村東史子氏が、この建物を寄進した旨が記されている。隣に「天明三年（１７８３）」、「奉納大乗妙典日本廻国　供養塔」とある廻国塔も建つ。この寺の開基は太田対馬守盛久。対馬守は太田道灌の弟、資忠の子孫である。

◆この先で街道は国道20号から分岐した道と合流し、上石原宿となる。１００メートル先、中央自動車道の手前、左側に「西光寺」はある。

西光寺の南、７００メートルのところには旧石原村の鎮守（若宮八幡）があり、仁徳天皇を祀っている。本殿は文化４年の再建で、総欅造り。全面に彫刻がほどこされ、市の文化財に指定されている。

12 西光寺（天台宗）

応永年間（１３９４～１４２８）の創建。徳川家光から14石2斗を受けた御朱印寺でもあったが、明治12年の火災により、弘化4年（１８４７）造立の山門、享保年間造立の仁王門などを除いて多くが焼失している。

ここでは調布七福神の1つ大黒天を祀っているほか、鎮撫隊通過の地でもあるため、山門手前に「近藤勇像」が設置されている。近藤勇は上石原村（現調布市）の宮川久次郎の三男（幼名勝五郎）として生まれた。後に近藤周助の養子となる。文久3年（１８６３）、禁門の変の折に京都守護職松平容保から新選組の名をもらい、京都の治安にあたった。野川公園の近くには近藤勇が産湯を使った井戸が残る生家跡、近藤家墓所を備えた龍源寺がある。

西光寺の常夜塔と近藤勇像

〈常夜灯〉

弘化3年に建立。「秋葉大権現」、「榛名大権現」、「鎮守両社宮」、台座には「宿内安全」など刻まれている。調布市内で最大のものである。元は道をはさんだ反対側、交番前にあった。

〈堅牢地神塔〉

嘉永5年（１８５２）に建てられた。地天を祀ったもので、農民が農作の祈願を目的としたものが一般的である。門前にある。

〈観音三十三身像〉

像内に納められていた墨書紙と台座裏墨書銘には「元禄十一年（１６９８）寄進者長谷川五兵衛尉藤原正明　製作者は大仏師　豊前　金蔵初五郎」とある。

〈梵鐘〉

仁王門の上に安置されていて、以下の銘が刻まれている。

享保二年丁酉十一月吉日

願主　辨雄法印　長谷山聖天院　西光寺　當寺勢

本願施主　恭辨法印

下野国　佐野天明町鋳師大工　長谷川弥市　藤原吉半　高橋吉半　高橋想　兵衛

鐘・鐘楼門は大僧都弁雄が宝永年間（１７０４〜１０）に建てた。

◆西光寺を出ると、すぐに中央自動車道の下をくぐる。そこから３００メートルで飛田給に入る。さらに３００メートル進むと左側に「飛田給薬師堂」がある。

13　飛田給薬師堂

石造瑠璃光薬師如来立像は、貞享3年（１６８６）に元仙台藩医師の松前意仙が作った像。意仙は仏門に帰依して諸国を巡歴した後、飛田給に住み着いた。ときどき行脚、托鉢に出掛けるほかは終日読経し、その間に薬師如来を彫っていた。大願成就後には自ら深さ2・5メートルの墓を掘って「鉦の音が消えたら土をかけてくれ」と言い残した。中に入った意仙は座禅を組んで読経を続け、元禄15年1月12日成仏。弘化4年に村人が薬師如来を祀り、堂を建てた。この「石造瑠璃光薬師如来像」は調布市の文化財に指定されている。

境内にある「行人塚」は、石薬師像を造った松前意仙の墓でもあり、調布市の史跡に指定されている。

◆薬師堂から300メートルで府中市に入る。現在の町名は白糸台、かつての多磨郡車返村である。「車返」の由来は「頼朝が藤原秀衡の念仏を鎌倉に移そうとし、畠山重忠に命じて車にのせたが、その車が動かなかったのでここに祀った」という本願寺の縁起による。本願寺の本尊は阿弥陀三尊の木像である。

薬師堂から1・6キロメートル。西武多摩川線の踏切を越えて、不動尊前の交差点、左側に「染屋不動尊」がある。

14 染屋不動尊

江戸時代は、「玉蔵院」といい、染谷八幡神社の別当寺であった。この境内には国の重要文化財である「銅造阿弥陀如来像」を安置する小堂がある。その隣の石には上染屋についての説明が刻まれている。

それによると上染屋の集落はもともと多摩川のほとりにあったが、度重なる洪水を避けて現在の甲州街道沿い、白糸台1丁目の一部に移ったようである。また、地名の起こりは俗説として調布（てづくりぬの）を染めたところであったとか、鎌倉時代に染殿のあったところなどいわれ、「染屋」の名が南北朝時代の資料にも残されていること。古く1つの村落であった染屋が、いつのころからか上染屋と下染屋に分かれ、寛永12年（1635）の検地帳には「上染屋」の名が記録されていること。『新編武蔵風土記稿』に「甲州街道の村にて民家五十三軒往還の左右に並居がある」と記されていることがわかる。

染屋不動尊

◆薬師堂に沿って左折する小道に入り、すぐに右折する畑中の道が初期の甲州街道。「品川街道」と標識のある道を、そのまままっすぐ進むと、左手に「常久一里塚跡」の碑が建っている。現在の清水が丘3丁目である。

15 常久一里塚跡

日本橋から7里目の一里塚。江戸初期に整備された甲州街道の一里塚であるため、現在の旧甲州街道沿いからは外れて「品川街道」と呼ばれる道沿いにある。

この道は初期の甲州街道（京所道）でもある。薬師堂から甲州街道の南側を並行して走り、そして東府中の駅前で再び合流する。

◆東府中駅前で合流した道をさらに西へ進む。京王線をくぐり、500メートルほど進むと、左手にこんもりとした森が現れる。入口には「武蔵國府八幡宮」と書かれた石柱が建ち、長い参道は古木に覆われている。京王競馬場線を踏切で渡った先に社がある。国府八幡宮は聖武天皇の時代、一国一社の八幡宮として創立されたと伝えられている。現在は大國魂神社の境外末社である。

八幡町を過ぎると府中宿に入る。道は区画整理で拡がり、高層ビルがいくつも目に付く。大きな欅の樹が茂るところには府中のシンボルともいえる「大國魂神社」が鎮座している。

常久一里塚跡

16 大國魂神社

武蔵国の鎮守として創建され、府中に国府が置かれるようになると武蔵総社となった。このときに武蔵国内6つの重要な神社（小野・小川・金鑽・氷川・秩父・杉山）を合祀したので「六所宮」とも呼ばれている。

祭主は国司が勤めていて、歴代の支配者からは手厚い保護を受け、江戸時代には500石という武蔵国最大級の朱印地を有する大社であった。明治4年に「大國魂神社」と改名された。

〈武蔵国府跡〉

1975年以降の調査により、大國魂神社境内やその東側一帯に国衙（こくが）が存在していたことが判明した。

現在、建物跡が史跡に指定されている。また、国衙跡の南西、府中本町駅前には、奈良時代の国司館跡が発見され、整備されている。いずれも国史跡。

〈欅並木〉

大國魂神社の大鳥居から北方には、国の天然記念物「馬場大門欅並木」が５００メートルほど続いている。永承６年（１０５１）に源頼義・義家父子が奥州平定の祈願をし、平定後の康平５年（１０６２）、苗木を１０００本奉納した。その後に徳川家康は「馬場」を寄進、欅を補植した。

南端の並木の起点には「従是一之鳥居迄五町余　左右慶長年中御寄附之馬場」と刻まれた碑がある。これは市の文化財に指定されている。

もう一方には万葉の歌碑「武蔵野の草は諸向きかもかくも君がまにまに吾は寄りにしを」（巻十四　東歌）が建つ。

この少し先、並木道の右側には、源義家の像が建っている。やがて京王線府中駅となる。

大國魂神社

第4回

府中宿から日野宿
（2里）

── 府中宿（２里）日野宿 ──

ポイント

武蔵の国の国府があったので「府中」という地名が生まれた。この間には各集落で設置された常夜灯が現存している。また、初期の甲州街道には２基の一里塚がある。

行程：京王線府中駅……府中宿……高札場……御旅所……下河原緑道……坪宮……高安寺……冠木門……本宿の常夜灯……武蔵府中熊野神社古墳……下谷保村の常夜灯……谷保天満宮……南養寺……青柳の常夜灯……日野橋交差点……日野の渡し碑……日野宿……大昌寺……八坂神社……宝泉寺……ＪＲ日野駅

＊歩程約7.8キロメートル

府中宿の高札場

〔府中宿〕

本陣1軒　脇本陣2軒　旅籠29軒　問屋場3軒
総家数430軒　宿場の長さ11町6間
人口2762人（男1386人　女1376人）

府中宿には飯盛旅籠8軒を含む旅籠があり、140軒以上の家が何らかの商いに関わっていたという。けやき並木通りの西側にある称名寺には、かつて旅籠屋だった杉島家の墓地があり、その一角には同家で抱えていた飯盛女の墓もある。

けやき並木通りの東側、宮町の辺りが昔の新宿（しんしゅく）。けやき並木通りの西側、宮西町の辺りが昔の番場宿。宮西町の南は本町。この3町がかつての府中宿である。府中宿に行けば生活に必要な品が一通り揃うといわれ、近在の人々が買出しや行楽に出掛ける盛り場としても賑わっていた。

本陣は本町にあったが、川越道が新しく出来たので取り壊された。脇本陣は番町（矢島家）と新宿（田中家）にあり、新宿の田中家跡には明治天皇行在所の碑が建っている。

『新編武蔵風土記稿』に「府中宿は郡の東の方にありて多磨川にそへる地なり、今、番場宿・本町（ほんまち）・新宿の三宿に分ち、総てこれを府中宿といふ、江戸より甲府への街道駅場なり、三宿代る代る駅亭を開て旅客の人馬を出せり、一月の内十二

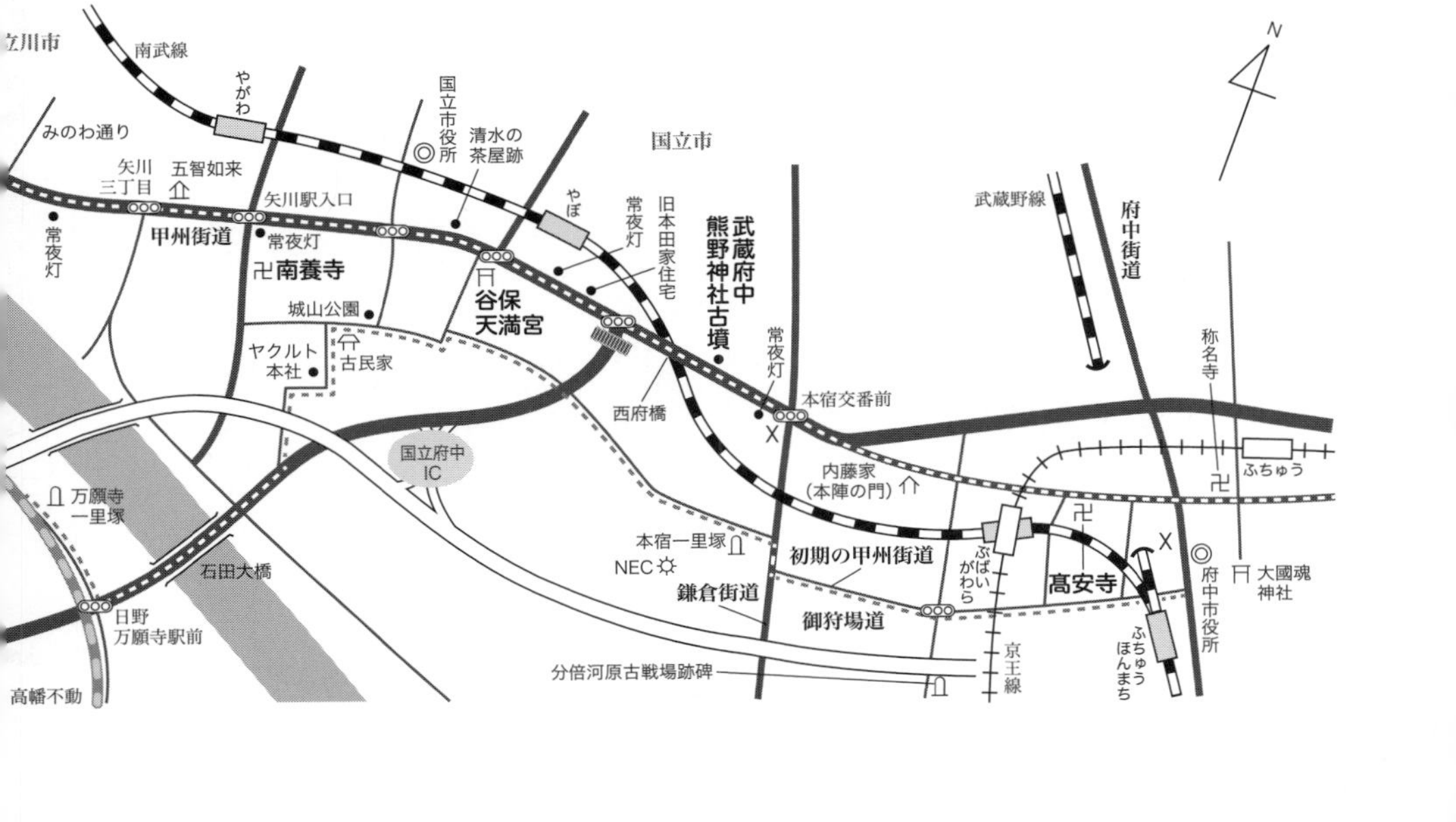

日は本町の持、余る日数を番場宿・新宿の二区にて分ち司とる。江戸日本橋より行程八里なり……（以下略）」とある。

◆京王線府中駅からけやき並木通りを南に進むと大國魂神社がある。大國魂神社前の大欅から西に進むと、すぐに府中街道と交差する。この界隈は昔、「札の辻」と呼ばれていた。ここは府中宿の中心でもあり、南西の角には高札場が、ほぼ昔のままの姿で残っている。

高札場の裏は大國魂神社の御旅所で、5月の例大祭には8基の神輿がここに渡御する。また、北西の角に中久本店という土蔵造りの店がある。かつては南から高札場を抜け、この中久本店の西側を北に入る路地が鎌倉街道であった。

高札場から旧甲州街道を250メートルほど進むと下河原緑道（下河原線跡）があり、この遊歩道の南、300メートル進んだ左側には「坪宮」という小祠がある。

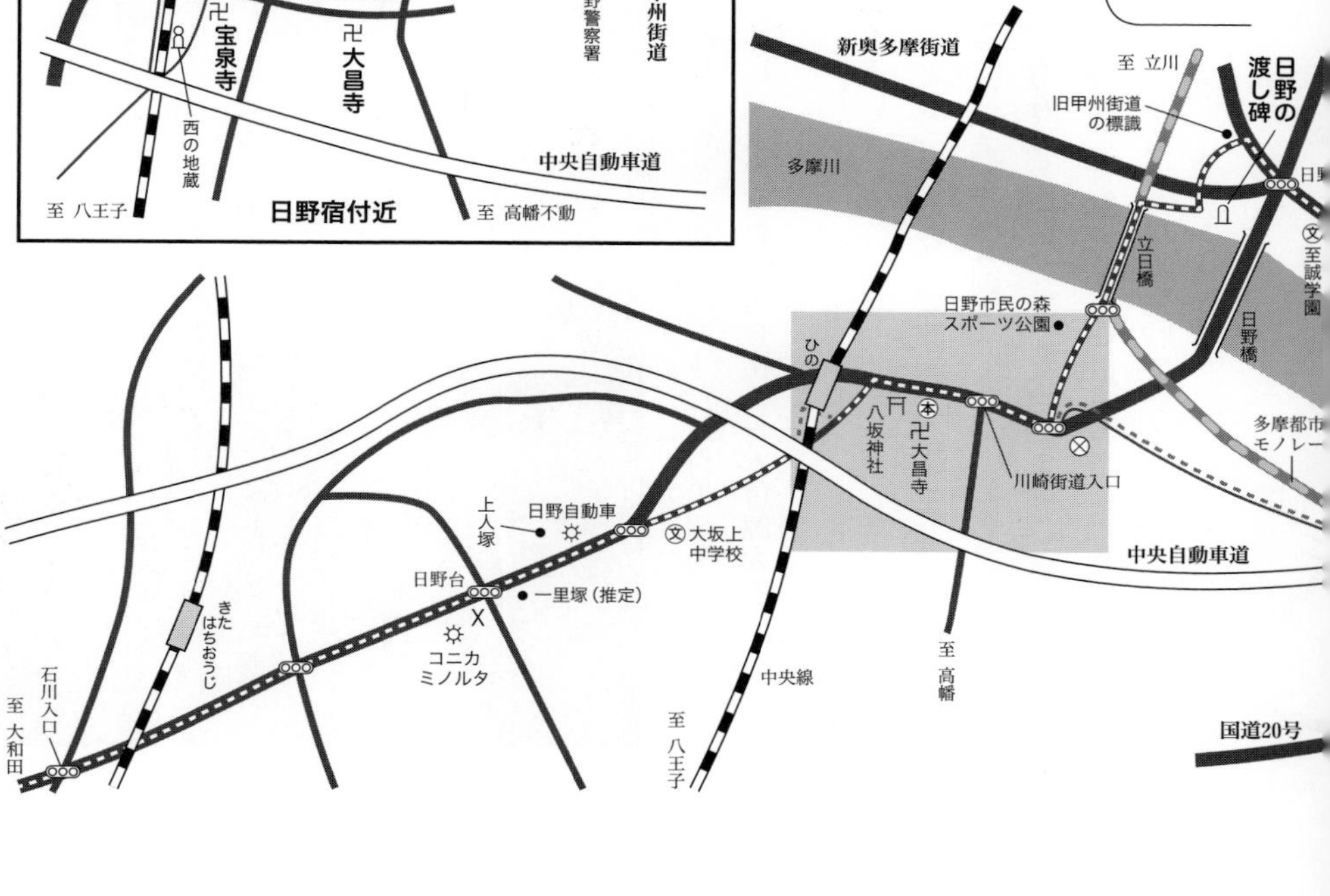

1 坪宮

『江戸名所図会』には津保の宮として、「……（前略）当社は国造（くにのみやつこ）の霊社となりという。いまわずかに茅の祠を存するのみ。……（中略）……壺とは家居の建て籠めたる中の庭をいふなるべし。当社も、むかしの国造の庭にありし宮居なりしゆゑに、かく称ふるならんか」とあり、昔の国府のあった場所とも考えられている。

◆下河原緑道からは「片町」と呼ばれる地域となり、古い家が並ぶ。左手に「髙安寺」の入り口がある。

坪宮

2 髙安寺（臨済宗　建長寺末寺）

入口の左手に、この寺に葬られている著名人と、その業績が記された説明板がある。これを見ると府中領最初の代官高林吉利の墓、文人で太田蜀山人とも親交があった野村瓜州の墓があることがわかる。また墓所には討幕に参加し、維新後は湊川神社、鎌倉宮の宮司を務めた木曽源太郎の墓があり、傍らにその説明板がある。

寺伝では藤原秀郷が武蔵の国守となったときの館跡が寺になったという。建立時は「市川山見性寺」と呼ばれていたが、宗派などは不明。その後、足利尊氏が征夷大将軍となったとき、鎮護国家と衆生救済を祈って国分寺にならい、全国に安国寺と利生塔の建立を発願。ここは「武蔵国安国寺」として再興され、寺名「龍門山髙安護国禅寺」という名刹となった。崖の上にあり、南方に多摩川から丘陵地帯を望むことができるため、室町時代にはしばしば鎌倉公方足利氏が在陣した。境内には鎌倉入りを許されなかった源義経のため、弁慶が赦免祈願の大般若経を書いた「弁慶硯の井」と称する古井戸も残っている。

◆甲州街道から外れるが、京王線の線路に添って200メートル進むと分倍河原駅に着く。駅前には新田義貞の像が立っている。駅より南西約600メートルほど旧鎌倉街道を辿り、中央道の高架下をくぐると「分倍河原古戦場跡の碑」がある。元弘3年（1333）、上野国で挙兵した新田義貞は5月16日に分倍河原で北条泰時の鎌倉軍を破り、22日には幕府を滅ぼした。

再び京王線の踏切に戻る。踏切を抜けて、しばらくすると左手に大きな冠木門（かぶきもん）の家がある。ここはかつて旧本宿村の名主を務めた内藤家である（現・美好町3丁目）。この冠木門は、幕末期に府中の本陣であった番場宿の矢島家の門を移したものといわれている。

やがて国道20号と合流。本宿交番の横に寛政4年の常夜灯がある。

この交差点から200メートル進むと右側に「熊野神社」がある。

3　武蔵府中熊野神社古墳

旧本宿の鎮守である熊野神社の社殿の後ろには国指定史跡の古墳がある。7世紀前半の切石積横穴式石室をもち、1段目一辺は約32メートルの正方形で、上円部の直径は16メートルある。調査で確認された上円下方墳としては他に石のカラト古墳（京都府・奈良県）、清水柳北1号墳（静岡県）などがあるが、このうち最も大きく、かつ古い時期の可能性が高い。裏手には天明2年（1782）の庚申塔があり、秩父道と子ノ権現の道標となっている。現在は街道に面した所に展示館が建てられ、内部の体験が出来る。

◆熊野神社から400メートルで南武線の上を渡る西府橋。それを過ぎると国立市の下谷保となる。

武蔵府中熊野神社古墳

西府橋から200メートル、左に入る広い道は国立府中インターチェンジに通じている。この先、右側にある大きな門構えの家は江戸時代、下谷保村の名主を勤めた本田家である。江戸幕府の馬医者を務めていたため、この銅葺、四本柱の薬医門は、客が馬に乗ったまま門をくぐれる造りになっている。

本田家から100メートル進むと下谷保村の常夜灯がある。基壇には「文久三年」(1863)の銘がある。ここから150メートル、左側に石の鳥居(明治35年建)が立っている。ここが「谷保天満宮」で、社殿は参道を下ったところにある。

4 谷保天満宮

菅原道真を祀った神社。関東三大天神(あと2つは湯島・亀戸)の1つで、古くから地元の鎮守として敬愛されてきた。

『天満宮縁起』によると、菅原道真が太宰府に流されたときに道真の三男、道武はこの地に流された。道真の死後、道武がその姿を彫って祀ったものが天満宮の始まりという。菅原道真が御神体なので、学問の神様としても有名。本堂は寛永年間(1624〜1644)、拝殿は江戸末期の造営といわれる。宝物として木造扁額と木造狛犬一対がある。本殿裏手には『江戸名所図会』にも描かれている「常盤の清水」がある。

〈常盤の清水〉

本殿裏の弁天池は、この常盤の清水から湧き出ている。名の起こりは延宝年間(1673〜1681)に筑紫の僧某が天満宮に詣でた折、この泉を見て詠んだ和歌「とことはに湧ける泉　いやはやに　神の宮居の瑞垣となせり」によると説明板にある。

谷保天満宮

◆谷保天満宮前の道を渡り、甲州街道の右側を100メートルほど進む。道の下を見下ろすと「清水の茶屋跡」がある。かつて天神坂下には立場茶屋があったのだ。『江戸名所図会』では「甲州街道の立場にして、この辺ここかしこに清水湧出するゆゑに、清水村の称ありといふ。この地に酒舗ありて、店前清泉沸流す。夏日には索麺（そうめん）を湛（ひた）して行人を饗応せり。ゆゑにこの地往来の人、ここに憩ひて炎暑を避けざるはなし」と絵入りで紹介している。

天満宮から650メートル進んで左側に「南養寺」、上谷保村の常夜灯が見える。

入口の上谷保村の常夜灯は寛政6年（1794）4月のもので、竿の部分に「秋葉大権現」・「天満宮」・「榛名大権現」と刻まれている。

5　南養寺（臨済宗建長寺派　立川普済寺末寺）

南養寺は総門・本堂・大悲伝・鐘楼及び、梵鐘・庭園などが市の指定文化財となっている。

◆南養寺から150メートル、小川に架かる橋の隣に「五智如来」の祠がある。ここから600メートル、左側は青柳福祉センターで「元青柳村の常夜灯」（寛政11年建）がある。

福祉センターから500メートルほどで立川市に入る。左手には至誠学園があり、まもなく日野橋五差路の交差点である。ここでいままでの道の延長上にある奥多摩街道を入り、250メートル先、「旧甲州街道」の標識に沿って左に入る。桜並木となっている道を少し左カーブしながら進むと、遊歩道公園となっている。川を過ぎ、新奥多摩街道を横断すると、左手は市の下水処理場。その突き当たり左側に「日野の渡し碑」が立っている。

6 日野の渡し碑

甲州街道は慶長10年（1605）に整備された。しかし多摩川の渡しは支流の浅川との合流点付近にあったため、度重なる洪水により川筋が変わり、渡しの位置も変えなければならなかった。この渡しは貞享元年（1684）ころから現在の日野橋ができる大正15年（1926）まで続いた。

洪水により川筋が変わるため、農地や墓地などが飛地になることもある。そのため日野の渡しの渡船料は近隣の村々が年契約して精算し、普段は無賃で利用していた。冬に渡橋するときの人足代・材木代、船の修理費なども渡しを利用する近隣の村々が負担していた。

日野の渡しがあった辺りには現在、立日橋（たっぴばし）が架かっている。江戸時代、この辺りは鮎漁が盛んで、江戸城にも納めていた。「鮎の押し鮨」を出す茶店もあったという。

日野の渡し碑

◆日野の渡し碑を少し進んで、すぐに左折すると多摩川の土手に上がる。

立日橋を渡り、日野に入る。

橋のたもとから多摩都市モノレール下を進む。橋を渡って最初の信号でモノレールと分かれる。右手に「日野市民の森スポーツ公園」のある道を進んだ突き当たり、新奥多摩街道入口の交差点が日野宿の入口で、左側に「東の地蔵」別名、「福地蔵」が祀られている。

〔日野宿〕

本陣1軒　脇本陣1軒　旅籠20軒　問屋場1軒　総家数423軒

人口1556人（男796人　女760人）

宿場の長さ9町

府中宿より2里8町（約8・9キロメートル）、八王子宿へ2里の位置にある。慶長10年（1605）、八王子初代代官大久保長安の支援によって宿場になったといわれる。

宿は東の方より下宿、中宿、上宿と称し、高札場は中宿の問屋場のそばにあり、中宿には名主・本陣・脇本陣を務めた2軒の佐藤家があった。『宿村大概帳』によると、下佐藤家は112坪、門構・玄関付きの脇本陣（かつて天然理心流の道場があった）。上佐藤家は117坪、門構・玄関付きの本陣であった。しかし両家とも嘉永2年（1849）の日野宿の大火で焼失。下佐藤家は文久3年（1863）に再建され、本陣を務めた。現在は「日野宿本陣」として日野市の管理下に置かれている。

日野宿本陣

◆東の地蔵から東に100メートルほど進んだところが日野警察署。その横の小径が万願寺から続く初期の甲州街道である。

東の地蔵から180メートル進み、左に入る道は川崎街道。入口には高幡方面の道路標識が掲げられていて、その下には「高幡不動入口」という石柱もある。やがて左側に「日野宿本陣」の看板が見える。下の名主、佐藤彦五郎氏宅であり、土方歳三の姉の嫁ぎ先でもある。幕末に新撰組で活躍した土方歳三、井上源三郎は日野出身であるため、市内にはこのような新撰組ゆかりの史跡や史料が数多く残されている。

下佐藤家、佐藤彦五郎氏宅の少し先、左手に見える大きな門は上の名主、佐藤利文氏宅であり、道の北側に問屋場跡・高札場の碑が立っている。

甲州街道から外れ、日野本町二丁目の信号を左折して行くと「大昌寺」がある。

7 大昌寺（浄土宗知恩院末寺）

もともと天台宗の寺があった旧跡に慶長7年（１６０２）、讃誉上人が堂宇を創建した。ここには下の名主、佐藤彦五郎の墓がある。彦五郎の妻のぶは土方歳三の実姉である。

日野宿出身の江戸末期の狂歌師、玉川居祐翁（ぎょくせんきょゆうおう）の墓もある。そこには「月雪や花にと取りしちび筆の思はず時のきゆるいのちも」と刻まれている。

◆甲州街道に戻り、上佐藤家の先、左に欅の木立のあるところが「八坂神社」。やがてＪＲ日野駅となるが、甲州街道はその手前、日野駅前東の信号を左折する。「宝泉寺」の前を過ぎ、道がやや登りとなる右側に飯縄権現社があり、その西隣には「西の地蔵」が祀られている。

8 八坂神社

寛政12年（１８００）に再建された社殿は、日野市の指定文化財になっている。現在は非公開となっていて実物を見ることができないが、天然理心流近藤周助（勇の養父）の門人らが、剣術の上達を願って安政5年（１８５８）8月に奉納したといわれる額もある。

９ 宝泉寺（臨済宗建長寺派）

元徳年間（１３２９～３１）開創、開山は建長寺59世曇芳周応。
ここには新撰組六番隊組長、井上源三郎の顕彰碑と墓がある。井上源三郎は慶応４年（１８６８）の鳥羽・伏見の戦いで死亡した。兄の松五郎は千人同心を務めている。

府中宿から日野宿までのサブルート―江戸初期の道を歩く

府中宿から日野宿の間の甲州街道は、洪水により多摩川の川筋がよく変わり、それに伴なって道筋も度々変更されてきた。本書の地図では通行可能な歩ける道を図示したが、ここでは平成19年（２００７）９月に石田大橋が完成したことによって辿ることができるようになった江戸初期の甲州街道を紹介する。

この道は飛田給薬師堂横から始まる。すぐに品川街道と名を変え、東府中駅まで続くが、その先は京王競馬場線となり消滅。府中競馬正門前から京戸道（きょうず）として大國魂神社の参道を横切るが、その先はＪＲ南武線、武蔵野線のため途切れてしまった。分梅駐在所交差点には「分梅町」の名の由来が記された碑が建っている。

ここで鎌倉街道と分かれ、御猟場道を進む。本宿一丁目の交差点を越えると、突き当たりにＮＥＣの工場がある。正門を入ったところには日本橋から８里目の「本宿一里塚」がかろうじて姿を留めている。

本宿一里塚（NEC府中事業場の敷地内）

かつては工場敷地内を通って日野の万願寺に向かったのであるが、現在は通行できないため、工場をぐるりと回って日新町一丁目北の信号から日野バイパスに向かって市川緑道を進む。この道は「古代の丘とハケ下の道コース」として設定されており、随所に道標も設置されている。その道しるべに従って谷保天満宮に向かう。ここから先の道は全く消滅しているので、とにかく石田大橋に向かう。天満宮からは田んぼの中の道を抜け、城山公園のすそを通って古民家（旧柳澤家住宅）に至る。

古民家からはヤクルト本社のほう、日野バイパスに向かう。中央自動車道の下をくぐって日野バイパスを進み、石田大橋で多摩川を渡る。万願寺交差点を１００メートルほど直進し、左に入ったところに土方歳三の生家である「土方歳三資料館」がある。

モノレールに沿って北へ５００メートルほど進んだ右側には、「万願寺一里塚」が片側のみ残っている。その先、中央自動車道の下をくぐってすぐに左折。道なりに進んで日野警察署に出て、立日橋から来る享保以後の甲州街道と合流し、日野宿に入る。

万願寺一里塚

貞享元年（１６８４）ころに甲州街道は日野渡船場を通る道筋へと改められたが、その後も万願寺の渡船場や道は「石田の渡し」として、少し上流の「青柳の渡し」とともに利用されていた。

『新編武蔵風土記稿』には「甲州古道といへる一路あり。常久村の南より六社宮の大門中間を経てこの宿に至り、日野宿の東小名万願寺と云所に出て往来せり」とある。

第5回

日野宿から八王子宿
(1里27町48間)

── 日野宿(1里27町48間)八王子宿 ──

ポイント

日野自動車、コニカミノルタ工場のある2.5キロメートルの間、甲州街道は広大な原野の中を一直線に延びていた。この一帯は「高倉原」と呼ばれ、村々の入会地や林場であった

行程:JR日野駅……日野自動車(上人塚)……大和田町会館(道標、富士見橋橋柱)……大和田橋……竹の鼻公園(一里塚跡)……永福稲荷……市守神社……横山宿……八王子市道路元標……八日市宿……八日市宿標柱……八幡宿……八木宿……追分道標……大久保長安陣屋跡の碑……信松院……金剛院……念仏院……本立寺……観音寺……長心寺……興林寺……JR八王子駅
*歩程約6.9キロメートル

現在の高倉原を望む

◆旧甲州街道は西の地蔵の先で中央線を横切るが、現在踏切は閉鎖されている。そのため日野駅を出てガード下をくぐり、日野駅南の交差点を左折。線路に沿って進み、次の分かれ道を右折する。上り坂を100メートルほど進むと平坦な道となり、大坂上1・2・3丁目と続き、左に都営アパート、大坂上中学校を過ぎて、直進する。

『新編武蔵風土記稿』には「粟之洲（あわのす）新田　日野本郷宿の北につゞきたる地にて、西は大和田村の柴山を堺とし、……（中略）……日野本郷新田の民と軒をなをへて住せり」とある。

やがて右側（北）に日野自動車。それが終わると道の左側（南）に、コニカミノルタの工場が続く。コニカミノルタの西側を境として八王子市に入る。日野自動車の工場の敷地内には「上人塚」がある。

1　上人塚

かつて掲げられていた説明板には「いつの頃か、美濃（岐阜県）の斉藤家の落人、佐藤三郎兵衛が日野に住みつき、野武士や野盗等の外敵から百姓たちを保護したことで信頼を得、名主となった。その折、名主推薦に関する連名文書を二通作成し、一通を幕府に提出し、他の一通を当地に埋めてその上に榎を植え、これ

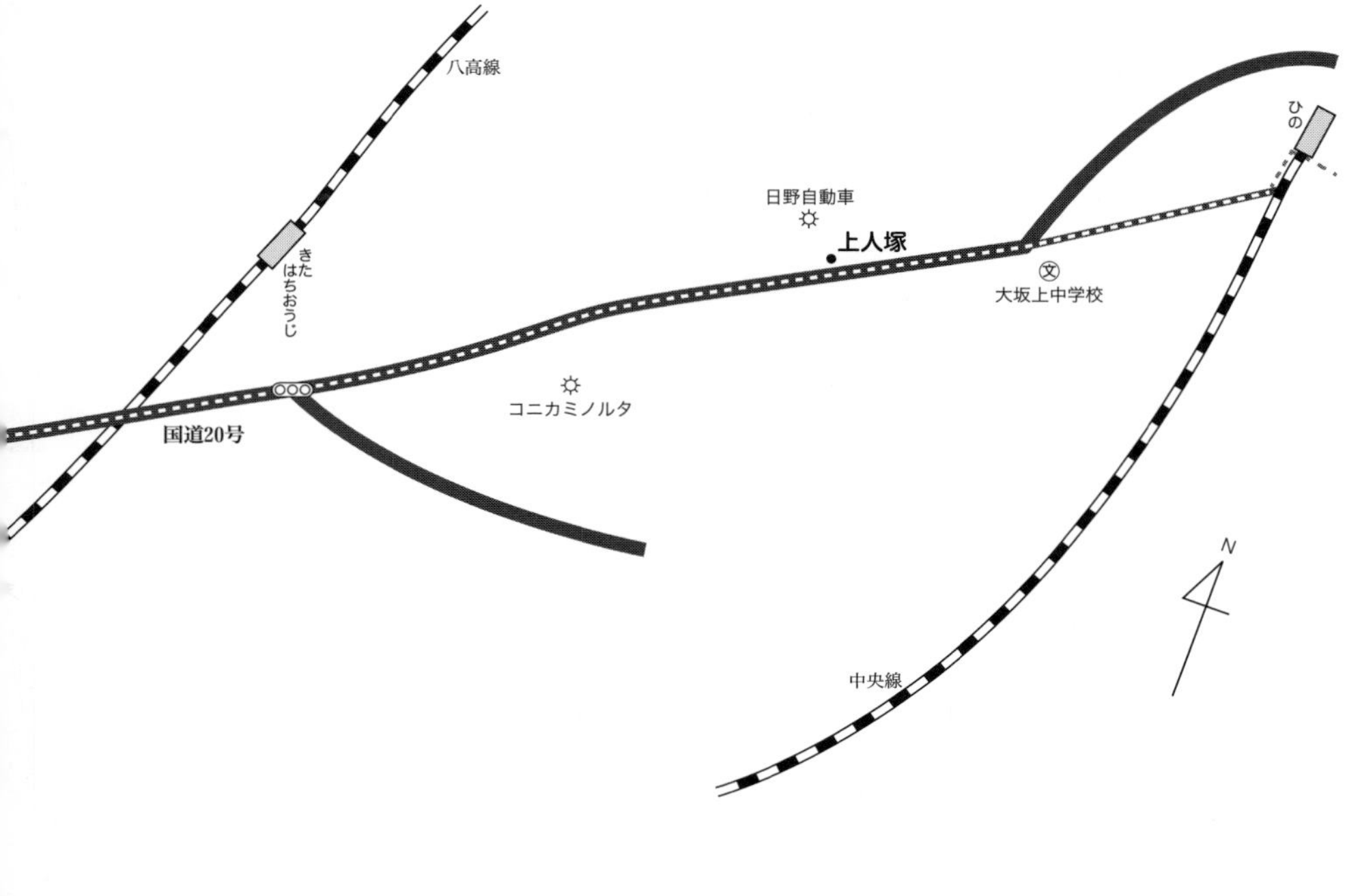

を『請人塚』と呼んだ。後に狐か狸が化けて上人の姿をするので『上人塚』と呼ばれるようになったといわれる。また、昔烽火台に使われたとする説もあるが本来は古墳であろうと推察される（※）。

中央のエノキ（にれ科）は目通り幹囲４・１メートル、樹高約15メートルで、根元より約２メートルの高さより５本の太い幹に分かれ、約10メートル四方に枝をひろげて全体としてこんもりとした樹形をなしている」とあった。

日野自動車内の神社
（上人塚にあった祠はここに移された）

（※）発掘調査の結果、古墳ではないことが判明した。

◆約1キロメートルでJR八高線の上を通り、そこから約400メートルで大和田の下り坂となる。下りきったところで16号バイパスをくぐって、すぐ左手にある細い道に入る。200メートルほど進むと、左側に大和田町の会館があり、その前に石造物がまとめられている。1つは道標で「安政五年、江戸むら大和田道」と読める。その先に「富士見橋」と記された橋柱がある。かつてこの辺りから富士をよく眺めることができたのであろうが、現在は建物が乱立していて望むことができない。
やがて「大和田橋」に出る。橋の歩道には、昭和20年（1945）8月2日未明の空襲時に落とされた焼夷弾の跡がタイルの色を変えて表示してある。

2 大和田橋

『分間延絵図』には「歩行越場　平水川巾十五間程　此川夏秋之間　歩チ越、冬十月ヨリ翌春三月マデ仮土橋ニテ通行」とある。明治38年（1905）に木造橋として常設された。昭和2年にコンクリート橋となり、現在4車線、両側歩道の橋となっている。
また、『宿村大概帳』には「右川毎年四月より翌年九月迄歩行渡り、十月より翌三月迄橋渡り、尤右土橋之儀は大和田・子安・元横山三ヶ村にて掛渡し来り候処、文化三寅年より大和田村にて掛渡来る」とあり、川越人足賃は文政7年（1824）に次のように定められたことが記されている。

「定

答申五月より来ル午四月迄拾ヵ年三間元賃銭へ三割増之、

太股通水弐尺余　　人足壱人に付弐拾文

腰帯通水弐尺五寸程　同三拾壱文

乳下水三尺程　同四拾弐文

但、本馬壱疋之荷物人足四人掛り、軽尻荷物同弐人掛り、乗物山駕籠連台壱挺に付人足六人掛り、

右の通可取之、若於相背は可為曲事もの也
　文政七年申月　　　奉行」

◆大和田橋を渡ってすぐの信号を右折。300メートル進んで左に分かれる細い道に入る。100メートルほど進むと右手に竹の鼻公園があり、園内には日本橋から11里を示す「一里塚跡碑」がある。公園の西側には「永福稲荷」が祀られている。

3　永福稲荷

『新編武蔵風土記稿』には
「社地、十坪許、往還の側竹鼻森の中にあり。家福稲荷と号す、この地の鎮守なり、宝暦六年（1756）八光山権五郎と云力士の発願にて勘講せし所なり、わづかなる社にて、例祭は年々八月二日相撲あり、元横山村大義寺持」とある。境内に「芭蕉の句碑」がある。
　「蝶の飛ぶばかり野中の日かげかな　　芭蕉翁」
句碑は寛政12年（1800）秋に八王子の俳人、松原庵星布が建てたものであるが、明治30年4月の火事で剥落崩壊。昭和24年に再建された。

◆竹の鼻公園を過ぎると道は少し登りになるが、登りきったところで突き当たりを左折する。これは江戸時代の鍵の手で、現在の新町である。250メートルほどで右折。すぐ右側には「市守神社」がある。かつては市守神社のところに木戸があり、横山宿が始まった。『分間延絵図』には木戸が描かれている。

4 市守神社

天正18年（1590）、横山・八日市・八幡3宿の商人の守り神として長田作左衛門が、倉稲魂命（うかのみたまのみこと）を祀ったのが始まりという。江戸中期に天日鷲命（あまのひわしのみこと）と合祀し、いまでは「お西様」として知られている。

◆市守神社の隣に「横山地域安全センター」があり、すぐにJR八王子駅に向かう広い道と交差する。ここから250メートル、3つ目の信号のそばに横山町郵便局がある。江戸後期、この辺りが横山宿の本陣・問屋場・脇本陣であった。

〔横山宿〕

本陣2軒　脇本陣4軒　旅籠34軒　問屋場2軒　総家数1548軒
人口6026人（男3112人　女2914人）　宿場の長さ35町4間
八王子宿は八王子15宿・八王子横山15宿とも呼ばれ、横山宿・八日市宿が本宿であった。
戦国時代は北条氏照の支配下にあり、北条氏の枝城として八王子城があったが、天正18年（1590）に豊臣秀吉の小田原攻めにより落城。同年、徳川家康の関東入国に伴って八王子に入った大久保長安は八王子の町づくりを始めた。

代官頭八王子総奉行となった長安は八王子城下3宿を移転し、盆地の中央に新たな甲州街道を設定する。その中心に置いた八幡・八日市・横山の3宿を宿場町・町人屋敷とした。また、行政・司法府として石見屋敷（いわみ）（石見陣屋）を新八王子宿のおおよそ中央に置き、その外側南北には寺院群を置いた。天正19年（1591）、長安47歳のとき、小仏関所番、川村帯刀（後北条の遺臣）の上書によって、関所を小仏峠の上から現在地の駒木野に移した。また、小仏峠にもっとも近接するところには千人同心屋敷を置き、軍事上の拠点とした。甲州街道の東西の入口、新町と千人町西端（地蔵堂付近）は鍵形とし、防備施設とした。また治水工事としては石見土手を築き、浅川の氾濫を防ぐとともに町囲いの土手とした。今日の八王子旧市街地の原形は長安によって、おおよそ完成したと考えることができる。

なお、横山宿の本陣がどこにあったのかは現在でもよくわかっていない。この点について樋口豊治氏は、以下の推測をしている。

『横山根元記』にある次の記載からの推測である。

『延宝九（一六八一）酉年八日市焼失に付き、それより新野与五右衛門方にて御奉行宿つかまつり候、それより（山上）十郎左衛門は桜井宗雲宿つかまつり候。此外、本陣下宿四五軒ほどまかりあり候、是は近所にて見合申し候、八日市は戌年（天和二）より（新野）与五右衛門方にて、御奉行衆本陣相勤め申し候。』

『横山根元記』は享保十五（一七三〇）年に書かれたもので、偽書の疑いもあるという。しかし、そうとばかりはいえない。なぜなら、記載事項のかなりの部分が横山宿の成内家文書、八日市宿の山上家や新野家文書等によって、確認できるからである。

『甲州道中分間延絵図』から

その意味で先の本陣下宿などという言葉とともに次の記載をも注目したい。

『横山宿本陣宿　佐藤三郎左衛門・川辺又左衛門
八日市本陣宿　新野与五右衛門・山上善左衛門』（『横山根元記』）

（樋口豊治『江戸時代の八王子宿』より）

また、文政十丁亥年の『甲州通　休泊御本陣證文帳』には、「八王子八日市宿　御本陣　新野与五右衛門　㊞」とある。

横山宿の本陣は『甲州道中分限延絵図』にその場所が記載されているが、名前がなく、『宿村大概帳』には横山宿の本陣が「凡建坪九拾四坪半　門構・玄関附」と記されている。『新編武蔵風土記稿』にも「旧家名主七郎兵衛　川口を氏とす」とあることから、川口家が本陣である可能性は十分に考えられる。

◆次の信号は八日町交差点で、その東南の歩道に現在の道路元標がある。江戸期にはここに高札場が置かれていた。

5 八王子市道路元標

説明板によると、八王子市の道路元標は大正9年（1920）、当時市庁舎があった「八幡町三番ノ一」に定められていたようである。

また、近年では設置位置を定めた法令などはないが、大正8年制定の旧道路法において、各市町村に1個設置するとされた石標で、道路の起終点、経過地点として利用された、と書いてある。

八王子市道路元標

◆八日町交差点から八幡町交差点までの450メートル間が八日町。かつての八日市宿である。東から順に脇本陣・問屋場・本陣が置かれていた。現在この中間、北側の歩道に「八日市宿」と識された標柱が立てられている。八幡町交差点から北へ向かう道は国道16号で、江戸期には八王子宿より日光に向かう重要な道となっていた。八王子千人同心が「日光火の番役」として往来した道でもあった。

八幡町交差点を過ぎると、かつての八幡宿。本郷横丁の交差点からは八木宿となり、そこから300メートルで「追分」になる。追分の名は甲州街道と佐野川往還（陣馬街道）の分岐点であったことに由来する。

6 追分道標

この道標は文化8年（1811）、江戸の足袋職人、清八が高尾山に銅製五重塔を奉納した記念として、江戸から高尾山までの甲州街道の三追分、すなわち新宿と八王子追分と高尾山麓小名路の3カ所に建てた道標の1つである。

昭和20年8月2日の空襲による破損で4つに分かれ、そのうち一片が不明となった。現在は平成15年に再建された高さ2メートル以上の道標が立っている。

◆追分から甲州街道は千人町に入り、駒木野に向かうが、ここで八王子宿の南北に位置する寺院群を訪ねてみることにする。まず南側を通って、八王子駅南口に向かう。

八日市宿標柱

追分道標

いままで来た甲州街道を逆に戻り、本郷横丁東の交差点で右に曲がる。踏切手前、産千代稲荷神社境内に「大久保長安陣屋跡の碑」がある。

7 大久保長安陣屋跡の碑

大久保長安陣屋跡の碑

江戸時代の初め、八王子には多くの代官の陣屋が所在していた。「代官」とは年貢や諸役の徴収、治安警備などを行う民政官のことであり、「陣屋」とは代官が職務を行う場所のこと。

八王子の代官は「八王子代官」、「関東十八代官」ともいわれ、八王子に在住しながら武蔵国とその周辺地域の在地支配にあたっていた。その中で大久保長安（1545～1613）は、関東十八代官の頭として関東の政治に携わっていた。

しかし、江戸幕府も4代将軍家綱、5代将軍綱吉の時代になると、在地

《八王子の寺院１》

支配機構の整備によって代官の江戸引き上げが行われた。八王子にあった陣屋も農民に払い下げられてしまった。

◆踏切を渡り、直進すると第七小学校の交差点がある。右折して、次の交差点の左手にあるのが「信松院(しんしょういん)」。左折して、しばらく進んだところに八王子市郷土資料館があった（現在は移転）。

8 信松院（曹洞宗）

本尊は薬師如来。八王子七福神の1つ、布袋尊も祀っている。武田信玄の四女（一説によると六女）の松姫（1561〜1616）が開基という。松姫は7歳のときに織田信長の長男、信忠と婚約する。しかし信玄が家康と戦ったときに、信長は敵側の家康に援軍を送ったため破談。天正10年（1582）武田氏滅亡後、松姫は姪達20人ほどの供と八王子に逃れ、心源院6世随翁舜悦卜山禅師のもとで仏門に帰依、「信松院」と称した。松姫の死後、松姫を開基として、その住居跡を禅寺としたものが現在の信松院である。享年56歳、元和2年4月16日没。法名「信松院殿月峰永琴大禅定尼」。木造松姫坐像は寄木造りの尼僧の姿で、百回忌のころに作られた。墓を囲む玉垣は延享5年（1748）、松姫死後132年のときに千人頭10人などが寄進。

〈木製軍船ひな形〉

朝鮮の役（文禄・慶長の役）に小早川隆景が使用した軍船のひな形。松姫の兄、仁科信盛の子孫である資真(すけざね)から寄進されたもの。

◆八王子消防署入口の交差点を左折すると踏切手前に金剛院があり、道路をはさんだ反対側には「時の鐘」で知られる念仏院がある。

9 時の鐘（念仏院）

元禄12年（1699）に八日市宿の名主、新野与右衛門が発願主となり、千人同心や近郊の人たちが費用を出し合ってできた。鋳物師は神田鍋町の椎名伊豫（いよ）。太平洋戦争の際、供出は逃れたが空襲により鐘楼は焼失。昭和27年に再建された。太平洋戦争の初めまで明け六つ（午前6時）から暮れ六つ（午後6時）を告げていた。

◆念仏院の隣、天満神社の横の小道を進むと、まもなく「本立寺」がある。本立寺の境内を抜け、南門を出て、南大通りを左折。第三小学校前で右折すると右手に「観音寺」が見える。

10 本立寺（日蓮宗）

永禄9年（1566）、滝山に創建されたと伝えられる。千人頭であった原胤従（たねつぐ）が中興開基となって、慶長元年（1596）、現在地に移された。墓所には原胤敦（たねあつ）、三田村鳶魚（えんぎょ）の墓がある。

〈原胤敦の墓〉

碑面に「原了潜入道平胤敦墓」とある。胤敦は延享4年～文政10年（1747～1827）の千人頭で、寛政12年（1800）、蝦夷地御用を命じられ、北海道の白糠（しらぬか）に千人同心の子弟100人と開拓整備に従事。文化元年（1804）には箱館奉行支配調役となり、手付の者は「地役御雇」として各地へ転属することとなった。

こうした縁によって昭和48年に八王子市は苫小牧市と姉妹都市の盟約を結んだ。墓所には苫小牧市から贈られた灯籠が建っている。表には「勇払開拓の礎　八王子千人同心　顕彰之燈」、裏面には「苫小牧市

念仏院の時の鐘

昭和五十二年五月十六日」とある。

文化7年には幕府の命により、地誌『新編武蔵風土記稿』の編纂にもあたっている。

〈三田村鳶魚の墓〉

碑面に「厳王院殿鳶魚玄龍開士」とある。明治3年、織物屋の次男として大横町に生まれる。著書は『日本及び日本人』から江戸の風俗、文学まで幅広く、『三田村鳶魚全集』全27巻がある。坪内逍遙らと車人形の研究や保存にも尽力した。昭和27年没。

11 観音寺（真言宗智山派）

現在の本堂は青梅から移築したもので、向拝の彫刻は佐藤光重の作品。山門は千人頭中村左京の屋敷門を移築したものといわれる。

〈蘭方医秋山家の墓〉

秋山義方（ぎほう）（1779～1857）は千人同心であり、眼科医であった。また、種痘を八王子地区で初めて行った。墓の上部、梵字のあるところにはローマ字で「A」と刻まれている。

◆南大通りをそのまま進んで国道16号を渡って左に曲がり、歩道橋前の小道を右折。しばらくすると左手に曹洞宗智山派の長心寺がある。境内には芭蕉句碑（明治36年建）「西行の草鞋もかかれ栢の露　はせを」があり、この句碑の隣には「西行塚」がある。

まっすぐ進み、突き当たりを左折。すぐに右折すると「興林寺」がある。興林寺からさらに約270メートル進むとJR八王子駅南口に着く。

観音寺

12 興林寺（浄土宗）

創建は天文12年（1543）と伝えられる。この寺の境内には、大正時代に歴代住職の墓地から発見されたと伝えられる鎌倉時代の板碑がある。高さ111センチメートル、幅36センチメートルの緑泥片岩で、梵字で大日如来の種子が刻まれ、「弘安六年（1283）」の銘がある。

富士塚

コニカミノルタ東京サイト日野の敷地内には「富士塚」が残されている。

残念ながら、現在この塚を見学することはできないが、平成20年の日野市教育委員会の調査では、南北25・5メートル、東西15・5メートル、高さ4メートルの黒土で作られている（清野利明「最近の発掘調査から」（東京の遺跡№92）より）。

コニカミノルタは明治6年、東京麹町で小西屋六兵衛店として創業した。昭和12年7月に六桜社日野分工場が竣工した際、既に塚はあったようだ。

ただし、この塚は富士塚としてはいくつかの疑問が残る。第1に、この高倉原は、ことさら塚を作らなくてもどこからでも富士山を望むことができる。第2に、ここは単なる盛土で、富士塚としての条件を備えていない。第3に、造られた年代が通説より古いのである。

庚申懇話会の『日本石仏事典』によると「（前略）……富士山の信仰は天文年間（一五三二〜一五五四）に長崎で生まれ、富士山の人穴で修行し、人穴を根拠地として各地を巡歴した長谷川角行東覚（かくぎょうとうかく）（書行藤覚とも書く）によって基礎がつくられ、数代を経たのちの後継者食行身禄（じきぎょうみろく）（伊藤伊兵衛）、村上光清の享保期（一七一六～一七三五）における活躍によって江戸を中心とした地域の庶民の間に普及し、江戸八百八講と呼ばれるほど講の数は増大し、盛大になった。……（中略）……富士塚は富士山に登山できない者の登拝のために富士山を模して築いた人造の小山で、頂上に小祠を祀り、中腹に小御嶽石尊大権現、七合五勺の烏帽子岩、北麓に御胎内を設けているもので、富士山から講員が運んだ溶岩を斜面に配している塚も多い。この富士塚は江戸高田（新宿区戸塚一丁目）の水稲荷社の境内に安永三年（一七七四）に造立された高田富士と呼ばれるものが最も古く、それ以降江戸市中やその周辺地域に次々に築造され、明治に入っても築造が行なわれ、東京、千葉、埼玉、神奈川などの各都県に分布している。この富士塚には必ずといってよいほど富士講碑が建てられている。……（以下略）」と記されている。

富士塚は小さな築山ながら、登山道と下山道が別々に設けられていて、一方通行に参拝できるものも多い。

甲州街道沿いには、コニカミノルタ敷地内のものを除けば富士塚と呼ばれるものは見当らない。甲斐国に入るまで、どこでも富士山を望むことができるし、甲斐国にはすぐ近くに富士山があるからであろうか。

コニカミノルタ東京サイト日野の敷地内にある富士塚

第6回

八王子宿から駒木野宿を経て小仏宿（2里18町）

── 八王子宿（1里27町）駒木野宿（27町）小仏宿 ──

ポイント

八王子宿は甲州街道最大の宿場町で、西には小仏の関所を抱える交通の要所でもあった

行程：ＪＲ八王子駅北口……大義寺……妙薬寺……極楽寺……千人同心屋敷跡記念碑……興岳寺……宗格院……多摩御陵入口……高尾駅……小名路……駒木野（小仏）関所跡……駒木野宿……小仏宿……小仏バス折返所

＊歩程約9.8キロメートル

高尾駅

◆前回、追分から八王子宿の南側の寺院群を訪ねたので、今回はＪＲ八王子駅より北側にある寺院を訪れ、追分に向かい、甲州街道を進むことにする。

ＪＲ八王子駅北口からまっすぐ北に進み、八王子駅北の信号を左折すると、右手に「大義寺」がある。

１ 大義寺（真言宗智山派）

創建当初は「大元寺」と称したが、第10代住職清満が足利義植（よしたね）と関係があったので、1字をもらい「大義寺」と改めたと伝えられる。

〈松原庵星布墓〉

「松原院　梅聰慈香法尼　文化十一戌年十二月廿八日」、側面に「咲（さく）花もちれるも阿字の自在哉　星布」と刻まれている。

松原庵は松尾芭蕉の系譜を継ぐ伊勢派三庵の1つ。寛政5年（1793）刊の『星布尼句集』で知られる星布（1732～1814）は、八王子横山宿の榎本家出身。

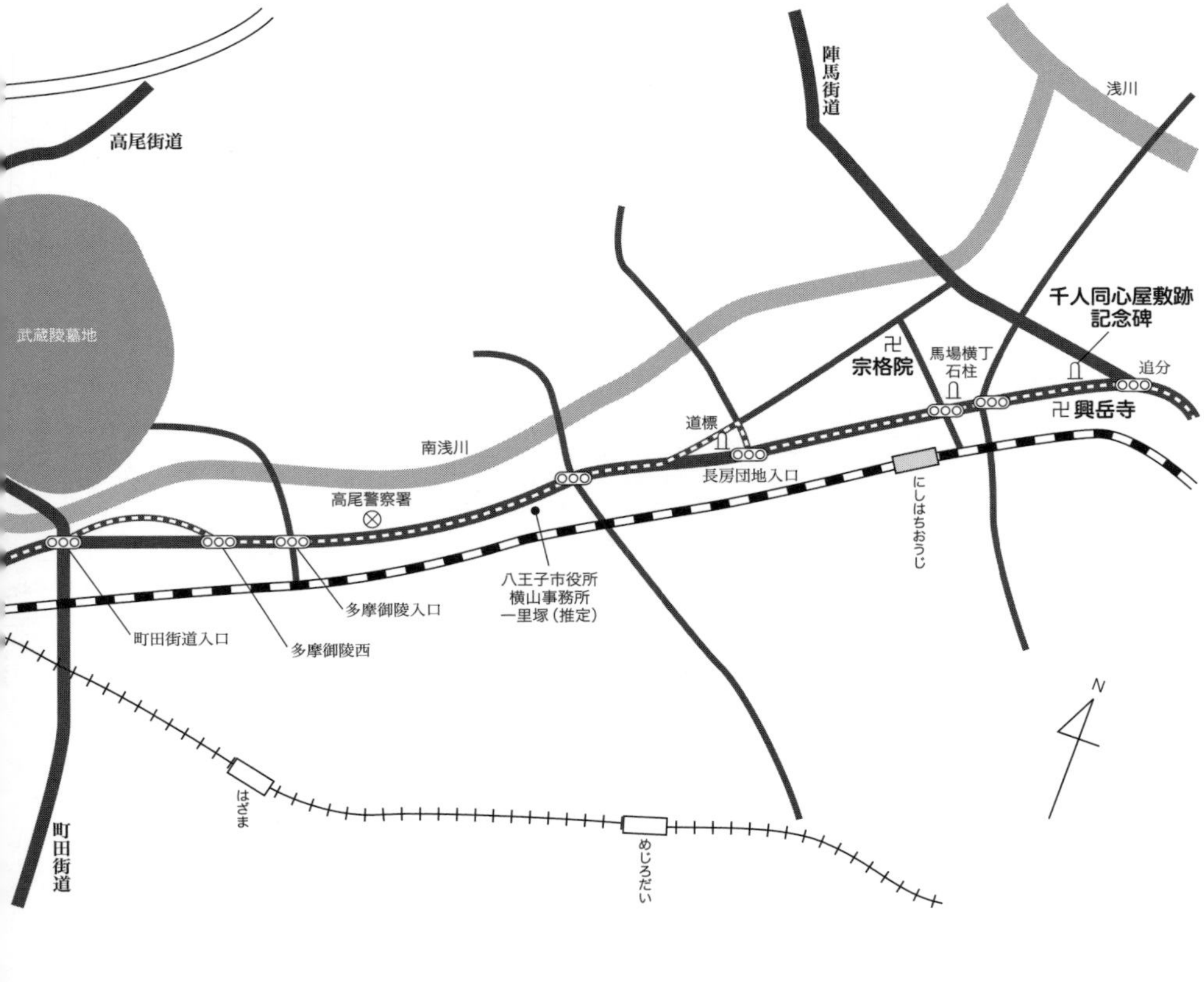

星布は本町の旧家、榎本忠左衛門徳尚の一人娘として生まれた。16歳の時に生母と死別。ほどなく「仙朝」という俳号をもつ継母を迎え、その縁で継母の師である白井鳥酔に入門したと思われる。18歳で八王子の旧家津戸家から信親を婿として迎え、39歳のときに信親を、48歳のときに継母仙朝を亡くしている。57歳で松原庵を継いで3世となり、60歳になったとき、師鳥酔の忌日（8月4日）に剃髪して尼となった。文化11年12月28日没（享年83歳）。

◆大義寺横の小道を通り、北大通りへ出て左折。しばらくすると左手に「妙薬寺」がある。

2 妙薬寺（真言宗）

境内とその周辺が横山党の根拠地と伝えられている。

〈横山氏墓〉

境内にある宝篋印塔。永禄3年（1560）の造立で墓とも伝えられるが、供養塔と考えられる。

横山氏は武蔵七党の1つで、敏達天皇の後裔、小野篁（たかむら）を祖とする一族。篁から7代目の後裔、小野孝泰は武蔵守として承平・天慶（930〜40）のころ、この地に下向。土着して「横山」を姓とした。建保元年（1213）の和田合戦で敗北滅亡した。

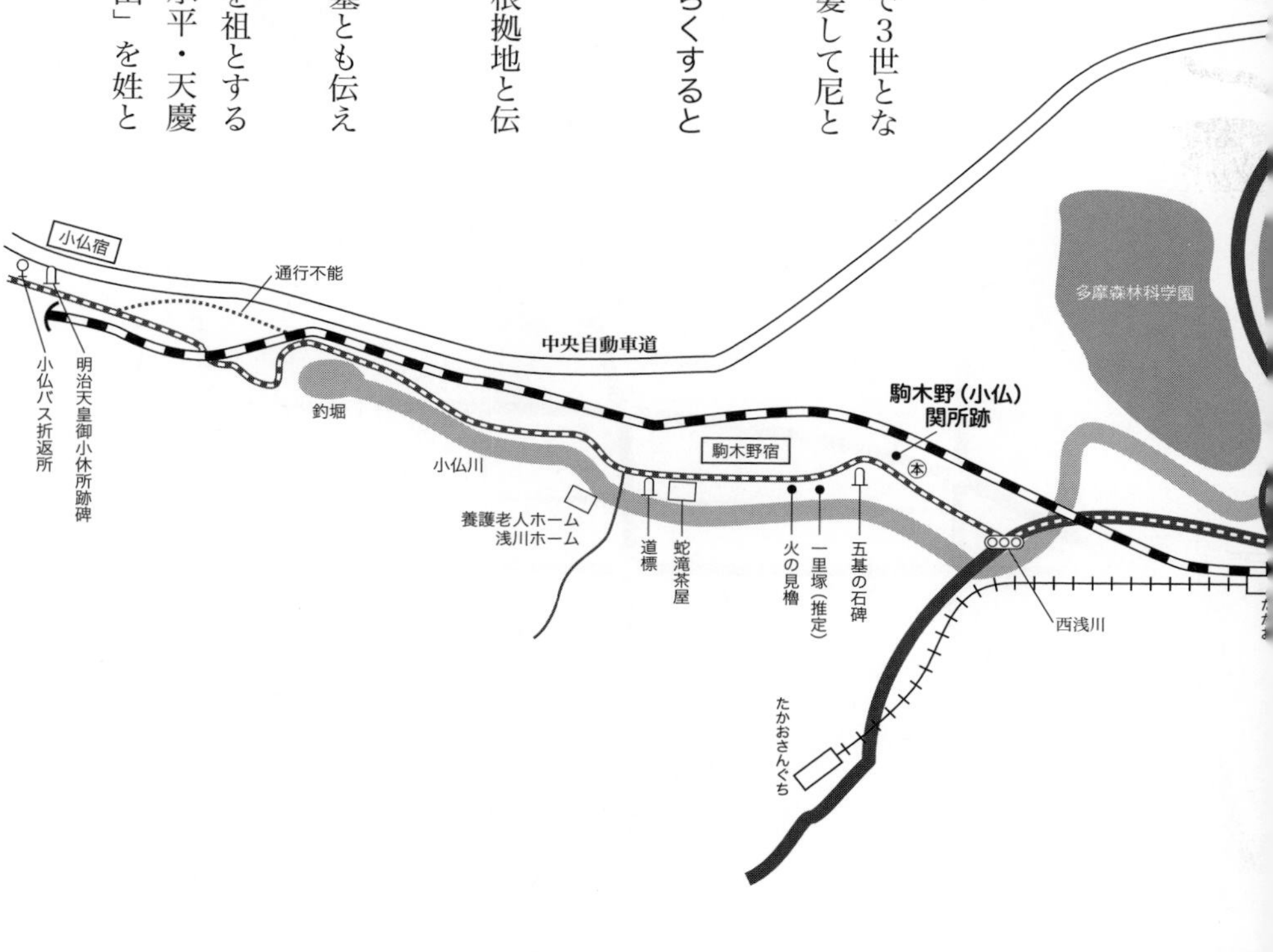

平安時代末期から武蔵国に存在した同族的武士団、横山・猪俣・児玉・丹・西・村山・野与・秩父は合わせて「武蔵七党」と呼ばれていた。（私市（きさいち）、都築を加え十党とする場合もある）。

◆妙薬寺から北大通りをさらに500メートルほど西に進むと国道16号に出る。これを右折すると、浅川橋の手前右側に「極楽寺」がある。16号をはさんで反対側、八王子商工会議所のある一帯がかつて近郷の老若男女が参詣し、お十夜で知られた大善寺の跡である。

3 極楽寺（浄土宗）

山門に古刹の面影が残っている。昭和20年（１９４５）の空襲で八王子市街地のほとんどが焼土と化したが、幸いなことに極楽寺は戦火を免れた。

開基は滝山城主、大石定重。永正元年（１５０４）、滝山城下丹木に創建されたという。北条氏照の八王子城移築に伴い元八王子に移転。落城後、現在地に移転した。庫裏は多摩市蓮光寺の旧家を移築したもの。

〈長田作左衛門墓〉

嘉永5年（１８５２）に川辺勘十郎などの発願で建てられたという供養塔。長田作左衛門は八王子城落城後、八王子の宿場の開設に尽力したと伝えられる。元和3年（１６１７）没。

〈玉田院墓〉

俗名を小督（こごう）といい、松姫の姪（仁科信盛の娘）にあたる。武田氏滅亡

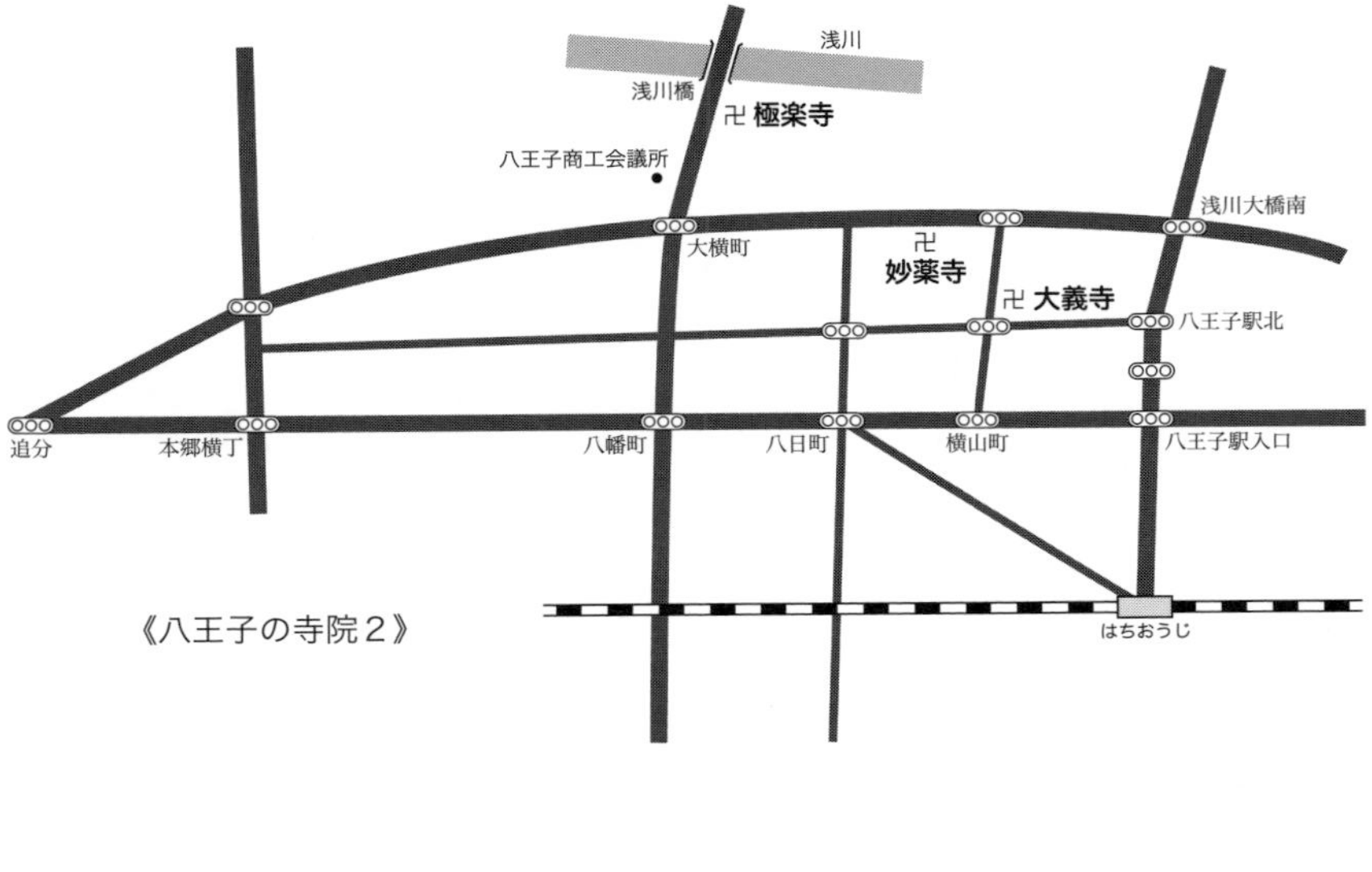

《八王子の寺院２》

の際、13歳で叔母の松姫に連れられ、八王子に逃れてきた。出家して玉田院を称し、大義寺の西際に庵を結んで住んでいたが、慶長13年（1608）に29歳で他界。庵を玉田寺としたものの、元禄年間に廃寺となったので、墓石を極楽寺に移した。

〈塩野適斎墓〉

塩野適斎（1775〜1847）は千人同心組頭、河西家に生まれ、同じく組頭の塩野家の養子となる。学問にすぐれ『桑都日記』正・続50巻などを著したり、『新編武蔵風土記稿』の編纂にも加わっている。また、享和年間（1801〜04）には幕命を受けて蝦夷地（北海道）の開拓にもあたった。

◆北大通りを進むと、やがて追分にぶつかる。交差点の脇には前出の追分道標があり、「左　甲州道中高尾山道」「右　あんげ道」と刻まれている。追分から陣馬街道に少し入ると「千人同心屋敷跡記念碑」が建っている。

4　千人同心屋敷跡記念碑

武田氏滅亡後、天正10年（1582）に国境警備隊だった武田の家臣たちは、八王子城下に移り住んで徳川家に仕え、「八王子千人同心」の中核となった。江戸西側の防衛線は、多摩川と甲州街道の小仏峠に置かれ、作戦基地を八王子として警備と治安維持にあたった。

千人同心は10名の千人頭の下にそれぞれ100名の平同心を配

極楽寺

千人同心屋敷跡の碑

し、この100名を10組に分けて1組に1人の頭を置く組織であった。平同心は八王子周辺に住み、身分は武士ながらも村人と同じ百姓生活をしていた。創設期には関ヶ原の戦いや大坂夏の陣にも出陣。慶安5年（1652）から幕末までは、徳川家康を祀る日光東照宮の警備が主な任務であった。

この碑の辺り一帯の千人町には千人頭や100人の幹部同心に与えられた広大な屋敷と邸宅があった。碑陰には千人同心の歴史が刻まれ、「昭和三十五年　八王子市」とある。

◆甲州街道に戻り、追分の少し先、1つ目の信号を左に入ると「興岳寺」がある。道をはさんだ線路側が墓地になっている。

5 興岳寺（曹洞宗）

開基は千人同心の千人頭、石坂弥次右衛門森信（もりのぶ）。文禄元年（1592）創建。石坂弥次右衛門義礼の墓と顕彰碑がある。義礼は戊辰戦争の際、日光警備の責任者であったが、官軍と戦わずして日光を引き渡したために、一部の千人同心の怒りを買い、切腹した。法名は「興樹院殿大忍義禮居士」。その後、日光を戦火から救ったことが認められた。

◆追分から500メートル進むと、右側に山梨中央銀行があり、その角に「馬場横丁」という石柱が建っている。そこを右折して400メートル先、左側に「宗格院」がある。

6 宗格院（曹洞宗）

千人同心ゆかりの寺。開基開山は元武田家臣、山本土佐忠玄の子、价州良天和尚によるという。本堂前には大きな「千人隊事蹟碑」も建つ。墓地には千人頭の山本・河西・粟沢家の墓があり、志村組同心組頭松本斗機蔵の墓もある。また、代官大久保長安が慶長年間、浅川治水のために築いた堤防「石見土手」（八王子宿を浅川の氾濫から守るように大和田宿の辺りまで築かれていたもの）の一部が、本堂裏手北側にわずかに残されている。

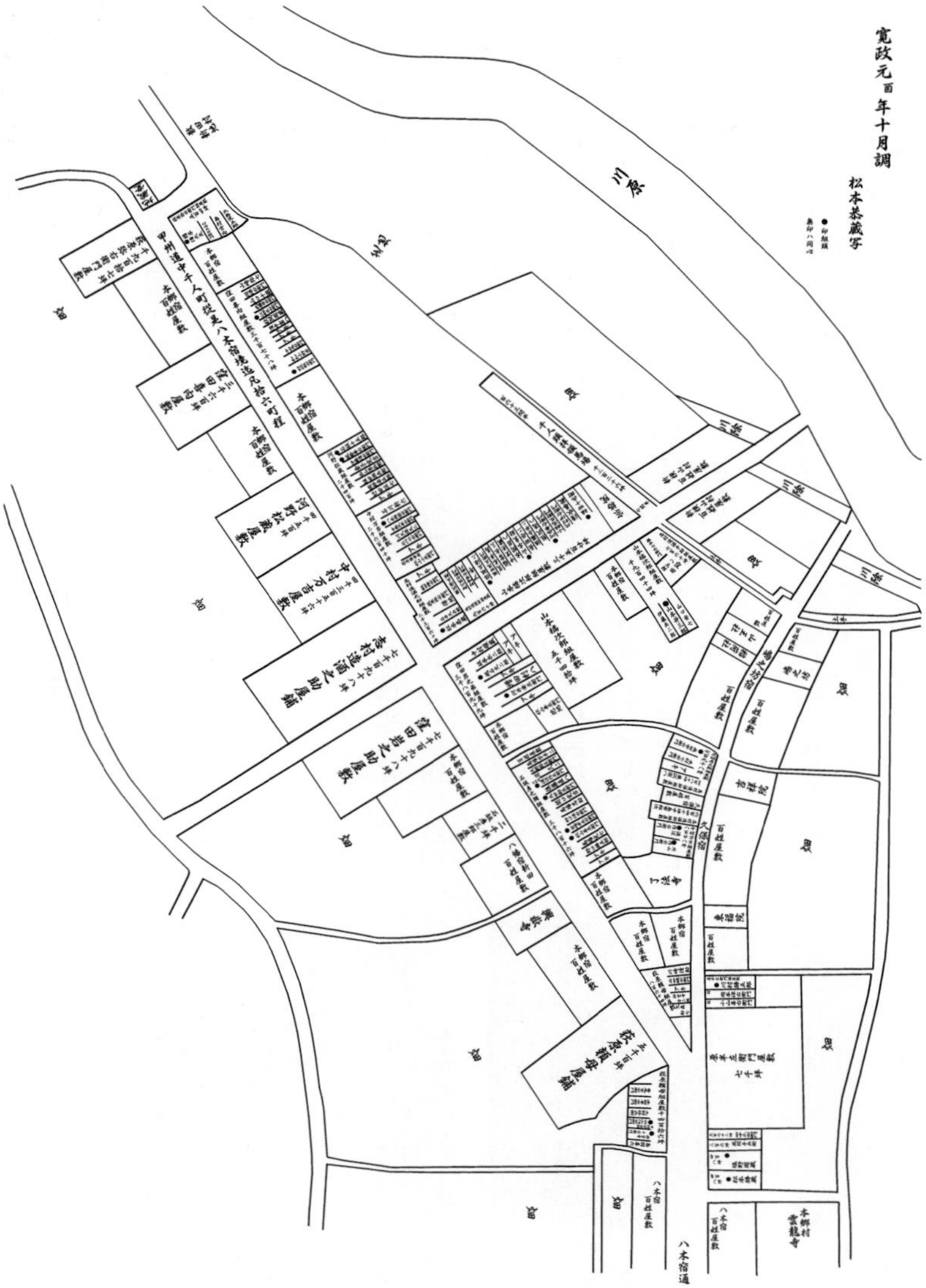

寛政元年（1789）の千人町（八王子市郷土資料館蔵）

〈松本斗機蔵の墓〉

松本斗機蔵（ときぞう）（１７９２〜１８４１）は、三十俵一人扶持の小禄同心に過ぎなかったが、若くして湯島の昌平黌に学び、博覧強記を賞されたという。天保９年（１８３８）末、前年の外国船接近に対する幕府の一貫性を欠いた対外政策に対しては、幕府に意見書を差し出した。海防の充実と開国の方策を幕府と水戸藩に献策した『献斤微衷（けんきんびちゅう）』の著は有名である。天保12年、その見識を買われて浦賀奉行の役職に転出したが、病で任地に就くことなく、同年没した。

◆山梨中央銀行から８００メートルほど進むと長房団地入口の信号がある。追分からこの信号までが千人町で、千人同心の拝領屋敷が並んでいた。

旧甲州街道はここで右折し、すぐに左折。これは八王子宿西端の鍵の手である。この角に「右 高尾山・左 真覚寺」と刻まれた道標が建ち、その横に「昭和二年新道建設時の甲州街道」という碑がある。昭和２年（１９２７）に現在のようにまっすぐな甲州街道になったことが示されている。ここより先は並木町、かつての横山村になる。

約４００メートルで再び国道20号と合流し、少し進むと左側に八王子市役所横山事務所が見える。この辺りには「散田の一里塚」があったと考えられる。特に標識などはないが、戦後しばらくの間、笹が茂っている土盛の囲いに鉄条網が張られていた。

合流してから１キロメートルほどで多摩御陵入口の交差点。右に

八王子宿西端の鍵の手にある道標

大正天皇陵
武蔵陵墓地には他にも貞明皇后、
昭和天皇、香淳皇后の陵がある

見える道は立派な欅並木になっている。「武蔵陵墓地」への参道である。

御陵入口の左方に進んだ突き当たりには、かつて東浅川駅という皇室専用の停車場があったが、平成2年（1990）の過激派の放火によって焼失してしまった。

多摩御陵西の信号のところで、右に分かれる道が旧甲州街道。再び国道20号に合流するまでの道は両側に用水が流れ、塀を持つ大きな屋敷も多く、車の騒音もほとんど聞こえない。前方には山並を望み、昔の街道の趣きを感じる道である。

20号に戻り、左側の樹々に囲まれた熊野神社を過ぎると、まもなく高尾駅前に出る。高尾駅から延びる道を道なりに進むと、多種多様な桜が楽しめる多摩森林科学園がある。

高尾駅前からは商店街が続き、それが途切れた辺りで道は左にカーブする。両界橋を渡り、駒木野の追分である「小名路」で大垂水峠と小仏峠とが分かれる。ここに江戸の清八が建てた道標があった。西浅川の信号を右折して進むと「駒木野（小仏）関所跡」に至る。

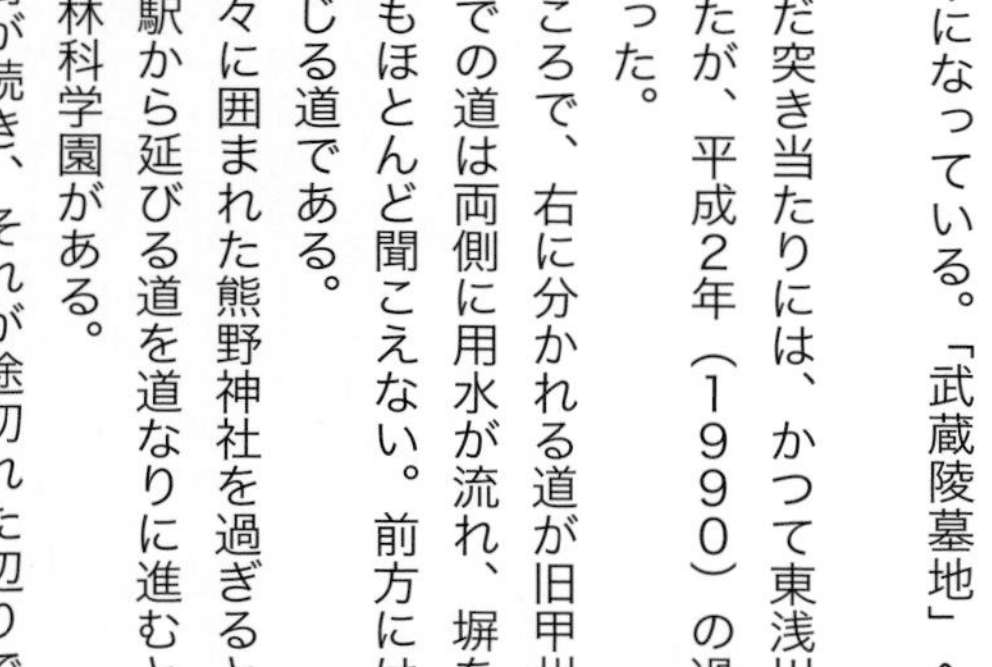
用水の流れる旧甲州街道

7 駒木野（小仏）関所跡

戦国時代には小仏峠に関所が設けられていたが、人里から離れているので天正年間（1573~92）に麓の駒木野に移された。現在は石碑の前に自然石2つが残っている。この石は通行人が手形を置いた「手形石」、吟味を待っている間に手をついていた「手付石」だといわれている。

『武蔵名勝図会』には「……（前略）東より御番所入口に谷川の板橋あり。東西に御門を堅め、四辺に柵を結いまわし、大路一筋にて、外に径（こみち）一路もなし」とある。東海道の箱根や中山道の碓氷と同様に江戸を守る重要な関所であった。

『新編武蔵風土記稿』には「……（前略）御入国の後は千人組のもの、及び十八代官の手代かはるがはるこの関を守りしが、寛永十八年（１６４１）四月より関所番四人定められ、各屋敷地を免除せられて、世々此処に土着して司どりしが、其後故あつて一人減して今三人となれり……（以下略）」とある。また、『五海道中細見独案内』には「のぼりの男女御手形　上る明六ツより　くれ六ツ時御門〆リ　御定番　川村文助　小野崎松次郎　佐藤庄太夫　落合貞蔵」とある。

この関所の隣、公園になっているところが落合家の跡である。ここには憲政の神様とたたえられた尾崎咢堂（行雄）の筆で「先賢彰徳碑」と刻まれた大きな石碑が建っている。碑陰には、「すがすがし関所の跡の松風にとこしへ聞くは大人（うし）たちのこゑ　与謝野寛」とある。さらに続いて漢文で「小仏之関拠山河形勝　古来為固甲武枢要之区矣而　関吏有　落合直亮　直澄兄弟及川村光谿等之名士其学徳志業共可伝後世者也」……以下３人の業績が詳しく記され、最後に「昭和五年歳在庚午五月　淺川好史建之　後学天野佐一郎撰并書」とある。

駒木野（小仏）関所跡

〔駒木野宿〕

本陣1軒　脇本陣1軒　旅籠12軒　問屋場3軒　総家数73軒

人口355人（男178人　女177人）　宿場の長さ10町

駒木野は宿入口から順に、下宿・中宿・上宿と10町にわたって続く。宿入口は南浅川を渡る両界橋で、現在はその上に中央線の鉄橋が架かっている。小名路辺りが下宿で、関所が中宿、摺指が上宿となる。

本陣は関所手前の空地で、脇本陣はその手前隣の鈴木和夫氏宅。駒木野と小仏宿は相宿で、1カ月のうち1日から15日を小仏宿、16日から晦日までを駒木野宿が継ぎ立てた。

◆関所を過ぎると道はやや下り坂となる。この坂の左側に5基の石碑が並んでいる。向かって右端の1基には「甲州街道念珠坂」と刻まれている。ここにはかつて高札場があった。その少し先、道が左に曲がる辺りには一里塚があった。さらに進むと左手に火の見櫓があり、石地蔵と庚申塔が建っている。

やがて左側には軒下に講札（こうふだ）の張られた家、昔の蛇滝茶屋がある。これは高尾山の蛇滝信仰の講中が利用したもので、江戸後期には「ふぢや新兵衛」という旅籠だった。現在は正面の峰尾氏が管理している。建物右手の蛇滝への道標には「上行講　是より蛇瀧まで八丁」と刻まれている。その先が猪の鼻で、養護老人ホーム　浅川ホームが見える。この道の奥には蛇滝があり、高尾山頂へと通じている。

分かれ道の左手にある道標には、「是より高尾山道」と刻まれているが、これは享和3年（1803）江戸清八により建てられたもの。また、老人ホームには天保11年に建てられた芭蕉句碑があり、「飛ば里よ理　上にやす

甲州街道念珠坂の碑

ら婦　到下果那　翁」と刻まれている。

猪の鼻を過ぎると次の集落、摺指に入る。

左手に釣堀の池を見下ろして小下沢橋を渡って左に曲がり、日影沢の分岐を過ぎ、煉瓦造りの中央線のガードをくぐる。かつての街道は小下沢橋からまっすぐ進み、畑の中を登って中央線を越え、右手の山際を通り、ガードから200メートル先のところで、いまの舗装された道と合流するものだった。作物などが植えられているので、通るのははばかれるが、いまでも右手に並ぶ家の奥にその道の跡を偲ぶことができる。

大下バス停付近から小仏宿となる。家並は山裾に並んでいて、宿入口に高札場があった。

蛇滝茶屋

〔小仏宿〕

問屋場1軒　旅籠11軒　総家数58軒
人口252人（男116人　女136人）　宿場の長さ20町47間
小仏・小原・与瀬宿は、山間の宿で戸口も少ない。甲州街道、武蔵の国最後の宿場で、次宿の小原まで1里22町。小仏宿は駒木野宿と合宿で1カ月のうち1日から15日を担当。16日から晦日は駒木野宿が継ぎ立てた。
宿外れの青木氏宅に「明治天皇御小休所跡碑」がある。明治13年6月16日に始まった明治天皇の山梨・長野・岐阜・愛知・三重・滋賀・京都への巡幸の旅は馬車・騎馬・人力車を整え、総勢400人が同行した。この一行に加わった池原香穉（こうさい）は、『みとものかず』で「午前八時ばかり小仏村に来たり。この村の南側にながるゝを駒木野川といふといへり。こゝにやまめといふ魚あり。はえに似て味いとよし。けさ八王子のやどりを立いづる朝げにくひたり。……（中略）……ここより小仏たうげの坂にかゝれば、うへは御輿にめしかへさせ給ふ」と述べている。

ここは小仏の名主、旅籠屋鈴木藤右衛門宅跡でもある。そしてその3軒ほど手前の青木氏宅は、かつての甲府三度飛脚の定宿、三度屋であった。宿が終わると小仏のバス折返所である。

飛　脚

政治の中核である江戸には参勤交代による大名の屋敷があり、国元との連絡が頻繁に行われた。そこで発達したのが飛脚である。

継飛脚

まず、幕府の運営のために用いられた継飛脚・三度飛脚がある。継飛脚は宿ごとに人足が交換し、1人または2人で走る。2人の場合は1人が書状を持ち、もう1人が鈴を鳴らすか、かけ声を出して走っていた。宛先は各地の城代、遠国（おんごく）奉行である。その中でも毎月3度、定期で大阪・京都・駿河御番衆に宛てたものを「三度飛脚」という。

大名飛脚

大名は足軽などにより運用された大名飛脚を利用していた。忠臣蔵のような火急の際には、馬早籠も使用された。また、紀州・尾張藩は東海道に「七里飛脚」という独自の継所を持っていた。

町飛脚

継飛脚や大名飛脚などの公用飛脚に対して、町人の飛脚を町飛脚といった。私用の手紙や荷物を運ぶのを業とする町飛脚が現れたのは元和元年（1615）。以来幕末、維新に至るまで近世経済の発展に大きな役割を果たしてきた。

甲州街道で飛脚業を営んでいた飛脚屋としては堺屋吉兵衛、飛脚屋徳左衛門、小松屋忠右衛門、柏屋藤右衛門などが知られている。そこに寛政元年、関西で活躍していた京屋弥兵衛が加わった。京屋は天保6年に柏屋、小松屋から株を譲り受け、関東甲信越地域の飛脚業を一手に受けるようになる。

宝珠寺にある「甲州三度飛脚中」と刻まれた常夜灯

公用飛脚が夜間でも通行できたのに対して、飛脚屋は関所の門が閉まる暮六ツから翌朝の明六ツまで通行できなかった。そのため、宿場に泊まって翌日に備えるための「飛脚宿」と称する宿屋が設けられた。例えば甲州街道小仏宿の三度屋は甲州三度飛脚の定宿であった。土地の古老の話では、小仏は「宿」ではなく「駅」と呼んでいたそうである。

第7回
小仏宿から小原宿を経て与瀬宿
（2里5町）

── 小仏宿（1里22町）小原宿（19町）与瀬宿 ──

ポイント

武蔵国と相模国の境の小仏峠を越える。小原宿には江戸時代の本陣が残る

行程：高尾駅……小仏バス折返所……宝珠寺……小仏峠……底沢バス停……小原宿……与瀬宿……与瀬神社……ＪＲ相模湖駅
＊歩程約8.3キロメートル

小原宿本陣

◆小仏のバス折返所から約350メートル先、左手の高台に「宝珠寺」がある。

1　宝珠寺（臨済宗南禅寺派）

禅寺。別称だんじき寺。

本堂脇に都指定天然記念物のカゴノキがある。幹が鹿の子模様になるため、漢字で「鹿子の木」と書く。クスの木科の常緑高木で、目通り約4メートル、樹高約23メートルもあり、材は鼓の胴などに使われている。

境内の山王神社前に2基の常夜燈があり、左側のものは「甲府三度飛脚中」と刻まれている。甲州と江戸の間を月に3度往来した町飛脚の定宿が小仏宿にあり、その飛脚たちが奉納した記念灯である。境内にはほかにも「弘化四年」（1847）銘の「馬頭観音」など多数の石仏がある。

◆宝珠寺を過ぎると道は登り坂となる。この宝珠寺から約600メートルの区間は、中央自動車道の工事のために作られた道である。路面には滑り止めのためか、キラキラ光るガラス片らしきものが埋められている。やがて道は大きくS字にカーブし、カーブが終わると、右手には階段状の景信山への登山道がある。道が平坦に

近くなると、車が数台ほど置ける駐車場がある。これから先は杉林の中を行く山道となる。

旧道はカーブせず、谷筋をまっすぐ進んで駐車場へ出るルートであった。この駐車場から山道になる右手前には小さな滝があり、いまでも水垢離の行をする人が時々見られる。

九十九折りを約30分ほど登ると「小仏峠」に達する。峠の手前、南側の少し開けた辺りに一里塚があったというが、いまは何の印もない。峠には3軒ほど茶店があったが、最近は無人で荒れている。

かつてはこのような茶店の名残があった

高尾山方面に向かって進むと、左手展望の開けたところに「明治天皇小佛峠御小休所阯の碑」や昭和12年（1937）に建てられた「三条実美の歌碑（来てみればこがいはたおりいとまなく甲斐のたびじの野の辺山の辺）」がある。その先に寛政7年（1795）造立の「高尾山」と刻まれた道標がある。

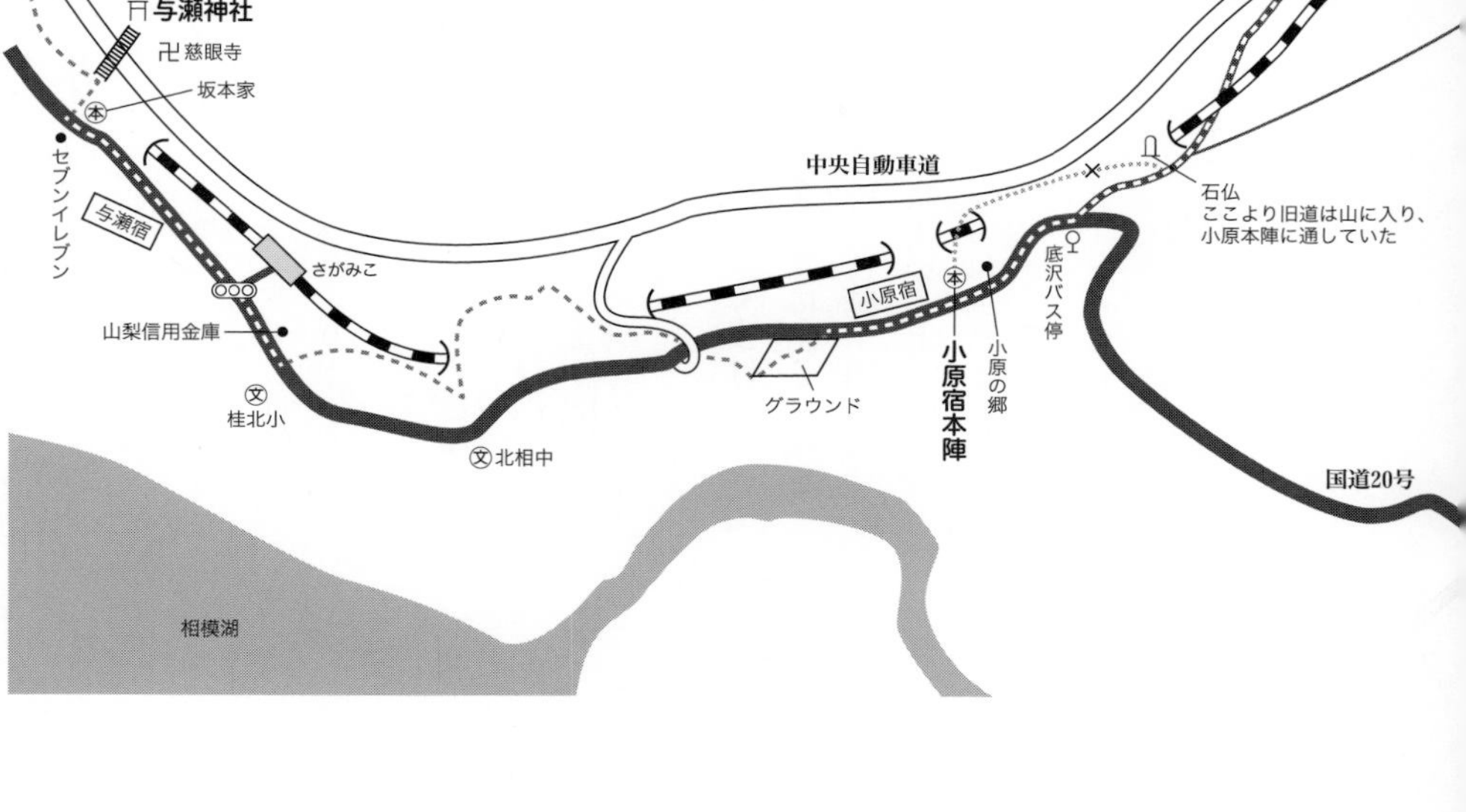

標高548メートル。峠の名は、ここに小さな仏様が祀られていたことに由来するといわれている。

2 小仏峠

戦国時代、武田信玄の家臣、小山田信茂が武州滝山城を攻めたときにこの山路が使われ、江戸時代に入ってから峠路としての通行が盛んになる。戦国期までは峠の頂上に関所があったが、天正8年（1580）に駒木野に移った。峠に関所のあったころは富士見関、富士の関とも呼ばれ、「ひばりより上にやすらふ峠かな」という芭蕉の句碑もあった。この碑は現在、浅川ホームに移されている（第6回参照）。

『新編武蔵風土記稿』には「甲州道中武相の境にあり、峠の頂に小像の石地蔵あり、故に名とするならん、或は云この地の大日堂本尊もとの像は土中出現のものにて小像なりしかば、此地名おこりしといづれが是なりや、古記録によるに永禄十二年武田信玄小田原へ発向の時、此道にかゝりたれば、古より開けたる大路なるべし」とある。

◆峠で一休みしたら、道標の先から山の腹をまくるように下る。道は林の中で気持ち良く歩ける。途中、送電線の鉄塔の辺りで視界は開けるが、足元を見つめて歩いていると突然、舗装道路に出る。舗装された道を右へ進むとT字路になる。左の底沢バス停に向かう。ここは上に見える中央自動車道の工事のため、旧道の姿を全く留めていない。かつては底沢の少し手前右側、石仏が祀られているところを登り、中央自動車道の下を通り、樋谷路沢を渡って小原本陣の脇へ出る道があったが、今は通行不可能となっている。

底沢からは国道20号を通って小原宿本陣へと向かう。峠から小原宿まで約2キロメートルの道のりである。

やがて道の右側に「小原の郷」という資料館、その先に「小原宿本陣」が見える。

3　小原宿本陣

平成8年に神奈川県重要文化財に指定された。清水家の先祖は後北条の家臣清水隼人介（はやとのすけ）で小原宿が設けられてからは名主・本陣を兼ねていた。江戸時代、神奈川県内には東海道・甲州街道合わせて26軒の本陣があったが、現存しているのは小原宿の本陣だけである。入母屋造りの建物（約300平方メートル）は平屋に見えるが、内部は四層造りになっており、養蚕と機織も行っていた。大名専用の上段の間をはじめ、14室の部屋が往時のまま残されている。

本陣を利用したのは、信州の高島藩、高遠藩、飯田藩の大名と甲府勤番の役人が主であった。

小原宿本陣

〔小原宿〕

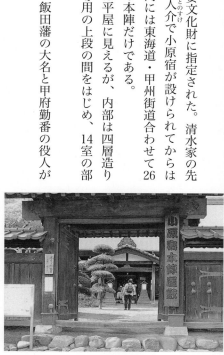

本陣1軒　脇本陣1軒　問屋1軒　旅籠7軒　総家数61軒
人口275人（男151人　女124人）　宿場の長さ2町30間

小原宿は、与瀬宿とともに片継ぎの宿である。小原宿は小仏宿から来た人と荷を扱い、次の与瀬宿をとばして吉野宿へと継ぎ立てた。また、与瀬宿では吉野宿から小仏宿へ向かう人と荷を取り扱い、小原宿を通り越して小仏へ継ぎ立てた。小原宿には一般の旅人のほか、富士山や身延山へ詣でる人も多く泊まった。

本陣を出てすぐ、道の左側に重厚な造りの家が2軒並んでいるのは、明治28年の大火で焼失した後に建てられたもの。ともにかつては旅籠であり、2軒目は「ひかえ旅籠小松屋」であった。「小原の郷」資料館には旅籠小松屋の写真が掲げられている。小松屋の真向かいには脇本陣があった。

◆しばらく進むと左下にグラウンドがあるが、ここまでが小原宿。このグラウンドを横切って、反対の出口を出て右折する。

50メートルほどで再び国道20号を横断する。頭上には中央自動車道相模湖東の出口が通っている。20号を渡った先には「甲州古道」の標識が立つ。

道はどんどんと登りになって視界が開けて来る。平坦な道はすぐに下りとなって、90度湾曲する。前方に中学校のグラウンドが見えると途中、右手に階段があり、それを下って道なりに進むと小学校の所で20号に突き当たり、ここからが与瀬宿となる。20号を進むと右手に山梨信用金庫があり、そこを過ぎるとＪＲ相模湖駅前の交差点。さらに４００メートル先の左手にセブンイレブンがあり、その反対側には与瀬宿の本陣だった坂本家がある。旧甲州街道は坂本家の前で右折し、登り坂を進んで与瀬神社・慈眼寺入口の中央自動車道歩道橋で左折。中央道に沿ったように進む。

小原宿、与瀬宿とも案内標識がしっかりしているので道に迷う心配もなく、楽しく歩くことができる。

〔与瀬宿〕

本陣1軒　問屋場1軒　旅籠6軒　総家数１１４軒

人口５６６人（男２８１人　女２８５人）宿場の長さ6町50間

相模湖駅前の国道20号周辺がかつての与瀬宿である。与瀬は、江戸時代一時期を除き、幕府の直轄領であった。

この辺りの地名については京都の八瀬、大原の風景に似通うため、八瀬より「与瀬」、大原より「小原」と名付けられたともいわれる。

与瀬の宿場は、３段の河岸段丘の最上位にあった。これは甲州街道が小仏峠などの高いところを通過するため、川止めの心配のない場所を選んだためである。

本陣前、石の門柱には「旧本陣　坂本家」と刻まれている。庭の一角には「陸軍大将　荒木貞夫謹書」とある「明治天皇與瀬御小休所阯碑」が建つ。

与瀬宿本陣跡

4 与瀬神社

祭神は日本武尊。宿場に流行した疫病から宿人たちを守った鎮守の神で、甲州街道を旅する旅人たちが必ず参拝したといわれている。慈眼寺と並んで山側の高いところにある。特大の提灯があったが、明治37年（１９０４）の大火で焼失してしまった。境内にあった大杉も、老衰のために伐られている。

なお、神体は『新編相模国風土記稿』によると銅鋳立像の蔵王権現ともいわれている。

与瀬神社

高札

江戸時代の宿場では民衆に対して法令を伝えるために、高札場に高札が立てられた。江戸中期になると多くの高札場では、石垣の上を格子で囲い、その上に屋根をつけた大きな施設が整えられるようになった。

ここに常時掲げておく高札として、正徳元年（１７１１）5月に定められた「人倫風俗、人身売買の厳禁」、「毒薬・偽薬種の禁・銭相場等」、「キリシタン禁制」、「伝馬駄賃人足賃銭定」、「火付・火事場の注意」がある。ほかにも承応3年（１６５４）年2月の「キリシタン訴人の褒賞」、享保6年（１７２１）2月の「鉄砲打取締」など、幕府として重要な政策を示すものが掲示された。これらの高札は慶応年間までの間、同一内容で、高札の文字が消えかかると、代官所へ持参し、書き直したり、墨入れしてもらうことになっていた。

片継ぎの小原宿に揚げられた高札は、小仏宿から来る人々に対して「伝馬駄賃人足賃銭定」を伝えるものであった。

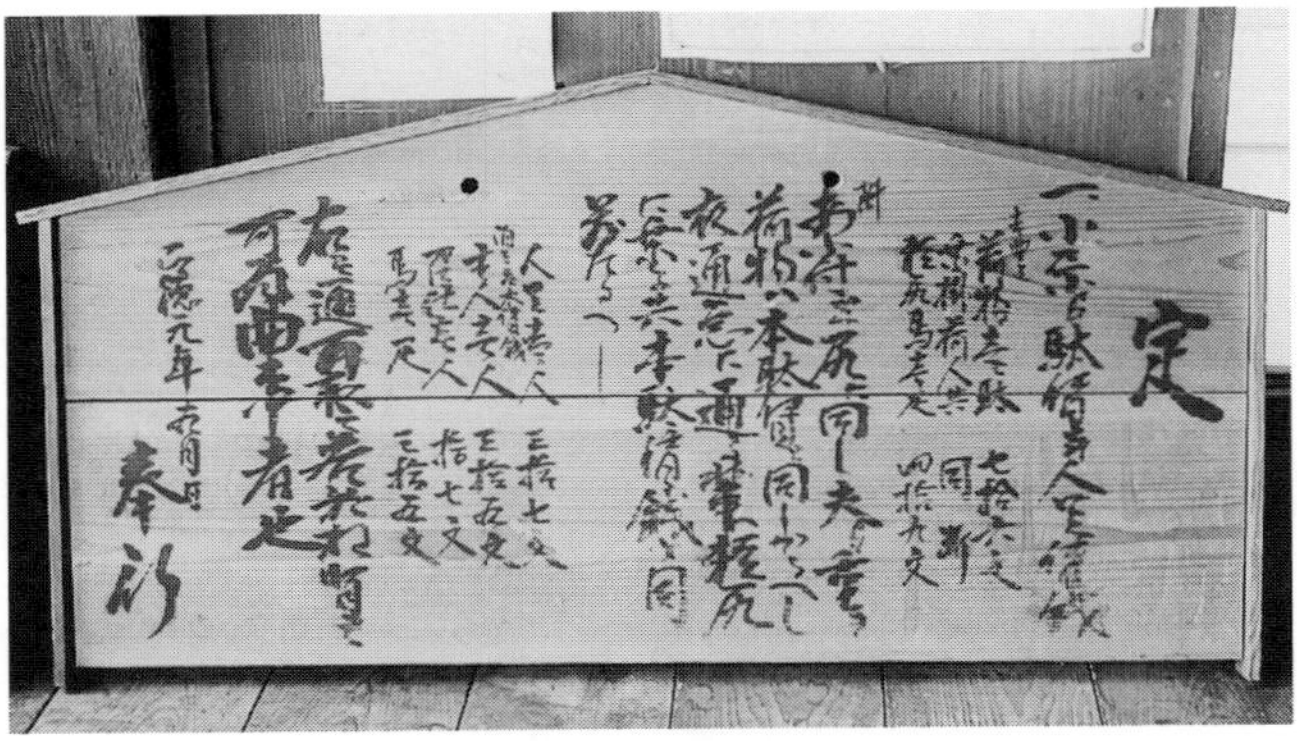

小原宿本陣にある高札のレプリカ

第8回
与瀬宿から吉野宿、関野宿を経て上野原宿
（２里22町28間）

── 与瀬宿（34町28間）吉野宿（26町）関野宿（34町）上野原 ──

ポイント

甲斐との国境をひかえるこの地は谷坂の多い道で、自然に任せれば消滅する運命にあったと思われる。しかし与瀬・吉野の人たちの尽力により、いまも甲州街道の道筋を辿ることができる

行程：ＪＲ相模湖駅……旧本陣坂本家……貝沢一里塚跡……観福寺……吉野宿……吉野宿ふじや……吉野宿本陣跡……吉野橋……小猿橋説明板……藤野一里塚……関野宿……増珠寺……三柱神社……諏訪の番所跡……船守寺……諏訪神社……疱瘡神社……塚場一里塚……上野原宿……保福寺……牛倉神社……ＪＲ上野原駅

＊歩程約10.2キロメートル

吉野橋から眺める相模湖

◆与瀬神社の鳥居より西方に進むと、200メートルほどで中央自動車道に突き当たるので、階段を下りて中央自動車道の下をくぐり抜ける。やがて沢に道をさえぎられるが、沢の対岸をよく見ると道筋が確認できる。下り道はわかりにくいが、慎重に下ると橋が架けられている。

対岸の斜面には、しっかりとした道が残っていて、登りきったところには「貝沢の一里塚跡」の標識がある。『宿村大概帳』には「木立もちの木　但、左之塚計にて与瀬宿地内」とある。やがて家並みがあるところで舗装された道と合流。

相模湖を所々で見ながら横橋の集落を過ぎると約1キロメートル先には左に下る道がある。この道を下り中央自動車道の上を渡って木立の茂ったところに入る。観福寺の横を通ってさらに下ると国道20号に突き当たり、吉野宿に入る。

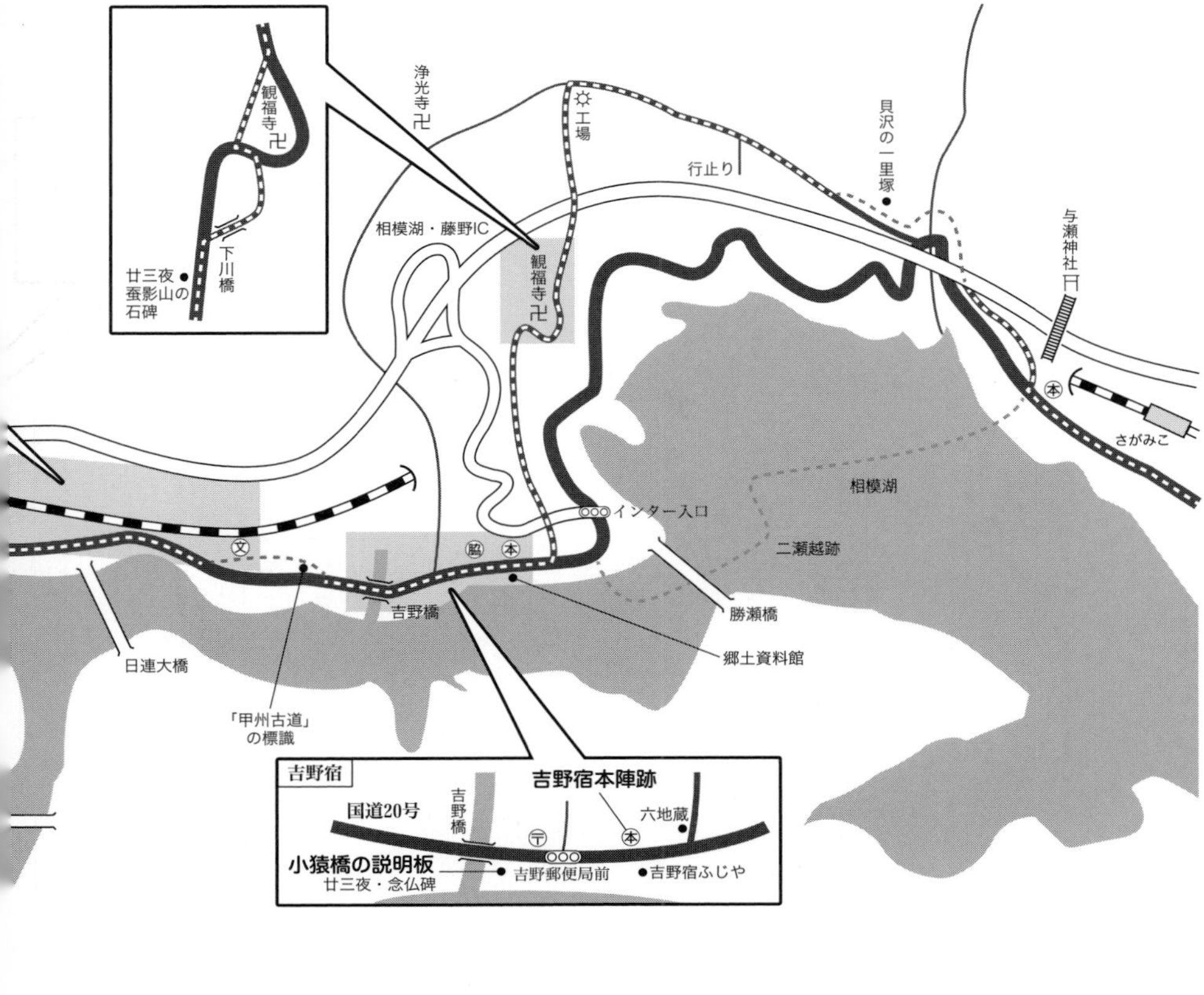

100メートル先左手には「吉野宿ふじや」がある。

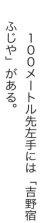

吉野宿ふじや

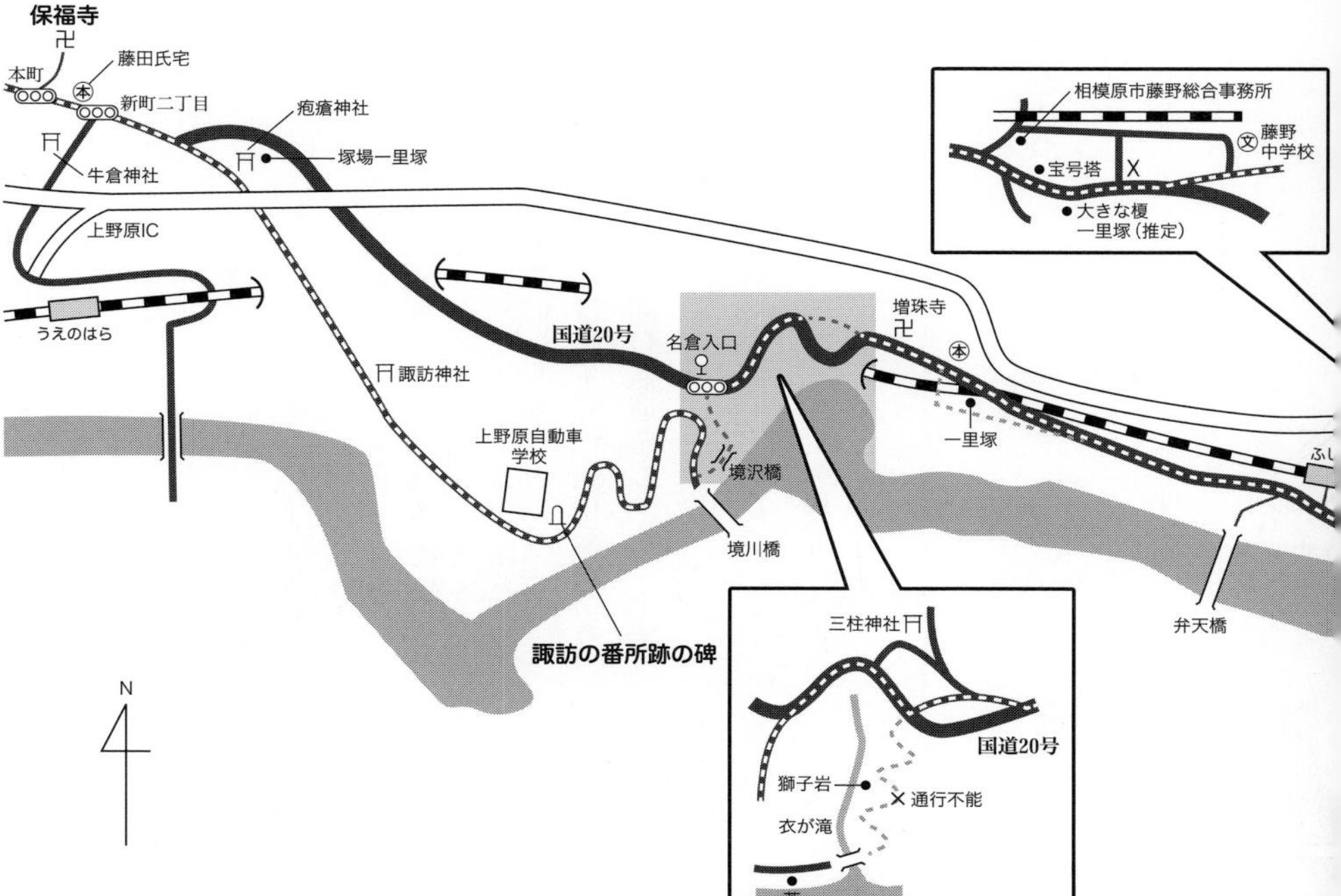

〔吉野宿〕

本陣1軒　脇本陣1軒　旅籠3軒　総家数104軒
人口527人（男247人　女280人）　宿場の長さ3町20間
この辺りは桂川の流域のため、古くは「桂里」と呼ばれていた。縄文時代の石器・土器が多量に発見されており、太古から人の生活のあったことが窺える。
本陣は吉野十郎右衛門宅で、問屋も兼ねていた。明治29年の大火で焼失してしまったが、江戸時代には珍しい5階建て、門構え・玄関付きで威容を誇っていた。
道をはさんで反対側にある、かつての旅館「吉野宿ふじや」では、明治10年（1877）ころの街並みの復元模型や当時の生活用具などを展示している。数軒先には脇本陣の船橋家があり、その先250メートルほどで沢井川を渡る。江戸時代には猿橋とほとんど同じ構造をもった「小猿橋」が架けられていた。「小ざるはし十四間」と『五海道中細見独案内』には書かれている。
狂歌師大田南畝は「親わたすためにかけしか小さるはしこれもかうふのみちとしるべし」「あくはよせ、ぜんは吉野の二瀬越是ぞおしへのちか道としれ」と詠んでいて、吉野の浄光寺の襖にこの2首が墨書されている。

1　吉野宿本陣跡

庭先に「聖蹟」という碑が建つ。
傍の説明板に
「此処　藤野町吉野二三八番地吉野家は江戸時代甲州街道　吉野宿本陣・名主であり、現在でも屋号を『本陣』と呼びます。吉野家の由緒は弘安年間（1278～88）に遡り、承久の乱（1221）のとき一族は天皇方に従い、宇治勢田で北条義時を討ったが、戦いに敗れ、故郷を去り、この地に住み着きました。

江戸時代に関東五街道制定と共に参勤交代の大名宿泊のため、街道宿駅名主の家を本陣に定め、道中奉行の統制のもと公用人馬の中継を行わせていた。江戸時代末期の本陣は、木造五階建の偉容を誇り、明治13年明治天皇行幸の際は行在所となり、陛下はこの二階で昼食をされたとのことであります。建物は明治29年暮の大火で焼失した当時侍従であった神奈川県令の書と天皇御出達直後の写真が今も保存されています」とある。

◆甲州街道はこの先の関野宿まで国道20号と重なる（一部藤野中学校辺りは旧道が残る）。吉野橋の東詰には「廿三夜」と彫られた碑や「念仏碑」が並んでいて、その横には「小猿橋」の説明板がある。

２ 小猿橋

説明板には次のように記されている。

「小猿橋は、現在の吉野橋よりやや南寄りにあり長さ十四間（約二十五ｍ）幅二間（約三・六ｍ）高さ五丈八尺（約二十五ｍ）の欄干付きの板橋でした。この橋は、山梨県大月市の猿橋と工法も形も同じで、その規模が少し小さいことから「小猿橋」と呼んだと言われております。

元禄十一年（一六九八年）の記録によれば、橋の周辺の地形・地質が悪く迂回路の場所がないため、掛替工事が非常に困難であった。その工事費は江戸幕府の支出で行われ、額は四百両であった。その後次第に工事費は減り、文久二年

吉野橋東詰にある廿三夜・念仏碑

吉野宿本陣の蔵

（一八六二年）に百七拾両となり、徐々に幕府の支出はなくなっていった。地元では人馬通行橋銭の徴収、宿場の貸座敷や旅篭の飯売下女からの刎銭等を財源とし掛替工事を行っていた。その折、八王子千人隊、萩原頼母を組長とする一部が工事中の警備・木材搬出の指揮に当ったと言う。明治初年からは総て官費で行われるようになり、明治中頃には上流約五〇〇ｍの地点に「新猿橋」という木橋ができた。大正八年、道路法制定と共に甲州街道は国道八号線となり、昭和八年八月の吉野橋の完成に伴い小猿橋・新猿橋は消滅した」

◆吉野橋から2・5キロメートル、ＪＲ藤野駅手前左側に一里塚があった。現在その位置は確定不可能であるが、地元の人の話では駐在所の向かい側、大きな榎の立っているところにあったという。そこには立木の説明板が立っている。

藤野駅から2キロメートルで関野宿に入る。ＪＲ藤野駅を過ぎ、鉄路を越える手前で国道20号と分かれ、左に下る。しばらくして舗装した道路はなくなるが、その先の公園緑地中を進むと、一里塚跡の標柱が立つ。その先の中央線の跨線橋を渡ると関野本陣の前に出る。

〔関野宿〕

本陣1軒　脇本陣1軒　旅籠３軒　総家数１３０軒

人口６３５人（男３２３人　女３１２人）　宿場の長さ1町16間

小宿であったが、相模西端の宿駅で住民の数は吉野宿より多かった。宿外れの境川を越すと甲斐の国である。

脇本陣・本陣と並んでいて、ともに中村姓である。本陣跡の前にある説明板には「延宝2年（１６

74）に設定され、江戸から18里の位置にあり、隣の吉野宿には26町、甲斐の国上野原宿へは24町の位置にある。往時にはこの近辺は奥三保とも桂里とも呼ばれており、関野宿は諏訪番所を通り、甲斐の国に通じる最後の宿場だっただけに大変重要視されていました。道幅は2間、民家が相対して軒を並べ、本陣・脇本陣を備えた宿場であったが、明治21年（1888）の火災、その後2度の大火によって、本陣及び宿場の面影を残すほとんどの建物が消失してしまいました」とある。

◆関野宿本陣の先には増珠寺（曹洞宗）があり、墓地には天保7年（1836）に大関となった力士、追手風喜太郎とその弟子で横綱となった雲竜久吉の碑がある。

歩道橋の先を右に登ってしばらく進む。左斜めに下る細い坂道を入って、再び国道20号と合流する。かつてはここから沢に沿ってまっすぐ下り、相模川に出て相模と甲州の境の境沢橋を渡っていた。しかし現在はダムにより通行不能となっているので、少し先のバス停「名倉入口」より20号と分かれて坂を下り、約250メートルで境川を渡る。かつての橋はこれより40メートルほど下流にあったという。『宿村大概帳』には「宿内字甲斐・相模境川有之、幅大概三間程、橋渡りなり」とある。これより甲斐の国に入る。「をとめ坂」という急な坂道を登ると「諏訪の番所跡」がある。

3　諏訪の番所跡

説明板には「諏訪番所（甲斐二四関の一）、境川番所・境川口留番所とも呼ぶ」とある。宝永4年（1707）、諏訪神社東より坂上に移転。番所定員9人、獄舎取締1人の番所であった。男は上・下とも手形不要であったが、女は江戸へ入るときに女手形を必要とした（江戸より甲州への下りは不要）。物資の検閲、桂川の船番所、鶴川渡し場の取り締まりも兼ねた。さらに説明板には明治となり、制度閉止となった直後の経緯も書かれている。

「明治2年　制度閉止となる
明治3年　山内国太郎『捕亡方心得』となり、時局不穏に付き番所従前通りと通告。
明治4年　この年番所廃止となる」

番所は8間の中、3間半の役宅に冠木門と柵木・矢来が巡らされ、土蔵・納屋・小屋などが付属していた。

明治18年、番所建物は渋沢栄一の寺に渡り、東京王子の飛鳥山本邸に隣接する分園の別荘として移築された。

◆諏訪の番所跡より約1キロメートル、右手にある上野原自動車学校を見ながら進む。右手に船守寺があり、境内には「船守り弥三郎の碑」がある。この碑は弥三郎の遺骨を川奈から分骨して祀ったものである。弥三郎は伊豆の川奈で日蓮が法難を受けた折に日蓮を救い、そのとき日蓮より船守の名を賜った。

船守寺の隣には諏訪神社がある。拝殿の扁額には「古郡神社」という文字が見え、その前には芭蕉句碑「稲妻に悟らぬ人の尊さよ」が建つ。

諏訪神社から約800メートル、中央自動車道を渡ってまもなく、右手に疱瘡神社がある。その裏の円墳は日本橋より18里の「塚場一里塚」。疱瘡神社から約150メートル先、右手の路地を入った小丘陵に遺蹟碑林公園がある。一角には古墳跡から発掘された縄文時代の大型石棒が祠に祀られている。

塚場一里塚より約500メートルで国道20号と合流し、上野原宿となる。また、ここから北に少し入ったところには花井の番所が置かれていた。これは八王子から関場、和田峠、佐野川を通って上野原に出る「佐野川往還」に備えたものであった。

塚場一里塚のある疱瘡神社

〔上野原宿〕

本陣1軒　脇本陣2軒　旅籠20軒　総家数159軒
人口784人（男386人　女398人）　宿場の長さ6町18間
甲州へ入って最初の宿である。郡内織物の中心地として多くの商家が軒を連ね、郡内最大の市が立ち、活気ある宿場であった。途中、左に牛倉神社がある。創建年代は不詳だが、舒明天皇2年（631）9月に初めて祭事が営まれたと伝えられる古社である。郡内三大祭りの1つが9月に盛大に行われる。

甲州街道を進むとやがて右手にビジネスホテルがあるが、ここには数年前まで木造3階建ての脇本陣、若松屋があった。その先の露地を入ると、往時をしのばせる本陣、明治天皇行在所（藤田氏宅）の門がある。昭和8年に国の史跡（聖蹟）に指定されたが、昭和22年と29年の火災により、建物と外門が焼失した。現在、家は建て替えられている。

明治13年の巡幸の折、天皇は八王子の次に上野原に泊まっている。『みとものかず』には「うへは五時ばかりにつかせたまひて加藤景明といふもの　家を行在所と定めさせたまえり」とある。街道は桂川から離れ、鶴川～野田尻～犬目までは山腹から峰を通った道となる。

◆新町二丁目の信号から約750メートル、道が三方に分かれるところに歩道橋が架けられている。右に折れるのが小菅丹波に向かう道で、中央が国道20号、左に入るのが旧甲州街道である。

歩道橋の少し手前、右側に「金仏横丁」があり、その先約500メートルほど進むと「保福寺」という古刹がある。

4 保福寺（曹洞宗）

開基は武田信玄の麾下、加藤丹後守景忠で、開山は日州宗運大和尚。天正10年（1582）11月3日に開かれた。山門の前の地蔵菩薩は宝暦8年（1758）、第10世祝全和尚のときに上野原八米の桑原三之亟が勧進したもの。作者は江戸神田鋳物師の西村和泉守であり、右肩に「天下太平　国家安全　災難消滅」の願文が刻まれている。「金仏横丁」の名はこの像に由来している。

また、そのそばに大正6年（1917）4月15日、獅子門第9世佐藤児楽によって建てられた芭蕉の句碑「父母のしきりに恋し雉の声」がある。

ここは中里介山の『大菩薩峠』第6巻で、「甲州上野原の報福寺、これを月見寺と唱えるのは、月を見るの趣が変わっているからです。……」と紹介されている。これより通称「月見寺」とも言われるようになった。

◆鎌倉時代には上野原の台地から西方に少し下ったところ、中央自動車道の下に「古郡左衛門尉館跡」（内城館跡）があった。古郡氏は康治年中（1142～44）武蔵七党の1つ、横山氏の流れで横山隆兼の三男忠重が古郡別当と称して、この地に館を構えたのが始まりと伝えられる。和田義盛の乱のときに亡ぼされ、その後この地は加藤氏のものとなり、保福寺を開いた加藤丹後守に至る。しかし、加藤氏は武田氏に属していたため、勝頼とともに亡びてしまう。その丹後守の子が上野原宿の初代本陣となったと伝えられる。

ところで、上野原の名物に「酒まんじゅう」がある。店頭で売られるようになったのは江戸時代末期になってからで、現在も数軒の店がある。

ＪＲ上野原駅へは新町二丁目の信号から約15分である。

上野原宿本陣

小原・与瀬・吉野の名前の起こり

相模国に入ると、小原・与瀬・吉野という宿がある。これらの地名について『新編相模国風土記稿』には「蔵王社、別當金峯山慈眼寺、村中の鎮守なり、此の蔵王権現は大和国吉野より遷座せしむ、是れ故に山を金峯山と號し、且此の邉吉野・与瀬・小原などと云う地名も彼の地を模したるものなりと云ふ」とある。

およそ１２００年ほど前、天台宗の僧、隆弁の諸国遍歴の途中、この付近の風景が京都の八瀬・大原に似通うため、八瀬をとって「与瀬」、大原をとって、「小原」の地名を付けた。

八瀬は山城国愛宕郡八瀬で現在の京都市左京区にあり、京都御所より３里、比叡山の登山口で大原に至る途中にある。

与瀬について『新編相模国風土記稿』には、「往時は愛甲郡毛利庄に属し、与瀬村、江戸より十六里半、奥三保桂里と唱ふ、北条氏割拠の頃は石井家と守屋家が知行し、今は御料なり、江戸英穀支配せり、戸数百二十、東西二十七町、南北一里八町餘、甲州街道の一條東西に亘り、家相対し、並ぶこと八十八、与瀬宿と唱へて継場なり」とある。

小原と似通う大原は、比叡山西山麓を流れる高野川上流にある盆地である。本来は「おはら」と言い、「小原」とも書いた。古くから大原は八瀬の黒木とともに、平安京への薪炭の供給地であり、地形や生業が昔から小原と共通していた。

また相模湖の下流、右岸にある山を「嵐山（らんざん）」というのも京都の嵐山に似た風景から付けられた。吉野宿の本陣を努める吉野家は弘安7年（１２８４）に大和から移って、この辺りを開いた。小菅の吉野家も一族であるという。鎮守の吉野神社も大和から勧請したもの、奈良本の浄光寺も吉野家が開いたものである。

第9回
上野原宿から鶴川宿・野田尻宿・犬目宿を経て下鳥沢宿
（３里22町44間）

── 上野原宿（18町）鶴川宿（１里３町30間）
野田尻宿（31町）犬目宿（１里６町14間）下鳥沢宿 ──

ポイント

国道20号と分かれて山間の宿場鶴川・野田尻・犬目宿を行く。長峰と呼ばれる尾根づたいの道は左右の山々を眺めながら歩くことができ、大変気持ちのよい道であったが、中央自動車道で一部けずり取られてしまった

行程：ＪＲ上野原駅……木食上人加持水井碑……鶴川橋……鶴川宿……大椚一里塚跡……吾妻神社……長峰砦跡の碑……野田尻宿……お玉ヶ井の碑……西光寺……荻野一里塚跡……矢坪坂の古戦場跡……座頭転ばし……犬目新田……尾張大納言御宿……犬目宿……犬目兵助の墓、生家跡……宝勝寺……白馬不動尊……恋塚一里塚……石畳の道……下鳥沢宿……福地八幡神社……鳥沢一里塚……ＪＲ鳥沢駅

＊歩程約14.3キロメートル

恋塚一里塚

◆ＪＲ上野原駅より国道20号に出て、西に進むと７５０メートルほどで三方に分かれる。左に入って50メートルほど進んだ道の右手に「木食白道上人加持水井碑」がある。

歩道橋から約５００メートルほどで道は右に曲がる。この辺りは眺めもよく、両側の家並みは往時を偲ばせている。

再び20号を歩道橋で渡り、鶴川橋へと下って行く。『宿村大概帳』には「右川平生橋渡りにて、出水之節橋流失いたし候得ば、歩行越にて通路いたす」とあり、歩行越については「水之深浅に随ひ所仕来り之賃銭取之」としている。この人足について『甲州道中記』によると「市川海老蔵甲府へ芝居に参る時、百両川こしにゆすられしと受給る」とある。また諏訪因

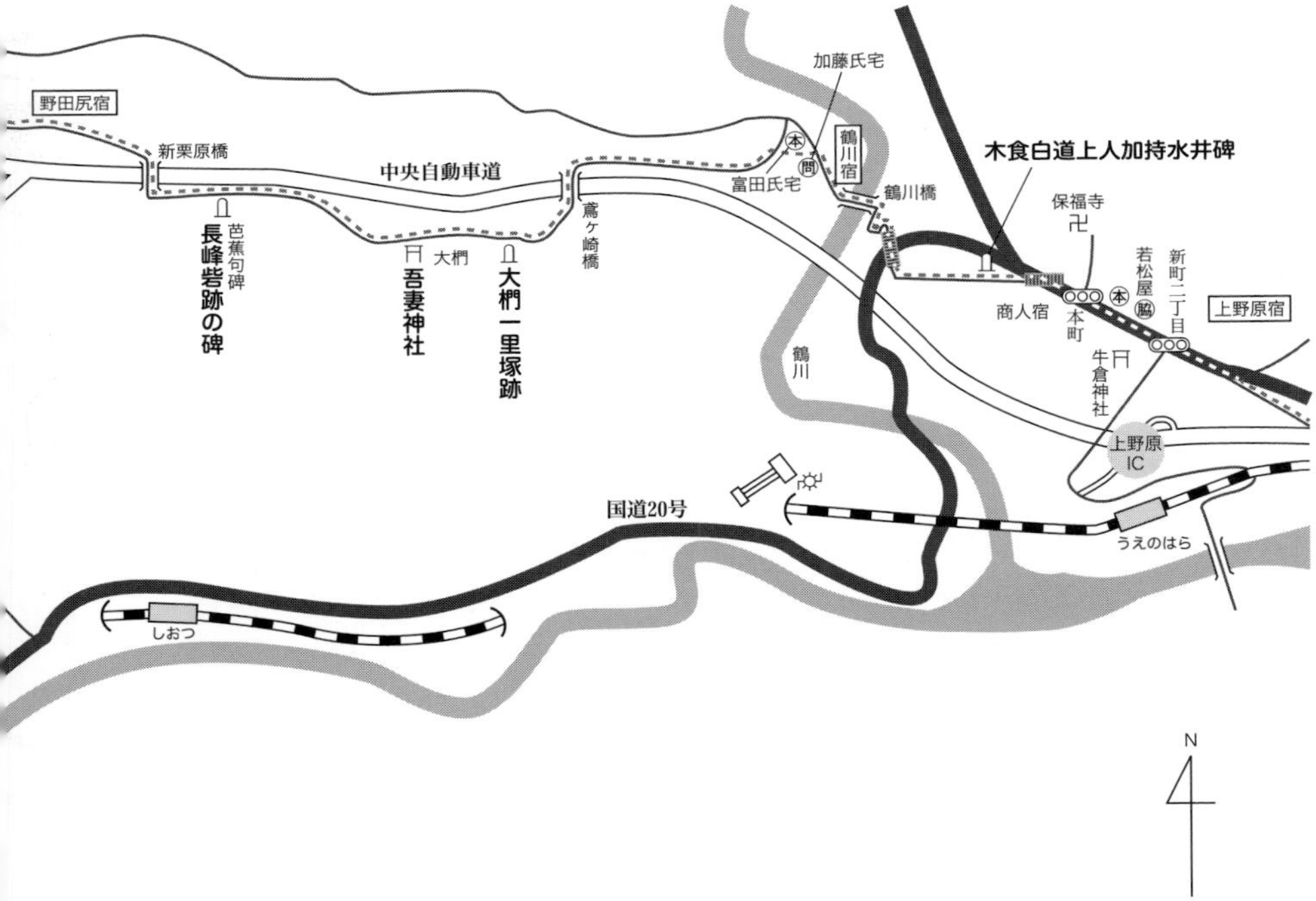

幡守が江戸へ参勤する際、「(前略)……一両日御逗留の処、御飛脚通りかゝる。(然る処御)飛脚を通し、又川留る。諏訪の家中大きに立腹し、鶴川の川越し一切に頼ず押渡り、江戸へ参勤被遊候なり。……(以下略)」とも記されている。

　鶴川橋を渡るとすぐに鶴川宿に入る。

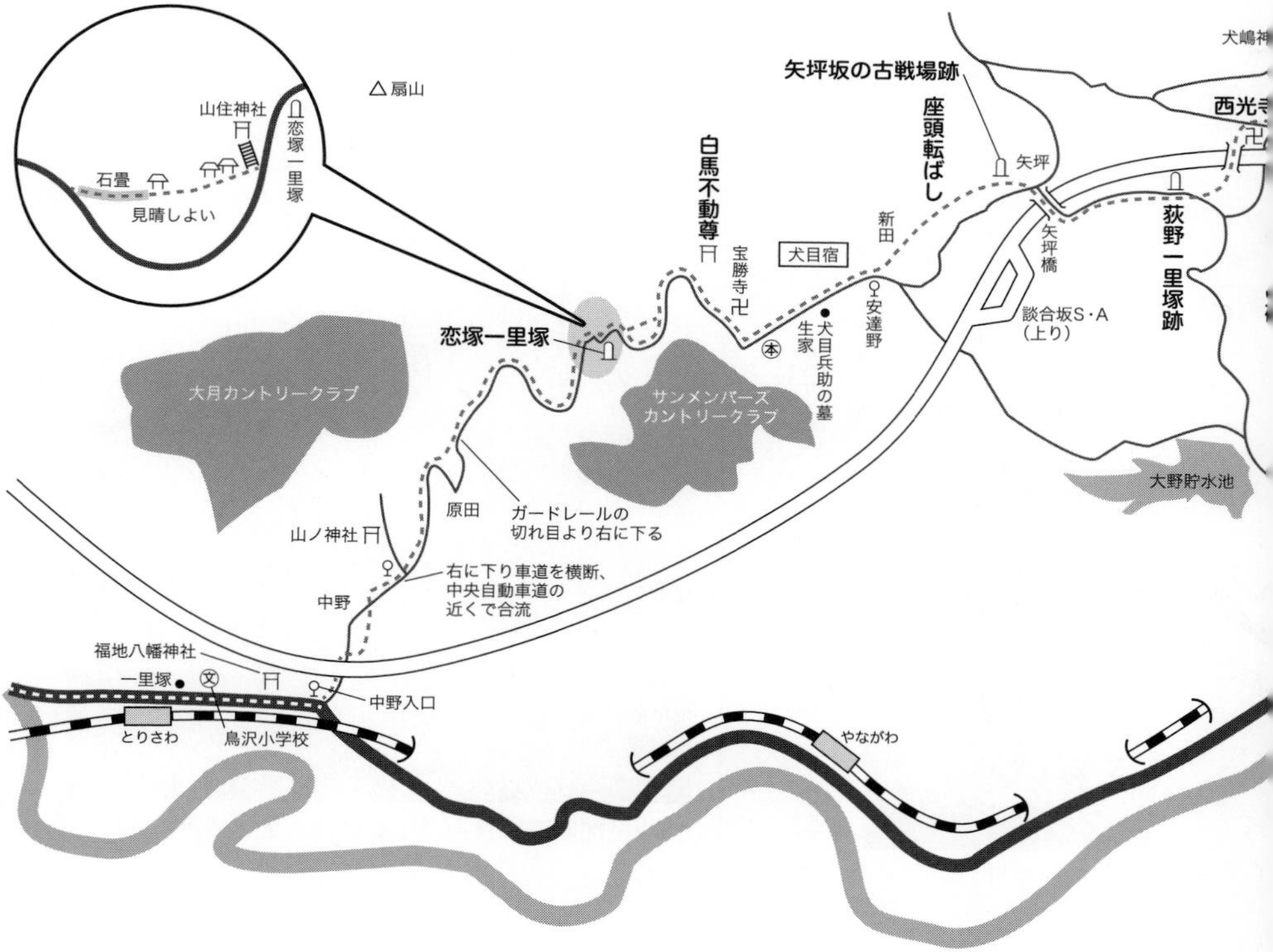

〔鶴川宿〕

本陣1軒　脇本陣2軒　旅籠8軒　総家数57軒
人口295人（男151人　女144人）　宿場の長さ2町30間

鶴川は「都留川」とも呼んだ。明治時代と大正10年の2度大火に見舞われ、古い家はほとんど残っていない。甲州街道で唯一、人足による川越しの場所であった鶴川の渡しは、現在の鶴川橋のやや下流辺りであったといわれている。

右側の川端家（柏屋）はかつての脇本陣。左側の加藤氏宅は問屋であり、いまも隣の宿までの賃金・駄賃を定めた「高札」を4枚保管している。その先100メートル進んだ左手の富田家がかつての本陣で、その手前を左に登る。

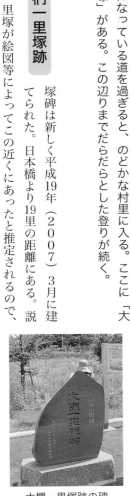

鶴川宿加藤家に残る「伝馬駄賃人足賃銭定」の高札

◆鶴川宿のはずれから、左方の坂を登って約1キロメートル、鳶ケ崎橋で中央自動車道の上を横切る。切通しになっている道を過ぎると、のどかな村里に入る。ここに「大椚一里塚」がある。この辺りまでだらだらとした登りが続く。

1 大椚一里塚跡

塚碑は新しく平成19年（2007）3月に建てられた。日本橋より19里の距離にある。説明板には一里塚が絵図等によってこの近くにあったと推定されるので、

大椚一里塚跡の碑

この地に碑を建てたとある。

◆一里塚から大椚の集落を抜け、畑中の道を進むと左手に「吾妻神社」がある。鶴川宿から約2キロメートルの距離である。

2 吾妻神社

祭神は弟橘姫（おとたちばなひめ）で、境内には寛政12年の二十三夜塔、安永6年の常夜灯、数基の無縫塔、善光寺常念仏供養塔などの石造物が集められている。

右手には大日如来と千手観音の2体を祀る観音堂がある。ここは不動院行満寺の廃跡といわれ、縁起によれば、貞享2年（1685）以前に開創されていたという。郡内三十三番観音の二十四番札所である。

◆道はまもなく中央自動車道の望めるところに出て、中央道に沿って進むと左手に小公園がある。公園の中に芭蕉の「古池やかわず飛びこむ水の音」と、支考の「あがりてはさがり明けては夕雲雀」の2句を同一面に刻んだ句碑が建っている。また、「長峰砦跡の碑」も建っている。

3 長峰砦跡の碑

説明板によると、「『長峰』とは鳶ヶ崎（鶴川部落の上）から矢坪に至るまでの峰を指す呼び名ですが、戦国時代に上野原の加藤丹後守が、その出城と言うべき砦をここに築いたことから、いつかこの付近だけを長峰と呼ぶようになりました」とある。

また、この辺りには水が濁り、菱が生え、どんな干ばつにも涸れたことのない長峰の池があったが、中央自動車道建設工事の影響で砦の遺跡とともに失われてしまった。

◆小公園から約600メートル、中央自動車道の上を渡ると道は緩やかな下り坂になり、野田尻の宿に入る。

〔野田尻宿〕

本陣1軒　脇本陣1軒　旅籠9軒　総家数118軒
人口607人（男313人　女294人）　宿場の長さ5町
野田尻宿は正徳3年（1713）、集落起立の形態で宿を構成したが、明治19年（1886）の大火で昔の家はほとんどなくなった。宿の西はずれ、「明治天皇御小休所址碑」の建っている場所が本陣跡。
本陣跡のすぐ隣、木立の叢ったところが犬嶋神社（祭神大国主命）である。境内にある神楽殿は村芝居が演じられるように、間口の広い造りになっている。

◆この先で道は左右二手に分かれるが、左に入った突き当たりに「西光寺」がある。門前左側には「お玉ヶ井の碑」が建っている。

4 お玉ヶ井の碑

説明板には、以下のような話が記されている。

昔、恵比寿屋という旅籠に大変美しい女中・お玉がいた。彼女は長峰の池に住む竜神と恋仲になり、夜な夜な出掛けていたのだが、宿の主人にとがめられると突然姿を消した。すると宿の前に置いた手桶からは澄ん

お玉ヶ井の碑

だ水がこんこんと湧き出した。何とお玉の正体は竜であったという。長峰の池の主「竜神」と結ばれたのである。念願の恋が実ったお礼に水不足に悩む野田尻の人のため、宿の一角に水を湧き出させたのだった。

5 西光寺（臨済宗）

天長元年（８２４）に真言宗として創立した寺である。鎌倉時代に建長寺第９世管長智覚禅師を勧請して開山し、臨済宗となった。本尊は虚空蔵菩薩。境内にある井戸は山岡鉄舟が使ったというもので、昭和40年の中央自動車道及び中学校建設に伴い、現在地に移転。本堂前に建つ冠木門は以前の本堂の棟木を利用したもの。甲州八十八ヶ所観音霊場の第七番札所となっている。

◆西光寺を巻くように登ると、すぐに中央自動車道の上を渡って南側に出る。昔の面影を残す山道を抜け、車道を右に進むと、その先の右手に「荻野一里塚跡」の標柱が建っている。

6 荻野一里塚跡

日本橋から20里、20番目の一里塚。説明板にはこの塚に松が植えられていたことが記されている。

◆荻野の集落を抜け、約1キロメートルで再び中央自動車道を北に渡ると矢坪の集落に入り、山道になる。その登り口には廻国塔と「矢坪坂の古戦場跡」の案内板がある。

西光寺

7 矢坪坂の古戦場跡

かつてあった説明板には

「長峰の古道を西に進み犬目地区矢坪に出て、さらに坂を上ると新田に出る。この矢坪と新田の間の坂を矢坪坂と言い、昔戦場となったところである。享禄三年（一五三〇）四月二十三日相模国の北条氏縄（綱）の軍勢が甲斐に攻めこみ矢坪坂に進んだ。一方、小山田越中守の手勢が坂の上で待ちかまえ、両者は坂をはさんで対峙し、やがて激戦が展開された。同所一帯は南西に切り立った崖と北面に山腹を臨み道が入り組んでいる要害の地である。この戦いは多勢に無勢、ついに小山田勢は敗退となり、富士吉田方面に逃げた。現在、つわものどもが夢の跡をしのぶ影もない。ただ、たまに矢じりなどが掘り出されることがあったという。また付近に五輪塔四基、宝篋印塔一基があるが、この戦の関係のものかどうか定かでない」

とあった。

◆集落を下に見て、山腹を進む。左側が急な崖になっているところが「座頭転ばし」と呼ばれる難所である。

8 座頭転ばし

『甲駿道中記』には

「箭壺坂一名座頭転と云ふ。坂上に村落あり。蛇木新田と云ふ。坂下は箭壺村なり。路殊に嶮堅し。中にも巨岩の突出たる下に路屈曲て、底ひも知られぬ谷に臨める所あり。昔盲人こゝを過り、後れたる盲人、先だちし盲人と相喚び、路の曲折たるもしらず其声の随に直進まんとし、失脚して谷底に転墜て死けるゆゑに座頭転と云とぞ」

とある。

◆座頭転ばしを過ぎると犬目新田に入り、道は舗装されている。集落の右手に「旧甲州街道　新田宿　尾張の殿様定宿家」と門柱に標札のある家がある。尾張大納言の御宿といわれ、紋所入りの什器や手紙なども残っている。代々「米山伊左衛門」を名乗り、庄屋を勤めた家柄である。

犬目新田の集落を過ぎ、少し下ったところに安達野というバス停がある。えびき坂を登ると犬目宿に入る。

〔犬目宿〕

本陣２軒　旅籠15軒　総家数56軒

人口２５５人（男１２５人　女１３０人）　宿場の長さ5町26間

正徳２年（１７１２）、現在の集落より約６００メートル下方の斜面（元土橋）にあった部落がそのまま移動し、その翌年に宿場となった。しかし昭和45年（１９７０）の大火のため、宿の半分が焼失した。

えびき坂を登り切る少し手前、左側の墓所には天保騒動（郡内騒動）の首謀者の1人、犬目兵助の墓があり、宿の中央左側には「犬目兵助の生家跡」の標識が建っている。その先の右側、「明治天皇御小休所址の碑」の辺りが脇本陣だった「笹屋」で上条家。少し先の左手「甲州街道犬目宿案内板」のある辺りが本陣跡。明治13年（１８８０）建築の岡部照吉氏宅である。道の突き当たりで宿は終わる。

また、葛飾北斎の「富嶽三十六景」の「甲州犬目峠」、安藤広重の「犬目峠の富士」はこの辺りから望んだ富士が描かれている。犬目から見る富士は「犬目の富士」と呼ばれ、眺めがよい。

◆道は右に大きく曲がる。その右手上方にある宝勝寺（曹洞宗）を過ぎ、まもなく左に曲がると粗末な鳥居があり、「白馬不動尊」の標石が建っている。

9 白馬不動尊

天平9年（737）、諸国にハシカが流行った際、時の天皇が神の啓示を仰いだところ、犬目の里の白馬不動尊を祈願せよとのことだった。そこで名僧行基をつかわせた。行基が滝に打たれ祈願した満願の21日目に白馬不動尊が示現、諸国の病が平癒したという。

◆宝勝寺より約1キロメートル進むと「恋塚一里塚」がある。道の左側だけであるが山梨県で唯一、一里塚のほぼ完全な型態が残されている。

10 恋塚一里塚

日本橋から21里。恋塚というのは「日本武尊」にまつわる地名で、昔東国征伐の帰途にあった尊が、海神の生け贄となった弟橘姫（おとたちばなひめ）を偲んで思いに沈んだことに由来する。塚場一里塚と同じく、2代将軍秀忠が塚を築いたという。

この小径を進む

◆一里塚から200メートル進むと、右手に少し登りになった小径がある（右写真参照）。この小径を進むと右側にはかつて馬宿だったという家がある。この庭先からは視界が開け、一息入れたいという気分になる。その先約60メートルにわたって「石畳の道」が当時のままの姿で残っている。やがて国道と合流する。

まもなく大月市に入る。途中、山谷や中野の集落を通って3キロメートルほど道を下ると国道20号に出る。

また、大月市との境界から左に下る道は明治天皇行幸路で、中野に出る道が甲州道中との説がある（現在は通行不能）。

下鳥沢宿は中野入口バス停から鳥沢小学校まで。そこから上鳥沢宿となり、道が右に曲がる辺りで終わる。

下鳥沢に入って250メートル、右手奥に福地八幡神社がある。説明板によると、「創建は寛平年間（889～898）。当初は扇社と称したが、長元7年（1034）、福地に遷座し、福地八幡社と改めたとある古社である。

鳥沢小学校を過ぎたところには、「鳥沢一里塚」の標柱が建つ。『宿村大概帳』で「木立榎　但、右之塚計上鳥沢宿地内」とあり、『分間延絵図』には左右の塚が描かれている。

しばらく進むと、左側がJR鳥沢駅になる。

石畳の道

〔下鳥沢宿〕

本陣1軒　脇本陣2軒　旅籠11軒　総家数144軒

人口699人（男364人　女335人）　宿場の長さ4町30間

下鳥沢と上鳥沢は合宿で、『宿村大概帳』によると「上十五日は上鳥沢宿、下十五日は下鳥沢宿にて代り合相勤来」と半月ずつ交代で宿を行っていた。屋根や庇が大きくせりだし、宿場を思わせる町並が続いている。下鳥沢宿は明治39年の大火で焼失したため、現在残っているのはそれ以後の建物である。

郡内騒動（甲州一揆）

郡内地方では、天保4年（1833）に続き、天保7年に未曾有の飢饉が起こり、4年間で約6000人の死者が出た。

当時、郡内地方に米を供給していた熊野堂村（現・笛吹市）の小川奥右衛門らの米穀商たちは価格をつり上げ、買い占めをしていた。

各村の代表は代官所に救済を願い入れたが、聞き入れてもらえず、ついに8月20日、下和田村（現・大月市）武七（ぶしち）と犬目村（現・上野原市）兵助（ひょうすけ）を中心として白野宿に集結し、一揆を起こした。

当初数百人だった一揆勢は、笹子峠を越える辺りから数千人にまで拡大し、途中の村々の豪農や商家を打ちこわし、一揆は暴徒化していった。この後、武七や兵助をはじめとする郡内衆は当面の目的を果たしたとして引き上げたが、指導者を失った一揆勢は甲府盆地の一帯を打ちこわし、さらに信州に向かった。甲斐と信濃の国境、山口の口留番所では、その勢いに圧倒されて門を開いてしまったという。

こうした一揆勢に対し、兵力に乏しい甲府勤番は信州諏訪藩・駿州沼津藩の出兵を得て、ようやく鎮圧することができた。

一揆に対する処分は厳しく、逮捕者600名以上（磔5名、死罪9名）。さらに関係した町村に対し、過料銭が課せられた。下和田村の武七も谷村代官所に自首した後、牢死した。現在、墓は大月市にある。

一方、犬目村の兵助は帰村した後、すぐに秩父に逃亡し、北陸から近畿・中国・四国を流浪した。後に千葉辺りでそろばん指南などをして暮らし、明治時代に再び帰村。71歳で亡くなった。兵助の逃亡中の日記などが残っている。宝勝寺の過去帳には「慶応三丁卯年　泰山瑞峰居士　二月二十三日　中宿　入郎右衛門父」とある。

第10回

下鳥沢宿から大月宿
（１里34町29間）

── 下鳥沢宿（５町30間）上鳥沢宿（26町30間）
猿橋宿（22町）駒橋宿（16町29間）大月宿 ──

ポイント

武田氏滅亡を早めた岩殿山を眺め、日本三奇橋の一つ「猿橋」を渡る

行程：ＪＲ鳥沢駅……上鳥沢宿……福寿神社……明治天皇駐蹕地……精進場……猿橋……猿橋宿……猿橋一里塚……阿弥陀寺……駒橋発電所……第五甲州街道踏切……駒橋宿……厄王大権現……三島神社……光照寺……大月宿……追分……大月橋……ＪＲ大月駅

＊歩程約7. 7キロメートル

猿　　橋

〔上鳥沢宿〕

本陣1軒　脇本陣2軒　旅籠13軒
総家数151軒
人口650人（男333人　女317人）　宿場の長さ6町17間

JR鳥沢駅から甲州街道に出ると上鳥沢宿に入る。かつては江戸時代にタイムスリップしたような町並みで、出桁造り(だしげた)の2階には手すりの付いた家がならび、道の両側には清流が流れ、車道だけがコンクリートで固められていたものだった。いまでは古い家は数えるほどになってしまい、道は全面アスファルトとなり、清流もなくなってしまった。

上鳥沢宿のある辺りは、かつて小西村と呼ばれていた。下鳥沢宿とはわずか5町の距離である。宿に入ってすぐ左に「叶屋」（山口家）という明治20年代の建物がある。江戸時代の旅籠風であり、2階の看板には「甲府商人定宿　世話方」

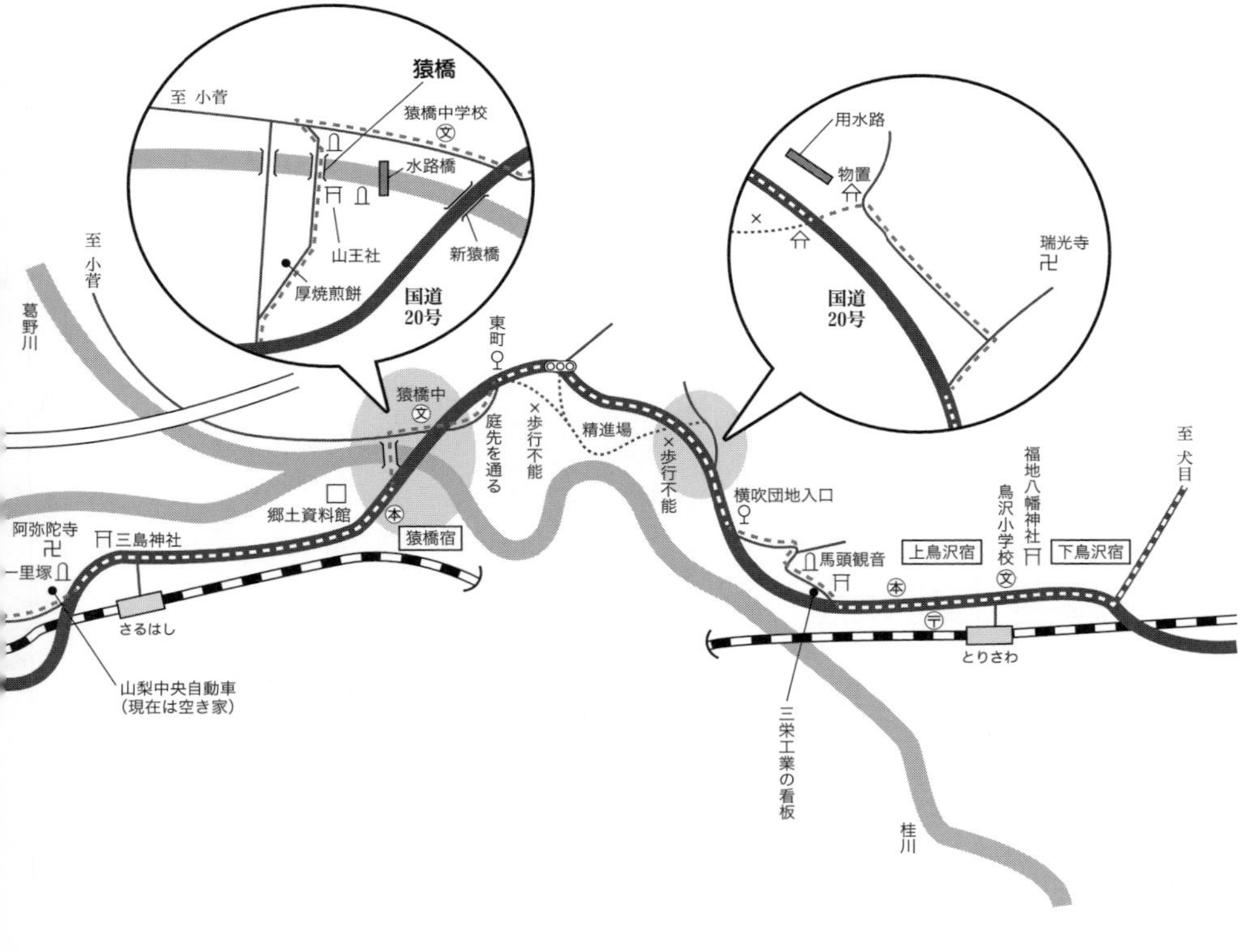

とあったのだが、現在は取り外されている。その手前の井上家とはまるで1軒の家のようにつながっている。

　郵便局の少し先、右手のセブンイレブンのところがかつての本陣。その先には「明治天皇駐蹕地碑」が建っている

◆本陣跡から50メートルほどで道は右にカーブする。右手奥に見える真っ赤に塗られた小さな社の先で国道20号と分かれて右に入る。左手にある三栄工業の工場を過ぎると道は下りになる。下りきったところの右手、崖の上には馬頭観音が祀られている。深い沢に架けられた橋を渡り、左に曲がるとやがて20号と合流。この間500メートルほどは昔の街道を偲ぶ道である。
　これからしばらくの間は、右手一段と高くなったところに平地の部分が平行して走っている。これは昭和43年まで中央線が通っていた線路の跡で、猿橋まで所々トンネルの跡を見ることができる。700メートルほどで小向の集落に入る。両側に旧家が数軒並んでいる先、右に入る小道が旧道で、国道20号に沿って200メートルほど進むと突然、物置小屋に突き当たる。

　よく見ると、小屋の左手に下る道があり、足場は悪いが10メートルほどで20号に出る。右手の沢の下には、渾々と水の流れる用

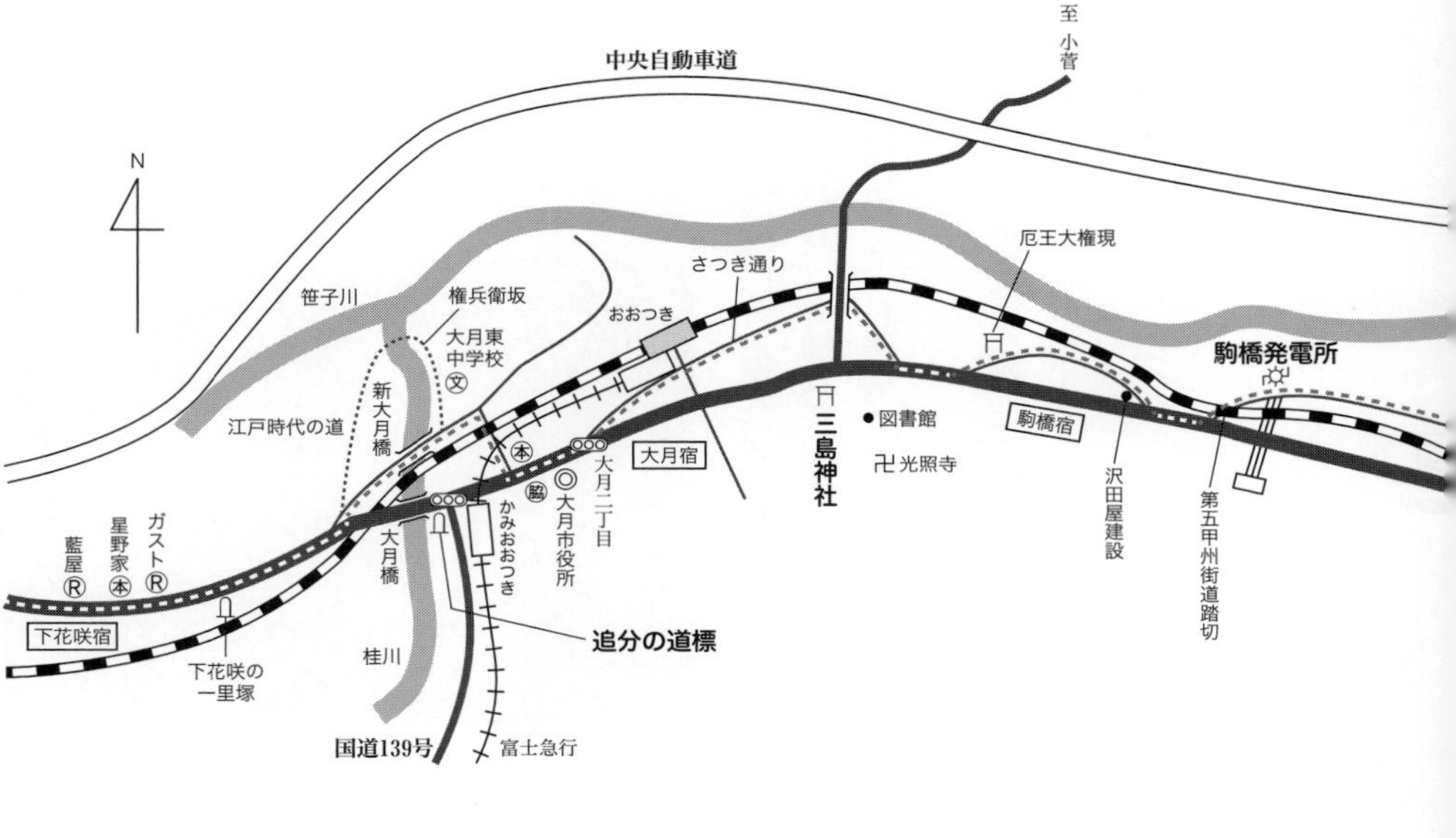

水路が目につく。

旧甲州街道は20号を横切って桂川の川岸まで下り、精進場を経て、再び20号の東町バス停まで登るのであるが、この部分は現在通行不能となっている。かつて精進場には富士登山者の水垢離場があり、賑わった場所であったが、いまは富士講の石碑などが10基ほど残っているだけである。精進場へは宮谷新道の信号から桂川へ下る道筋にある。

東町バス停からは20号の南側を家の庭先を通るような形で一応歩くことができる。20号を横断して小菅村方面に進むのが甲州街道。200メートルほど進むと横断歩道が引かれていて、そこを左に入ると名勝「猿橋」に出る。

精進場

1 猿橋

説明板には以下のように記されている。

「(前略)……史実の中では、文明十九年(一四八六)二月、聖護院門跡道興はこの地を過ぎ、猿橋の高く危うく渓谷の絶佳なるを賞して詩文を残し、過去の架け替えや伝説にも触れています。応永三十三年(一四二六)武田信長と足利持氏、大永四年(一五二四)武田信虎と上杉憲房との合戦の場となった猿橋は、戦略上の要地でもありました。

この間、人々の往来が頻繁となり、文人墨客はこの絶景に杖をとめて、多くの作品を今に残しています。江戸時代に入り、五街道の制度が確立してから甲州道中の要衝として御普請所工事(直轄工事)にて九回の架け替えと、十数回に及ぶ修理が行われてきました。……(以下略)」

江戸の文人、鳴鳳郷が「橋梁ノ奇ナル者、周防ノ算橋(そろばんばし)、岐岨ノ懸橋(かけはし)、峡ノ猿橋、是レノミ」と紹介して以来、「周防の錦帯橋」・「木曾の桟橋」・「甲斐の猿橋」は三奇橋として人々に知られている。

『宿村大概帳』には「桂川通宇猿橋 ― 高欄附刎橋(はね)、板橋、長拾七間、横壱丈壱尺。刎橋にて水際迄凡三拾尋程有之。橋下に樹木生茂り、此所の景地なり」とある。

歌川広重も天保12年に「甲陽猿橋之図」という猿橋の絵を残し、著書『甲州道中記』で「甲斐の山々遠近連なり、山高くして谷深く、桂川の流れ清麗なり、十歩二十歩行く間にかわる絶景、言語に絶えたり、拙筆に写し難し。猿橋の向茶屋（大黒屋）にて中喰。やまめの煮びたし等、菜びたしなり」と書いている。

また、かつて国定忠治がこの橋から飛び込み、追手の役人から逃れた話はよく知られている。しかし、実際には鳥沢の粂という博徒だったようである。

猿橋は20年ごとに架け替えられてきたが、昭和26年（1951）を最後にそのまま老朽化にまかせたため、以来通行禁止となっていた。昭和59年に現在の橋が復元されたものの、幅はかつての2／3に縮少されている。復元前の橋は長さ31メートル、幅5・5メートル、水面からの高さは約23メートルであった。

甲州街道には、猿橋と同じ構造をした橋として吉野宿に小猿橋があったが、昭和8年に消滅した。かつては東京都檜原村の秋川に架けられた橋橋、富山県黒部市の黒部川上流に架けられた愛本橋なども猿橋と同じ構造をしていた。

橋の手前に句碑があり、芭蕉と嵐窓の句が刻まれている。

「う㐂我をさ飛し可ら世よ閑故鳥」　芭蕉

「飛登聲ハ山彦に可獘セ不如帰」　信州埴科（はにしな）嵐窓

橋を渡ると広場があり、山王社が祀られているが、その横にも芭蕉の句碑「かれ枝に鴉とまりけり秋の暮」がある。

橋のたもとに「厚焼木乃実煎餅」を売っている小さな店がある。子どものころ山椒の香りが豊かで猿橋の図が浮き出ていて少し反のある、なかなか噛みきれない煎餅を、よく土産にもらったものだ。

猿橋名物「厚焼木乃実煎餅」

◆猿橋の広場から少し登ると国道20号に出る。ここからが猿橋の宿になり、350メートルほどで終わる。

〔猿橋宿〕
本陣1軒　脇本陣2軒　旅籠10軒　総家数138軒
人口542人（男267人　女275人）　宿場の長さ3町34間
猿橋は甲斐武田家防衛戦の場所でもあった。応永33年（1426）、武田退治と称して鎌倉公方足利持氏が甲斐を攻めた折には、猿橋で激しい攻防が繰り広げられた。

◆新猿橋西の交差点から約1キロメートルでJR猿橋駅入口となるが、この間は歩道がないので、歩行には充分注意したい。駅入口の歩道橋を過ぎると、道は左に急カーブする。その右手に阿弥陀寺（浄土宗）があり、「弾誓上人舊跡（きゅうせき）の碑」が建っている（弾誓上人は京都大原の奥の阿弥陀寺に即身仏として祀られている）。阿弥陀寺の門前に日本橋より23番目、白い木製の一里塚跡の標柱が立っている。

道はここより中央線の線路を渡る陸橋となるが、その途中を右に入る。

家並みが続く道の左手には万延2年の庚申塔があり、反対側には小さな石碑が数個ある。さらに進むと左手の山の上から延びて来る2本の送水管が見え、その下に「駒橋発電所」がある。

2 駒橋発電所

東京電燈（現・東京電力）初の水力発電所である。門前には「送電の記念碑」が建っている。碑陰には「明治四十年十二月二十日十六時送電開始　日本最初の遠距離送電を行った水力発電所である。昭和三十九年三月一日建之」とある（※）。

明治15年、銀座にアーク灯が灯って以来、東京近郊に火力発電所が造られた。さらに大きくなった電力需要に応えるため、駒橋に落差105メートルの水力発電所建設が始まった。6本の送水管で出力した大容量の電気を東京の西早稲田変電所まで送電し、明治40年に麻布・麹町で最初の灯をともした。

この発電の設計にあたったのはドイツ人技術者たちである。発電用のタービンはドイツから輸入して鉄道で猿橋まで運び、そこからてこを利用して少しずつ動かして山道を運んだ。

昭和32年には6本の送水管を2本にし、タービンを変えて出力2万1千キロワットを得るようになった。初期のタービンは現在、発電所門前の庭に置かれている。

◆送水管を過ぎるとY字に道は分かれ、左に登る。道の右側には桜が何本も植えられている。

やがて渡る踏切は「第五甲州街道踏切」という名称に

（※）わが国初の営業用水力発電は明治24年、琵琶湖疏水を利用して京都の蹴上げにインクライン（傾斜鉄道）専用に造られた。

駒橋発電所の送水管とドイツから輸入したタービン

なっている。これは中央線が敷かれたとき、この道が甲州街道の本通りだったことによる。
　この踏切を過ぎると国道20号と合流し、沢田屋建設の建物があるところですぐに二手に分かれる。右に進み、ここより駒橋の宿は始まる。

〔駒橋宿〕

旅籠４軒　総家数85軒
人口２６７人（男１２８人　女１３９人）　宿場の長さ10町54間
この宿は本陣も脇本陣ももたないが、人馬の継立は猿橋と大月に日割することもなく、完全に行われていた。

◆右手の「厄王大権現」を過ぎると、再び国道20号と合流する。道は車とともに進むが、両側には旧家が目につく。４００メートル先の左手に「三島神社」がある。

3　三島神社

　駒橋宿・大月宿の産土神で祭神は大山祇尊、鬼面石が祀られているという。境内にはかつて「大槻」と呼ばれる四本の大きい槻（つき）（ケヤキ）があり、その名から「大月」の地名が生まれたともいわれている。大槻は囲43尺、45尺、47尺など樹齢１２００年以上の巨樹だったが、安政５年（１８５８）、万延元年（１８６０）、明治７年（１８７４）、昭和30年と次々に枯れ、いまはその記念碑が建っているのみである。

三島神社の裏にある光照寺の本堂前にある閻魔堂には、鎌倉の新居（あらい）より持って来たという運慶作の閻魔像がある。また、裏山から出土したという菊花石もある。

◆桂川にかかる高月橋を渡り、岩殿山の下を巻いて行く国道１３９号は、小菅村から奥多摩湖に通じている。

三島神社の手前で右に入り、中央線と平行する形で１３９号のガード下をくぐり、「さつき通り」を抜ける。ＪＲ大月駅前から「平和通り商店街」を通り、３００メートル進むと大月二丁目の信号で国道20号と合流する。ここから大月宿になる。

《岩殿山》

街道から桂川を隔てて、秀麗な岩肌を見せている山は標高６３４メートルの岩殿山である。館は谷村（やむら）の中津森にあり、ここは駿河・相模方面に備えた砦であった。武田氏滅亡の際、最後の一戦を決しようと、岩殿城を目指し、敗走してきた勝頼一行を小山田備中守信茂は拒否。仕方なく一行は天目山を目指し、その麓で最後の戦を挑んだと言われている。

駒橋発電所から見た岩殿山

〔大月宿〕

本陣1軒　脇本陣2軒　旅籠2軒　総家数92軒
人口373人（男171人　女202人）　宿場の長さ4町
江戸時代に「谷村路」あるいは「富士街道」と呼ばれた道は、大月宿を起点としていた。もともと駒橋村と同村であった大月村は、寛文9年（1669）、秋元氏による検地のときに分村。元来の集落は無辺寺の西にあったが、宿駅を設定するにあたって移転したといわれている。
大月市役所を過ぎ、「明治天皇御召換所跡の記念碑」が建っている辺りが大月宿の脇本陣。道をはさんで反対側、少し先には問屋場があり、その奥に本陣があった。

◆富士急行線の上を渡ると、国道139号（富士道）との分岐点、「追分」である。

4 追分

「老人憩の広場」と識された広場には、道標や馬頭観音が数多く集められていて、一段と高く石が積まれた上には津島牛頭天王社が祀られている。

道標は向かって右から

（1）南無阿弥陀仏　右甲州道中　左富士山道

（2）北口登山　右甲州道中　左ふじみち

（右面）文久二壬戌年十一月吉日建之

（3）右甲州街道　　昭和二年三月

　向

　左富士街道

常夜灯には「江戸　惣同行　文政十三庚寅歳六月」とある。

この辺りで月を見ると、扇山と高畑山の低いところから出て、大きく見えるので「大月」と呼ばれるようになったという話も伝えられている。

◆追分を直進すると大月橋。大月中央病院入口のバス停を過ぎると、新大月橋を渡って来た旧道と合流する。

江戸時代の街道は追分でつき当り、T字路となって左が富士道、右が甲州街道となっていた。右に進むと坂を下り、大月橋を越えて桂川を渡り、再び坂を登って行った。

現在の大月橋は昭和33年に完成したものである。新大月橋は中央線の北側にあり、その北側には明治17年に架けられた橋の取り付け部分が残っている。

江戸時代の橋は高欄付の板橋であった。『宿村大概帳』によると「長三拾四間　横壱間四尺　橋杭四組立」であり、旧橋よりさらに北側、大月東中学校裏の権兵衛坂と呼ばれる坂道を下ったところから対岸に架けられていた。ここは桂川と笹子川の合流点近くであり、しばしば橋も流されたらしい。

富士道との追分

木食白道上人

「木食」とは、穀物を断ち、山にこもる修行のことである。高野山の僧、応其（1536〜1608）が形態を整えたとされる。

一般に「木食上人」というと木喰行道上人が有名であるが、江戸時代には多くの木食上人がいた。その1人、白道は甲州上荻原上原（現・塩山市内）に生まれた。姓は小野。6歳のとき、法幢院にて剃髪し、父とともに廻国納経の旅に出る。安永2年（1773）に行道と伊豆で出会って、安永6年に山形で再会。以後行道に師事して、行をともにしながら廻国し、北海道にも渡っている。安永10年、信州長久保にて行道と別れて生地に帰り、その後は関東一円を勧進する。「加持水井」を掘ったのは寛政9年（1797）。行道とともに廻国していたときに彫仏を始め、郡内地方を巡って多くの仏像を刻んできた。

文化元年（1804）には鳥沢に移って、約20年間「上人屋敷」と呼ばれる草庵で暮らし、即身仏になるため入定したという言い伝えもあるが、甲州市内の法幢院には文政8年（1825）に71歳で病死という記録（過去帳）も残っている。なお、現在大月市内の円福寺境内にある無縫塔は、白道が過ごした上人屋敷から移されたものといわれている。

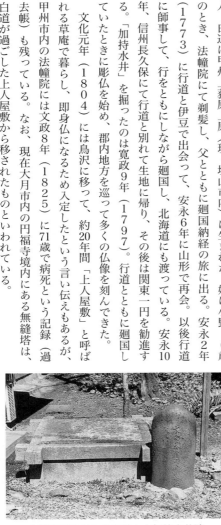

上野原にある木食白道上人加持水井碑

第11回

大月宿から阿弥陀海道宿

（３里11町18間）

── 大月宿（13町42間）下花咲宿（５町58間）上花咲宿（29町38間）
下初狩宿（14町）中初狩宿（１里２町）白野宿（18町）阿弥陀海道宿 ──

ポイント

上花咲宿から笹子峠に向って、道は少しずつではあるが登りとなる。この間、上花咲・下初狩・中初狩・白野・阿弥陀海道と小さな宿が続く

行程：ＪＲ大月駅……下花咲一里塚跡……下花咲宿（本陣星野家）……上花咲宿……善福寺……丸山の一里塚……聖護院道興の歌碑……下初狩宿……下初狩本陣跡（山本周五郎生誕之地碑）……芭蕉句碑……中初狩宿……小山田信茂の首塚（瑞竜寺跡）……白野宿……子神社……立石坂の立石……稲村神社……毒蛇済度旧跡……葦池の碑……阿弥陀海道宿……笹一酒造……ＪＲ笹子駅

＊歩程約12.9キロメートル

下花咲宿本陣

◆ＪＲ大月駅から国道20号に出て、西に進む。追分を過ぎ、大月橋から４００メートルほど、左手の空き地には多くの碑が建っている。その一角にある土盛が「下花咲一里塚跡」である。

1 下花咲一里塚跡

日本橋から24里の地点。もとは道の左右にあったが、北側の塚は失われ、現在は片方だけが面影をとどめ、大月市指定史跡となっている。かつては塚に榎が植えられていた。塚の左には天保13年（１８４２）に建てられた芭蕉句碑がある。その碑面には

「しばらくは花の上なる月夜哉」

とある。

その他多くの石造物がある。

天保14年6月　徳本名号塔
〃　14年11月　庚申塔
慶応4年正月　二十三夜塔
文政12年11月　無縁塔
天明元年正月　道祖神
馬頭観音　20基

下花咲一里塚跡
（現在、塚木は伐裁されて塚だけが残る）

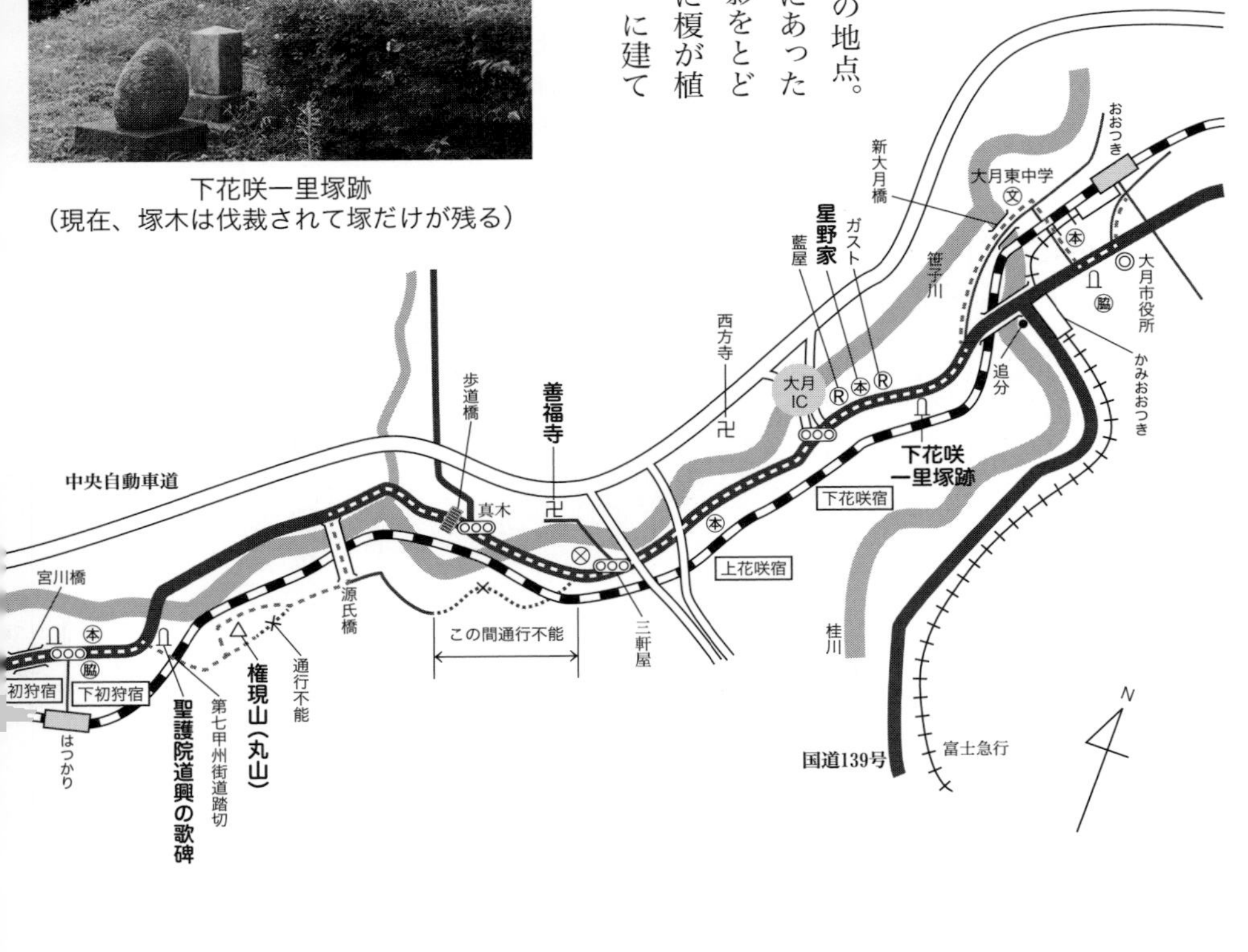

◆まもなく下花咲宿に入るが、この辺りは中央自動車道大月インターチェンジができたため、町並みが大きく変ってしまった。ファミリーレストランなどの店が並ぶ中で一里塚から１５０メートル先右手に下花咲本陣の「星野家」がある。

〔下花咲宿〕

本陣1軒　脇本陣2軒　旅籠22軒　総家数77軒
人口３７４人（男２０２人　女１７２人）
宿場の長さ4町16間
上花咲宿との合わせ宿で、本陣は月の前半まで上の井上家が、月の後半は下の星野家が務めていた。

２ 下花咲宿本陣（星野家）

星野家は江戸時代に本陣・庄屋・問屋場を務め、農業・養蚕・織物・酒造・金融などを営んでいた郡内屈指の旧家である。敷地は約５００坪もある。現在の

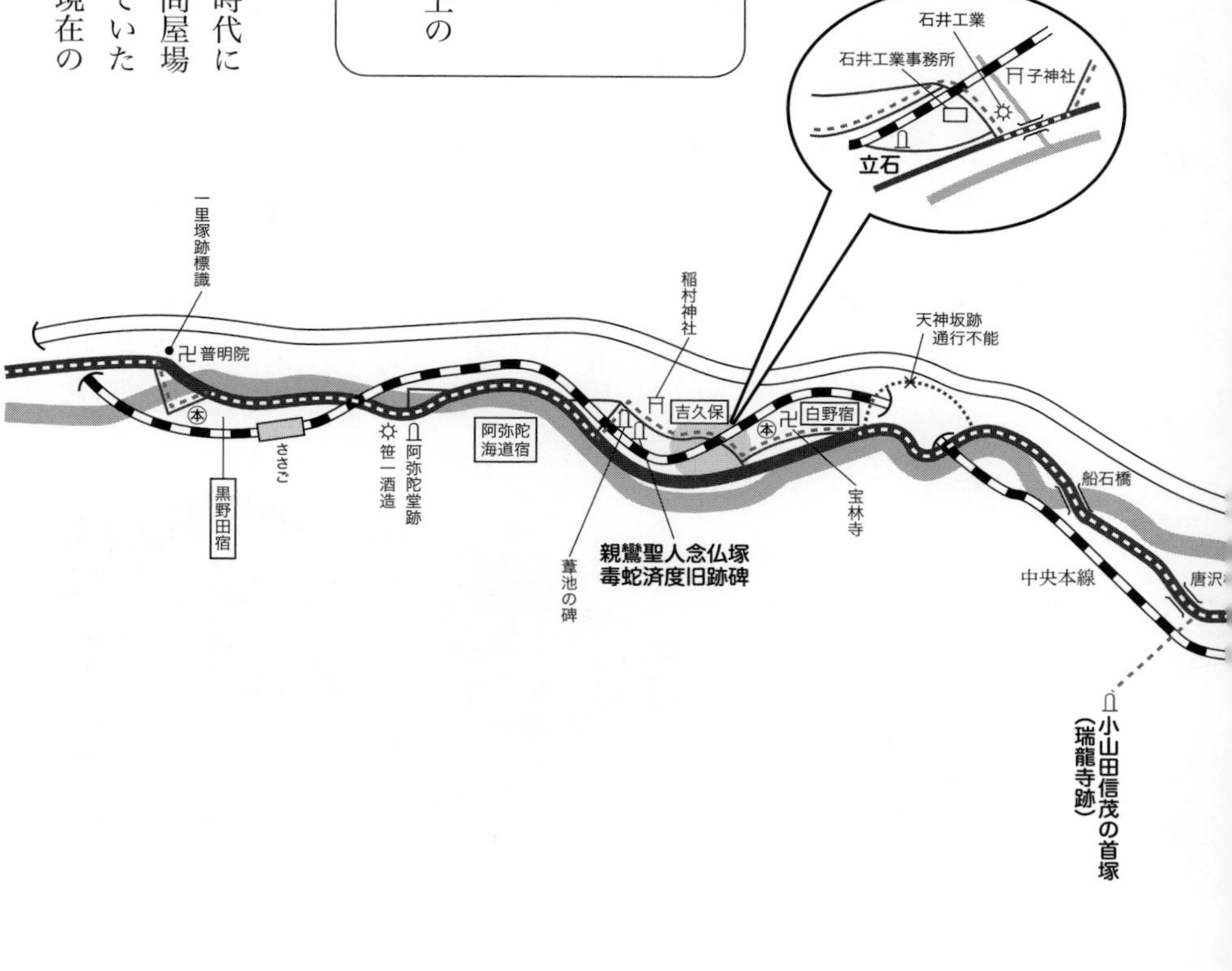

母屋は天保6年の焼失後再建したもの。建物が豪壮であるばかりでなく、意匠など本陣建築の性格をよく表している。後世の改築も少なく、細部まで当初の形態を残した貴重な遺構である。再建の年月は不明だが、嘉永5年（1852）の家相図は現在の母屋と一致しているので、この間に完成したものと思われる。

東西14間、南北33間、109坪ほどの2階建て、切妻造りの内部は東西に大別できる。東方の8間が居住部分で、西方部分が本陣にあたる。そして大名専用の玄関に続いて、玄関の間、中の間、御前の間、宿直（とのい）の間、上段の間と続く。大規模な本陣建築で、当時の形態がよく保存されている。

1階の街道沿いの中央部が1間幅の板間に復元されているのは、本陣と問屋場を兼ねていたことから、荷の積み卸しのためと考えられる。

明治13年の明治天皇巡幸の際に小休所となり、宿泊設備が現存している。昭和51年5月に本陣の典型的な遺構として、国の重要文化財に指定された。

◆下花咲宿より約500メートルで上花咲宿に入る。

下花咲宿本陣

〔上花咲宿〕

本陣1軒　脇本陣2軒　旅籠13軒　総家数71軒
人口304人（男150人　女154人）　宿場の長さ4町11間
伝馬業務は毎月1日から15日までの上半月を務めた。

本陣は西方寺入口バス停近くにある。『宿村大概帳』には「凡建坪六拾三坪　門構・玄関共無之」とあるが、昔の面影を残しているのは庭だけである。

「花咲」という宿の名の由来について『甲駿道中之記』には「上下二站（たん）（駅）の間、花折と云地に古時桜の大木あり。枝葉繁茂（しげり）て花咲ける時は行旅も木陰に憩（いこい）息て、枝を折て頭挿などせしゆえに此名あり。村名も又これにより起れりと云伝ふ」とある。現在の桜は4代目という。

近くに馬頭観音34基、百番供養塔・庚申塔・二十三夜塔の石造物群が残り、交通の要所だったことを伝えている。

◆中央自動車道河口湖線の下をくぐって、300メートルほどで中央線と並行する。途中、三軒屋の信号を右折し、笹子川を渡った北側に「善福寺」がある。

3　善福寺（浄土真宗）

もとは天台宗だったが、親鸞が遊化（ゆげ）した際、改宗したと伝えられる。寺宝として「名号石」がある。これは吉久保の念仏塚から出たもので、塚の蓋に使われていたものだという。

◆大月警察署の向かい側に、線路に向かう小径がある。かつてはこの小径を進んで線路の南側の山すそ、笹子川の右岸を通って初狩宿に入っていた。しかし、いまはこの道を通ることができないので20号を進み、真木の歩道橋を過ぎ、平成6年（1994）に造られた源氏橋を渡る。この間、約1・5キロメートル。源氏橋を渡ってすぐに線路に沿った細い道を進む。砕石工場の事務所より左に少し登ると「権現山（丸山の一里塚）」に辿り着く。

4 丸山の一里塚

権現山は「丸山」とも呼ばれていて、花咲の一里塚から1里の距離にあるので、塚はないが「丸山の一里塚」と呼ばれている。麓に「寛延四年」（1751）及び「嘉永七年」（1854）銘のあるものなど7基の馬頭観音、そのほか巡拝塔2基が祀られている。

『国志草稿』の下初狩の項には「駅ノ東ニ一里塚アリ、丸山ト称ス」とある。また、『分限延絵図』には笹子川の北側に「古一里塚」とのみ記されている。

◆まもなく中央線の「第七甲州街道踏切」を渡る。その先右手には「聖護院道興の歌碑」が建っている。

5 聖護院道興の歌碑

「今はとてかすみを分けて帰るさにおぼつかなしや初雁の里」という『廻国雑記』にある歌が刻まれている。文化3年（1806）の造立で森嶋其進の筆。

聖護院道興は左大臣藤原房嗣（ふさつぐ）の子（1430〜1501）で、大僧正となり聖護院座主を務めた。聖護院はもともと天台宗寺門派の本山で、天台宗系の修験道をその管理下においていた。道興も諸国を旅しては修験者の組織化に力を尽した。

文明18年（1486）6月16日、56歳の道興は京都を発ち、北陸・関東を巡る。道興が甲斐の国へ入ったのは文明19年の初春。甲州街道の道筋を辿り、大月の岩殿明神・猿橋・初狩・勝沼の柏尾山大善寺を経て、石和の花蔵坊に到着した。花蔵坊に10日ほど滞在した後、現在の甲府市右左口（うばぐち）町にある七覚山へ登り、富士山麓の吉田へ泊まったのが2月15日。その後、武蔵国を経て奥州へと向かっている。『廻国雑記』は、この間に詠じた和歌や俳諧歌、連歌、漢詩などを交えながら綴った紀行文である。

聖護院道興の歌碑

『廻国雑記』の旅は、宮廷歌人道興が各地の歌枕や名所を訪ねる旅であると同時に、聖護院座主として社寺を参詣し、加賀の白山や越中の立山をはじめとする修験道の霊地を巡る旅でもあった。

大善寺に宿泊した折に住持から、「後の世のため一首を残し侍るべきよし」と頻りに乞われて、「かげたのむ岩もと柏をのづから一(ひと)よ(夜)かりねに手折てぞしく」と大善寺の山号「柏尾」を詠み込んだ歌を贈った。

また、石和では甲斐国守護、武田信昌の歓待を受けた。その折に和歌を所望され、次の2首を詠んでいる。

「消のこる雪のしらねを花とみてかひある山の春の色哉」

「春の色も今一(ひと)しほの山みれば日かげさしでの磯ぞかすめる」

※「甲斐の白根」、「塩の山・差出の磯」はともに『古今和歌集』以来の歌枕。

◆まもなく国道20号に出る。この辺りから下初狩の宿になる。『甲駿道中之記』には、「初狩」の名の由来として「土人の説に、鎌倉の右大将が富士野に大猟せられし時、東北の方は此辺より狩はじめられしに由て、此処を初狩といへり」とある。

現在も両側には古い家々が並んでいる。何軒か切妻2階建ての町屋も残る。

切妻2階建ての家

〔下初狩宿〕

本陣2軒　脇本陣2軒　旅籠12軒　総家数156軒

人口616人(合計合わず)（男308人　女306人）　宿場の長さ7町

下初狩宿中ほどの右手、国道20号より一段低いところに旧本陣がある。同家は慶応年間（1865～68）の初めに建てられたものでありながら、いまでもよく保存されている。左手には門も残る。道に面して「山本周五郎生誕之地の碑」が建つ。

本陣の斜め向かいには脇本陣跡。問屋業務はここで16日から晦日まで担当していた。1日より15日までは中初狩宿が担当していた。

◆初狩駅入口から200メートルほどで宮川橋となる。橋から南のほう、遥か山合いには富士山が見える。この辺りは谷間で山が近いため、富士はほとんど見えないが、ここでは富士が見えるので「宮川橋の一目富士」とかつての旅人に評判だったという。歩道橋をくぐると大月市武道館が右手にあるが、その角に芭蕉句碑「山賤（やまがつ）の頤（おとがい）とづる葎（むぐら）哉」が建っている。明治29年（1896）、三森幹雄の書で、村の有志が建立したもの。この芭蕉句碑を過ぎると中初狩の町並みとなる。

〔中初狩宿〕

本陣1軒　脇本陣1軒　旅籠25軒　総家数108軒
人口459人（男228人　女231人）　宿場の長さ10町44間
下初狩宿との合宿であった。宿には軒を張り出した昔風の家が建っている。
町並みの西、道の右側に「明治天皇御小休遺跡」の石標が建っている家が本陣であった。『宿村大概帳』に「凡建坪六拾六坪　門構にて、玄関無之」とあり、いまも緩勾配切妻2階建ての景観を残している。

◆すぐに道は唐沢橋を渡る。唐沢橋を渡ってすぐの左手には安永7年（1778）秋葉灯をはじめ題目石、読誦塔、二十六夜塔、地蔵などがある。この橋を渡る手前を左に折れて瑞龍寺へと続く道を進んだすぐ右手に地蔵が建っている。「正徳元年」（1711）の銘があり、脇に2基の馬頭観音がある。
　唐沢橋の手前を左に入り、中央線の下をくぐった先に小山田氏の供養塔がある。この辺りにはかつて臨済宗の「瑞龍寺」があった。

6 瑞龍寺跡

「小山田信茂の首塚」と称するところである。織田信長によって甲府善光寺で斬罪された後、その首を従僕が持ち帰り、瑞竜寺の住職がここに葬ったという。

◆唐沢橋から約500メートル、船石橋で笹子川を渡って立河原の集落に入る。この集落を過ぎると甲州街道は天神坂を越えて白野宿に入る。天保7年の郡内騒動の際には、この坂の白野側下り口の松林で決起集会が開かれた。
　しかし、この道は中央自動車道によって切断されてしまった。「甲州道中分間延絵図」には、宿の入口に一里塚が描かれている。
　白野宿の中央奥には、秋葉山・山の神・金毘羅・白山権現・天織媛の5つの祠と文化3年（1806）の二十三夜塔が祀られている。

〔白野宿〕
本陣1軒　脇本陣1軒　旅籠4軒　総家数84軒
人口318人（男149人　女169人）　宿場の長さ5町12間

白野・阿弥陀海道・黒野田は上初狩が3村に分村したものである。1〜15日が黒野田宿、16〜22日が阿弥陀海道宿、23〜30日は白野宿と3宿で問屋業務を分担していた。脇本陣は宿の西はずれ左手、その先右手奥が本陣であった。

◆白野宿は国道20号と合流して終わる。右手には大国主命を祀る子（ね）神社がある。貞享年間に建てられた社殿があったため、明治40年（1907）の災害の折、白野宿は被害を受けなかったという。中央自動車道建設にあたり、社殿を移転、再建した。小さな橋を渡ってすぐ、石井工業の工場がある道を右に入る。中央線の下をくぐり、線路に沿うように立石坂を登って行くと吉久保の集落に入る。

かつては石井工業の前の分かれ道を左に進んでいた。右手の石造物群を見ながら進み、薮の奥にある「立石」の先で線路を横切って吉久保に入る道であったのだが、現在は通行不能である。

7 立石坂の立石

かつてあった立石の前の説明板には「昔日長途の旅をして来た山姥が二本の石の杖をついて歩いて来たが、途中一本折れたので立石坂に突き刺し、残した杖が立石である。その片方の一本は岩殿の麓川隣の桑畑の中に西方に向いて立っている。これを鬼の杖と言い伝えている。立石坂の立石は高八尺七寸、下部巾三尺、上部巾二尺六寸、厚さ九寸の自然石である」とある。

また、岩殿山に住む山姥が何事かに驚き、石の杖を放り投げたところ、右手に持っていた杖はここに刺さり、左手の杖は岩殿山の東に刺さったとの伝説もある。

◆吉久保に入ると右手に稲村神社、左側の鉄路際に「毒蛇済度の碑」がある。稲村神社の境内には不思議な男女合体の道祖神が祀られている。そのほかにも寛政2年（１７９０）の常夜灯一対、文化2年の二十三夜塔、馬頭観音18基がある。

8 毒蛇済度旧跡

これは親鸞が毒蛇を成仏させた話が元になっている。

広重の『甲州道中記』に「昔此処に小俣左衛門といふ大百姓あり。娘およしは至て美女なれども、心あしく、けんどん邪見にて、つひに蛇身となる。其頃此辺に大沼あり。よよな出で里人をなやます。親鸞上人来り給ひて、これを教化し給ひしより此憂止みしとなり」とある。

また『甲斐国志』には「昔、吉という娘が旅の僧に恋をしたが、叶えられず葦が池に投身し、毒蛇と化して人々を苦しめた。そこに立ち寄った親鸞上人は６４８８４個の小石に南無阿弥陀仏の名号を書き、池に投じたところ毒蛇は済度成仏した。その後池が枯れ、名号石も多くの人にもち去られ、しばしば災禍にあうようになったので、名号石を取り戻し、塚を立てて安置した」とある。いまも善福寺に名号石が残る。

この場所に「毒蛇済度旧跡」と「親鸞聖人念仏塚」の２つの碑と馬頭観音９基、観音供養塔1基がある。

◆親鸞聖人念仏塚から３００メートル、中央線ガードの手前左手に、娘が蛇になって住みついたという「葦池の碑」が建っている。

まもなく道は中央線の下をくぐり抜けて国道20号と合流する。笹子川を渡ると阿弥陀海道宿に入る。

葦池の碑

毒蛇済度旧跡

立石坂の立石

〔阿弥陀海道宿〕

本陣1軒　脇本陣1軒　旅籠4軒　総家数65件

人口272人（男127人　女145人）　宿場の長さ4町28間

ここは昔「よし窪」と呼んでいたが、宿の南に阿弥陀堂があったため、宿の名前も阿弥陀海道となったという。現在は「道」の字がない大月市阿弥陀海。「海」1字で「かいどう」と読ませている集落である。阿弥陀堂の跡といわれる草むらの中には「本尊阿弥陀仏」と刻まれた碑が残っている。古くは民家が笹子川沿いにあったが、享保13年（1728）の大雨による洪水で1軒残らず流失。その後南岸に移動した。

◆笹子川を渡ると笹一酒造が左手にある。その先がＪＲ笹子駅となる。

第12回
阿弥陀海道宿から勝沼宿
（４里２町32間）

── 阿弥陀海道宿（12町）黒野田宿（２里５町32間）
駒飼宿（18町）鶴瀬宿（１里３町）勝沼宿 ──

ポイント

甲州街道最大の難所、笹子峠を越える

行程：ＪＲ笹子駅……黒野田宿……笠懸地蔵……普明院……一里塚跡標柱……題目塔・馬頭観音（黒野田の石小屋）……下新田集落……明治天皇御野立所跡……矢立杉……笹子隧道……笹子峠……天神宮……清水橋……桃の木茶屋跡標柱……津島大明神……駒飼宿……日影一里塚……勝頼腰掛石……巨跡金岡自画地蔵尊碑……鶴瀬宿……血洗沢……鞍懸……横吹集落……芭蕉句碑……観音堂……近藤勇像……柏尾古戦場跡……ＪＲ勝沼ぶどう郷駅
＊歩程約15.9キロメートル

笹子隧道

〔黒野田宿〕

本陣1軒　脇本陣1軒　旅籠14軒　総家数79軒
人口334人（男170人　女164人）宿場の長さ4町
黒野田宿は笹子峠の麓の宿場で、江戸から諏訪に向かう参勤交代のときにはここに泊まることが多かった。
本陣は向かって右に門があり、屋根の軒瓦には本陣の字が付けられている。

◆JR笹子駅の辺りから黒野田宿に入る。左手に見える笹懸地蔵は大飢饉や、「七公三民」の重圧、農作物の不作による餓死、心中などの領民に襲ってくる苦しみを心願して、安政2年（1855）に創建されたものと言われている。

黒野田宿本陣から200メートル。道が右にカーブして笹子川を渡ると右側に普明院があり、門前に「一里塚跡」の標柱が建っている。普明院の境内には芭蕉句碑「行くたびにいどころ変わるかたつむり」がある。実際の一里塚は橋から普

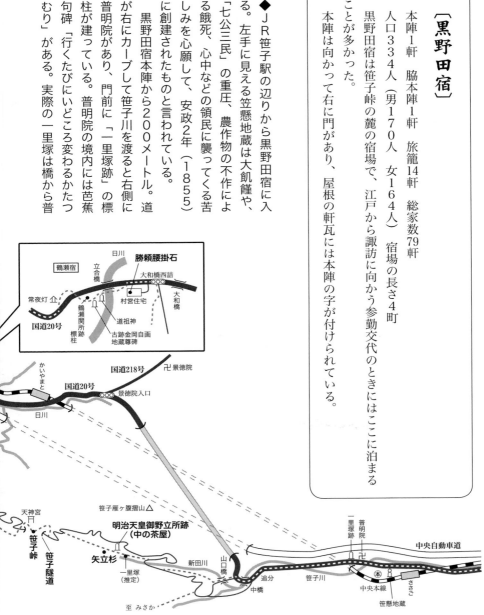

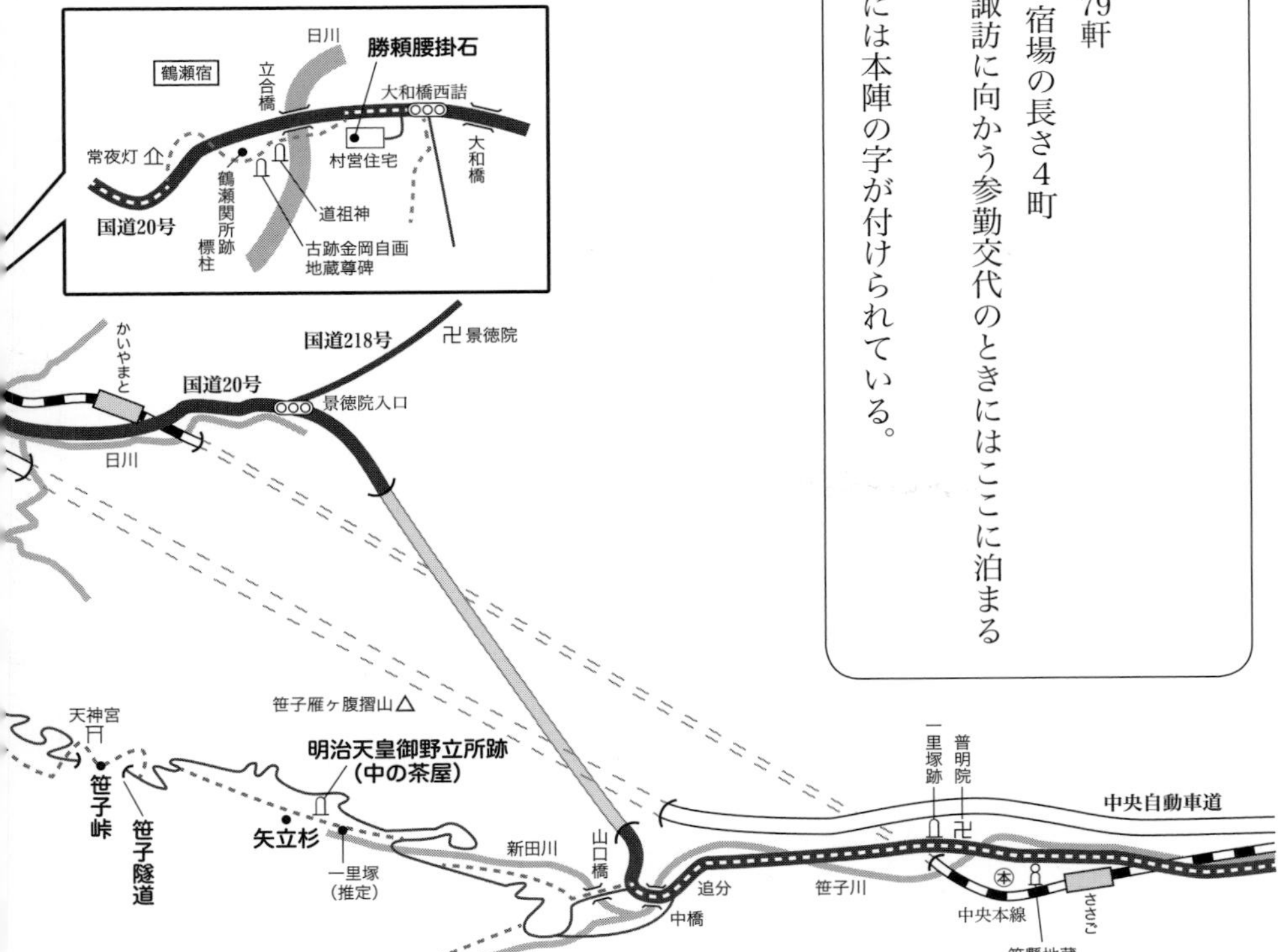

明院の反対側の田んぼの中にあった。

ここから道はだらだらとした登りとなる。屋影橋を渡ってすぐの右側の石の上に宝暦５年（１７５５）の題目塔、馬頭観音のある辺りが黒野田の石小屋と呼ばれている。その先、左に入る道が追分である。

追分から約７５０メートル、つま先上り坂を進むと国道20号は大きく右にカーブして、そこで左に分かれる。中橋で笹子川を渡り、さらに約２００メートル、山口橋を渡ると下新田の集落に入る。道の右手の石垣のところに「旧甲州街道矢立杉」の道標が建っている。ここで舗装道と分かれ、右折して山道に入る。

この辺りでは、笹子追分人形が有名である。県内に残る唯一の人形芝居で、県の無形民俗文化財に指定され、現在でも人形の頭１２０体、衣装８体分が保存されている。

右折し、山道を行くと堰堤にぶつかるが、これを右に見て新田川を上る。林の

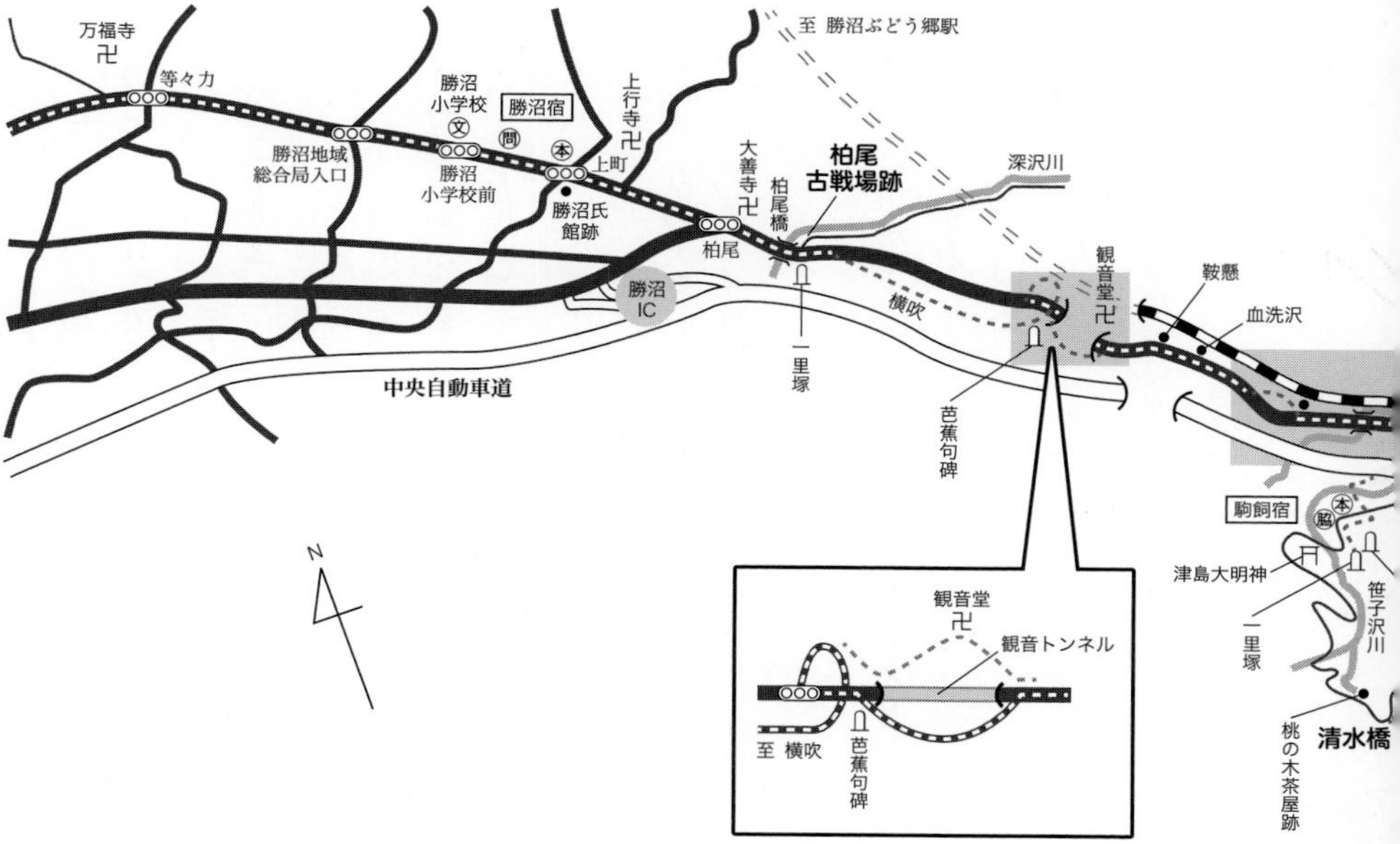

中の踏み跡を注意深く探しながら進むと、県道２１２号（旧国道20号）に合流する。舗装された道を進み、美久保橋を渡って２００メートル進む。左手の「約８００ｍで矢立杉に至る」という案内板に従ってしばらく歩くと「明治天皇御野立所跡」の碑がある。

御野立所跡より１００メートルのところに「矢立杉」がある。

１ 明治天皇御野立所跡

碑には「明治13年（１８８０）６月19日、山梨・三重・京都に御巡幸の際、此の地、天野治兵衛家に御野立あらせられた。……（以下略）」とある。また、ここは「三軒茶屋」とも呼ばれていた中野茶屋跡である。笹子峠の蕎麦飯は街道の名物であった。

２ 矢立杉

樹高28メートル、幹周り９メートル。県の天然記念物である。名の由来は武士が戦いに向かうとき、この木に矢を射立てて戦勝を祈願したからといわれる。上部は既に折れてなくなり、内部が空洞となっている。

◆矢立杉から先の道は崩壊が激しい。しかし一部踏み跡が残っているので、道筋を辿ることができる。厳しい登り坂がしばらく続き、階段状のところを下ると、県道２１２号に出る。しばらくこの舗装道路を進むと、「笹子隧道」が見えてくる。なかなかモダンな構造の入口である。

３ 笹子隧道

かつての難所であった笹子峠の下にトンネルが完成したのは昭和13年（１９３８）３月。ここは昭和33年に「新笹子トンネル」ができるまで、甲州と東京を結ぶ幹線道路として重要な役割を果たしてきた。

坑門の左右にある洋風建築的な2本並びの柱形装飾が特徴的で、平成11年（1999）に国の登録有形文化財に登録された。トンネル入口の右手から登って約10分ほどで「笹子峠」に着く。

4 笹子峠

標高1096メートル。峠の道標には、県内産の桧で作られていることや、近隣の駅までの所要時間などが記されている。

甲斐はこの笹子峠で国中と郡内を画している。郡内である上野原から大月・谷村一帯の地方は平地が少なく、農業生産力が低い。また郡内領主の小山田氏は桓武平氏に出自をもつ秩父氏一族でもあり、甲府盆地の国中とは産業・風俗ともに異なる歴史を持っている。言葉も郡内地方には郡内方言があり、産業では郡内縞という絹織物が発達した。

◆峠を越すと右手に天神宮が見える。そして10分ほどでトンネル出口に出る。道を横断して再び林の中に入り、谷を下る。所々足場の悪い場所もあるが、割とよく整備されている。やがて沢を渡るが、これは笹子沢川の上流である。しばらく左岸を下ると、次第に谷が深くなってくる。橋を渡り、右岸に移り、林の中を下ると「清水橋」で再び212号と合流する。

笹子峠からこの間約2キロメートル、約40分ほどの道のりである。

5 清水橋

この橋のたもとに立っている説明板によると、笹子峠は江戸日本橋から信州諏訪まで約55里のほぼ中間で、笹子宿と駒飼宿を結ぶ標高1096メートル、上下3里の難所であった。

この峠を往来した当時の旅人を偲んで、昭和61年（1986）2月12日、次のような唄が作られ、発表された。

笹子峠道標

甲州峠唄　作詞　金田一春彦
　　　　　作曲　西岡　文朗

あれに白いは　コブシの花か
峠三里は　春がすみ
うしろ見返りゃ　今来た道は
林の中を　見え隠れ
高くさえずる　妻恋雲雀
おれも歌おうか　あの歌を
ここは何処だと　馬子衆に問えば
ここは甲州　笹子道

この唄の発表により旧甲州街道復元の気運が高まり、昭和62年には清水橋から笹子峠までの旧道が整備されたという。

◆清水橋からは県道212号を歩く。右手に「桃の木茶屋跡」の標柱があり、いくつかの大きなカーブを過ぎると、右手に津島大明神がある。

天狗橋を渡ると駒飼の宿に入る。『分間延絵図』には天狗橋の上流に「日影一里塚」がある。現在この道は通行不能。宿の入口に芭蕉の句碑、「秣(まぐさ)負ふ人を栞（枝折）の夏野哉」（昭和62年10月吉田建）がある。

〔駒飼宿〕

本陣1軒　脇本陣1軒　旅籠6軒　総家数64軒
人口274人（男139人　女135人）　宿場の長さ4町

宿入口から数軒過ぎた左手に脇本陣。さらにその先に本陣跡の標柱と「明治天皇御小休所跡」の碑が建っている。いまは建物がなく、空き地である。

『宿村大概帳』には「凡建坪六拾坪　玄関附にて、門構無之」とある。宿の終わり際で道は二手に分かれる。左手に下るのが甲州街道。

右側には松の古木が並び、歴史を感じさせる。道の左右は石垣になっていて、古道の面影が十分残っている。この下り坂はなかなかの見晴らしである。

駒飼宿

◆中央自動車道の下を過ぎ、石仏を見ながら下ると大和橋西詰の信号に出る。国道20号に出て、すぐに左折。村営住宅の突き当りに「勝頼腰掛石」はある。

6　勝頼腰掛石（菱石）

新府から落ちのびてきた武田勝頼が腰掛けたという石は武田菱が浮いて見えるので菱石ともいう。天正年間（1573～92）のころの道はこの脇を通っていたと伝えられる。

勝頼は岩殿城の小山田信茂の救援を待っていたともいわれているが、ついに信茂に裏切られ、大菩薩峠を越えて上田の真田昌幸の許へ落ちようと田野へ向かった。

この付近は武田勝頼最後の地に近いため、こうした伝説が残る。

◆左に進み、立合橋を渡ると鶴瀬宿に入る。その手前左側に「古跡金岡自画地蔵尊碑」があり、その先右側に「史跡　甲州道中　鶴瀬関所跡」と記された標柱が立っている。側面には「甲州十二関の一つ、この関は『鶴瀬の口留番所』といわれ、主に物資の流通の警戒と『入鉄砲に出女』を取り締った関所です」とある。

鶴瀬関所の標柱

〔鶴瀬宿〕

本陣1軒　脇本陣2軒　旅籠4軒　総家数58軒
人口２４２人（男１２５人　女１１７人）　宿場の長さ3町30間

この宿は国道20号によって切り裂かれている。「関所跡」より宿になるが、本陣は20号を横断した先で、右手に石尊宮の常夜灯が建つ。その先でまた20号と合流する。

『宿村大概帳』に「此宿・駒飼宿共合宿にて、人馬継合之儀毎月朔日(ついたち)より廿日迄鶴瀬宿にて継立、廿一日より晦日迄駒飼宿にて継立いたす、尤江戸之方黒野田宿江は朔日より十五日迄、阿弥陀海道宿江は十六日より廿日迄継立いたし、甲府之方勝沼宿江は朔日より廿日迄継立いたし来」とある。

十返舎一九は『東海道中膝栗毛』に続いて『諸国道中金草鞋』を著している。その内容は奥州衣川の狂歌師、千久良坊(ちくらぼう)・鼻毛延高(はなげのびたか)の両人が諸国を漫遊し、先々の様子を狂歌を交えて紹介したものである。その中に「此宿にひる石を売ること有」とある。ひる石は日蓮上人が、ひるを石に封じたものと伝え、火に入れると長くなって頭をもたげ、金色になるという不思議な石であり、いまも宿の東の徳波沢で産する。

◆鶴瀬宿から約1・5キロメートルで横吹の集落に入る。途中右手には、武田勝頼らが落ちのびてきた際、ここで土屋惣蔵が跡部大炊助を討ち取り、この沢水で血を洗ったという伝説がある「古跡　血洗沢」の標柱。少し先には、逃亡する長坂長閑が土屋惣蔵に追われ、落とした馬の鞍が路傍の桜の木にかかっていたところといわれる「古跡　鞍懸」の標柱がある。

国道20号はトンネルとなるが、歩道はトンネルの左側、谷側にある。そこには芭蕉の句碑「観音の甍(いらか)見やりつ花の雲」が建っている。側面には一茶の「松風に添ふ川音の時雨かな」の句も刻まれている。

トンネルの上を登れば観音堂があり、「わらじ」が奉納された堂も裏手にある。聖観音は京都の清水寺より移されたものと伝えられている。

横吹の集落へ行くためにはトンネルの先の信号を右に入り、20号の下を通る。左手には勝頼一行がここで休憩した際に不動尊を祀った「古跡　武田不動尊」がある。

横吹の集落は甲州街道の往時の面影をいまに伝え、20号の崖下にひっそりとした佇まいを見せている。横吹を抜けると道は登り坂となり、再び20号と合流する。国道の下に一里塚の標柱が建っている。『分間延絵図』にも左側だけに塚が描かれている。

道はまもなく勝沼（甲州市）に入り、深沢川に架かる柏尾橋を渡る。右手前の橋詰には「近藤勇　柏尾古戦場」の標柱と、柏尾橋の変遷を記した説明板があり、近藤勇の像も建っている。

7 柏尾古戦場跡

慶応4年（1868）3月6日、近藤勇らの新撰組を中心とする甲陽鎮撫隊と、板垣退助率いる西軍との間で戦闘が行われた場所。柏尾橋を挟んで両軍が大砲を撃ち合い、近藤勇は江戸へ

横吹の集落

柏尾橋に建つ近藤勇像

退却した。

◆柏尾の信号で右の県道38号を進む。上行寺の手前を右折して道なりに進むとＪＲ勝沼ぶどう郷駅に着く。

甲州街道からはずれるが、武田勝頼・北条夫人・信勝の墓のある「景徳院」へはＪＲ甲斐大和駅から約２キロメートル国道20号を東に進み、景徳院入口の信号を左折して道なりに進んだところにある。さらにその北３キロメートル、栖雲（せいうん）寺には武田家10代、武田信満の墓がある。信満は娘が上杉氏憲（禅秀）に嫁いでいたことから、禅秀の起こした乱に与し、都留郡下で幕府軍と戦って敗れた後、応永24年（１４１７）２月６日にこの地で自害した。

《景徳院（曹洞宗）》

甲斐の国主として新羅三郎義光以来５００年に及ぶ武田一族が、天正10年（１５８２）３月11日に滅亡した場所。武田勝頼、北条夫人、信勝以下、一族家臣らの冥福を祈るため、天正16年に家康によって建立された。

寺は弘化２年（１８４５）と明治27年に起きた火災で大部分を焼失。当時のままの建物は山門のみとなったが、いまも楼上には16体の羅漢像が残る。昭和53年に本堂・庫裏・囲塀が完成し、禅寺の落ち着いた境内となっている。３人が自刃した場所に生害石（しょうがいせき）が置かれ、傍に甲将殿（こうしょうでん）があり、３体の像と家臣団の位牌、当時の遺品などが保存されており、その裏に３人の墓がある。ほかにも将兵・侍女などの墓も並んでいる。

第13回
勝沼宿から石和宿
（２里16町６間）

── 勝沼宿（31町36間）栗原宿（１里20町30間）石和宿 ──

ポイント

勝沼から石和一帯は昔からブドウの産地として知られていた。現在も道の両側にブドウ棚が並ぶ。一方、中央自動車の通る一の宮辺りでは桃が知られ、開花時は花見で賑わう

行程：ＪＲ勝沼ぶどう郷駅……柏尾橋……大善寺……勝沼氏館跡……勝沼宿……槍掛けの松（本陣跡）……萩原家……旧田中銀行社屋……勝沼富町の甲州ブドウ……万福寺……栗原宿……大翁寺……大宮五所神社……田安陣屋跡……白山神社……川中島の松並木……笛吹権三郎の像……遠妙寺……八田家書院……石和宿……石和本陣跡……小林公園……由学館跡……石和南小学校校門（石和陣屋跡）……石和八幡宮……ＪＲ石和温泉駅

＊歩程約9.6キロメートル

勝沼富町の甲州ブドウの原木

◆ＪＲ勝沼ぶどう郷駅より南に約４キロメートル。柏尾橋と柏尾交差点の間にまもなく「大善寺」がある。

１ 大善寺

創建は奈良時代の養老2年（７１８）、僧行基によると伝えられている。その後、聖武天皇により鎮護国家の寺として勅願を賜るが、安元2年（１１７６）と文永7年（１２７０）に災禍に遭った。弘安9年（１２８６）、北条貞時が後宇多天皇の勅を奉じ、甲信2国に対して棟別十文銭を徴収。これを再建の費用として8年後に本堂薬師堂（国宝）が再建された。文明５年（１４７３）、武田信春によって奉納された厨子（国宝）にはサクラの一木造りである薬師三尊（国重要文化財）が安置されている。山門は寛政年間（１７８９～１８０１）に再建。そのほかに鰐口、太刀（ともに県指定文化財）、書院の北には江戸時代初期の作庭である池泉鑑賞式蓬莱庭園がある。

天正10年（１５８２）３月３日、新府城を出た武田勝頼一行は大月の岩殿山に向かう途中、大善寺で戦勝を祈願して、薬師堂で一夜を明かす。この後、田野の地で一族は自決し、甲斐源氏は滅亡した。勝沼五郎の娘で尼としてこの寺に住んでいた理慶尼は当時の様子

を記録しており、大善寺に『理慶尼記』が残されている。

境内にある「芭蕉塚」には正面に「芭蕉翁甲斐塚」、左面に「蛤の生ける甲斐あれ年の暮」、右面に「宝暦十二壬午年十月十二日」とある。勝沼町藤井の渡辺梅童が宝暦12年（1762）10月に建立したものである。

大善寺の参道

◆大善寺の先、柏尾の信号で国道20号と分かれて勝沼宿に入る。上町の信号の手前、左側に史跡「勝沼氏館跡」があり、その入口には「甲州街道勝沼宿」の説明板がある。

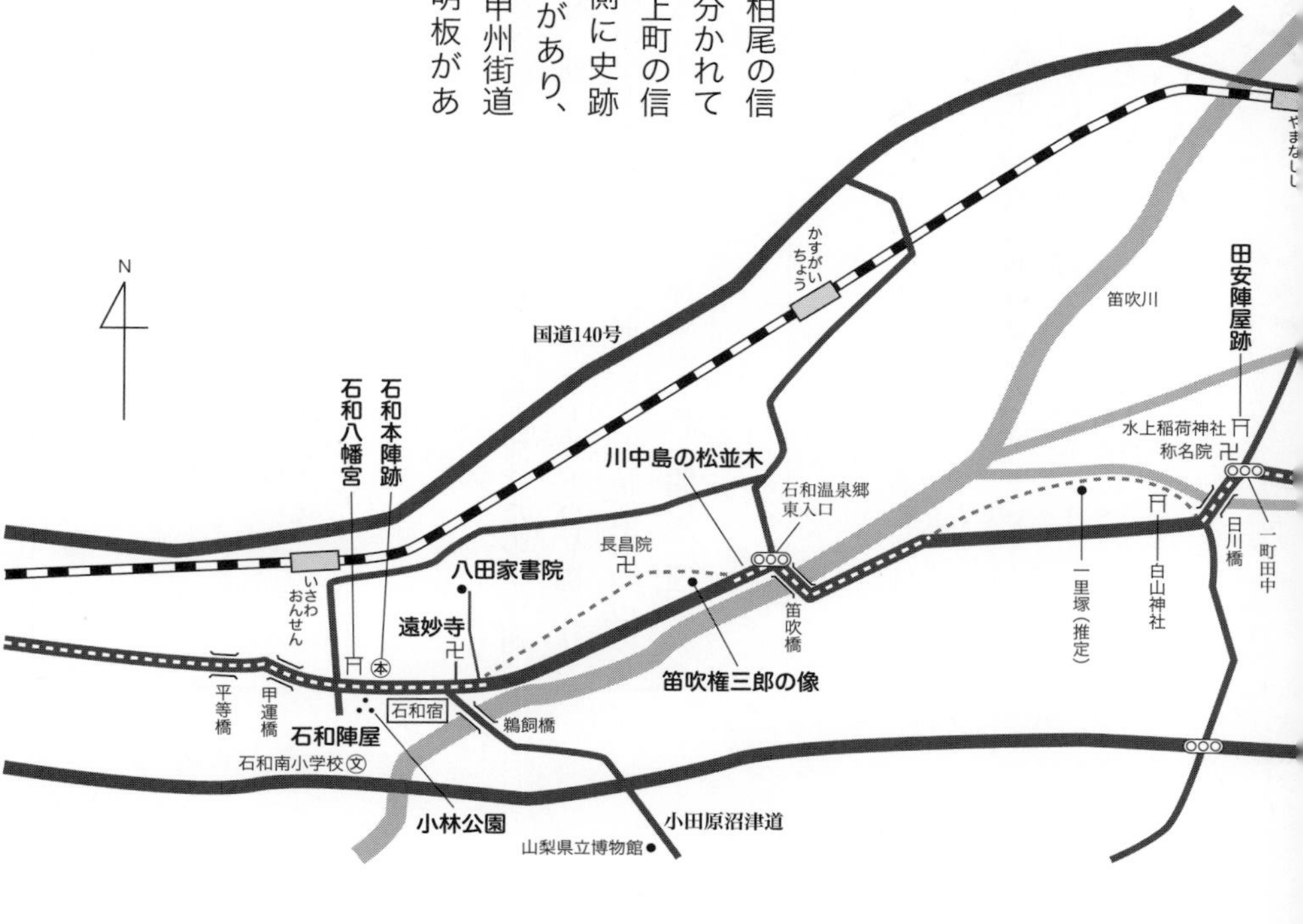

〔勝沼宿〕

本陣1軒　脇本陣2軒　旅籠23軒　総家数192軒
人口786人（男394人　女392人）　宿場の長さ12町
甲府盆地の東に位置し、近世は甲州街道の主要な宿駅の1つとして、にぎわいを見せていた。
『諸国道中金草鞋』には、狂歌「商人（あきんど）もかけねいはねばまけぬきに　勝沼のしゅくにぎはひぞする」が載っている。
宿場の通りには格子戸や蔵造りの家も何軒か残っていて、昔の雰囲気を伝えている。
文治2年（1186）、勝沼の上岩崎の雨宮勘解由（あめみやかげゆ）が野生のブドウに改良を加えてできたのが甲州ブドウの起源といわれている。国中では峡中八珍果（柿、栗、クルミ、ザクロ、梨、ブドウ、桃、リンゴ）といわれる果実類が収穫されてきたが、中でも甲州ブドウの一大生産地であった勝沼宿周辺のブドウは、郡内領の郡内縞と並び称され、梨や柿とともにその多くが江戸神田の水菓子問屋に運ばれていった。

2　勝沼氏館跡（国史跡）

勝沼氏館は武田一族の勝沼五郎信元の居館である。勝沼五郎は信虎（のぶとら）の同母弟、信友の嫡男信元のことで信玄のいとこでもあったが、永禄3年（1560）に武州秩父の藤田右衛門尉と通じたことが露顕し、信玄に滅ぼされた。

昭和48～52年（1973～1977）の発掘調査で館跡の全容が解明。約4万7千平方メートル、内郭部は発掘当時の姿で全面保存されている。館跡は二重の堀跡をめぐらし、内郭は東西約90メートル、南北約60メートル。南側は日川に臨んでいて、周囲に土塁を巡らし、内側下部に水路の跡がある。

◆勝沼氏館跡のすぐ先の右側が脇本陣で、隣「槍掛けの松」のある場所が本陣跡。屋号は「池田屋」といった。

3 槍掛けの松

本陣跡に生えている松である。名の由来は大名一行が泊まったとき、この松の枝に槍を立てかけて置いたことによる。

本陣は『宿村大概帳』によると「凡建坪八拾七坪　門構・玄関附」とある。

槍掛けの松

◆本陣跡を過ぎると道の左側に白壁の蔵と、それに続く重厚な2階建ての母屋「萩原家」がある。その隣に「勝沼宿仲松屋」の説明板がある。

4 萩原家

勝沼宿のかつての賑わいを想像させる豪商のたたずまいである。質屋で財をなしたといわれているが、店先は帳場で入口から広い土間が続き、２つの部屋と反対側には内蔵がある。

◆勝沼小学校前の信号を過ぎると、右手に洋館がある。「旧田中銀行社屋」である。ようあん坂を下った「明治天皇勝沼行在所碑」の手前が問屋場跡である。

5 旧田中銀行社屋

国登録有形文化財。説明板に「藤村式建築の流れをくむ建物。明治三〇年代前半に勝沼郵便電信局舎として建てられた伝承をもつ入母屋造り、瓦葺、二階建の建物で、大正九年より昭和七年ごろまで山梨田中銀行の社屋として利用された。

外壁の砂漆喰を用いた石積み意匠、玄関の柱や菱組天井、二階のベランダ、引き上げ窓、彩色木目扇、階段などに凝洋風建築の名残があります。また、建物の背後には銀行時代に建てられた、扉に『山梨田中銀行』の名が鮮やかに残るレンガ外装の土蔵があります」とある。

◆やがて街道は勝沼地域総合局入口の信号に着く。かつてこの辺りには高札場があった。西南の角には「勝沼富町の甲州ブドウ」という標柱がある。日本最古のブドウの木が、いまも健在なのである。

旧田中銀行社屋

《塩山》

街道から少し離れるが、塩山地区には名刹がある。勝沼宿と栗原宿の中ほど、等々力の交差点を右折し、4・5キロメートルほど北上するとJR塩山駅に着く。塩山駅より1・2キロメートル北西に向嶽寺があり、さらに3キロメートル北に恵林寺がある。恵林寺の少し北に放光寺がある。

向嶽寺（臨済宗）

抜隊得勝（ばっすいとくしょう）が甲斐の守護武田信成の庇護を受けて天授6年（1380）に創建した。

寺宝として建長寺を開山した蘭渓道隆（らんけいどうりゅう）が上部の賛を書いた「絹本（けんぽん）著色達磨図」（国宝）がある。中門（国重要文化財）は天文11年（1542）以後のもので、四脚門、切妻造、塀は土に小石と塩をまぜて築かれた「塩築地」と呼ばれるもの。中門の近くには大村主計（かずえ）が作詞した「花かげ」の童謡詩碑が建てられている。

恵林寺（臨済宗）

元徳2年（1330）、時の領主二階堂道蘊が夢窓疎石を開山としたのが始まりという。庭園は夢窓疎石によってこの年に作庭されたと伝えられる。武田氏の菩提寺、信玄の牌所として知られる。信玄の墓は信玄の百年忌に再建されたもので、五輪塔と宝篋印塔からなっている。

天正10年（1582）4月3日、織田信長によって百余名の僧が焼殺された。このとき殺された快川紹喜のことば「安禅必ずしも山水を須いず、心頭を滅却すれば火も自ずから涼し」は有名である。その後、天正13年（1585）、徳川家康によって伽藍が再興された。

境内には「大小切騒動の殉難の碑」がある。

放光寺（真言宗）

甲斐源氏の武将、安田義定が元暦元年（1184）に創立した。本尊は平安時代後期作の大日如来坐像（国重要文化財）。ほかにも愛染明王坐像、不動明王立像といった国重要文化財があり、寺宝として紙本墨書大般若経589巻がある。

恵林寺

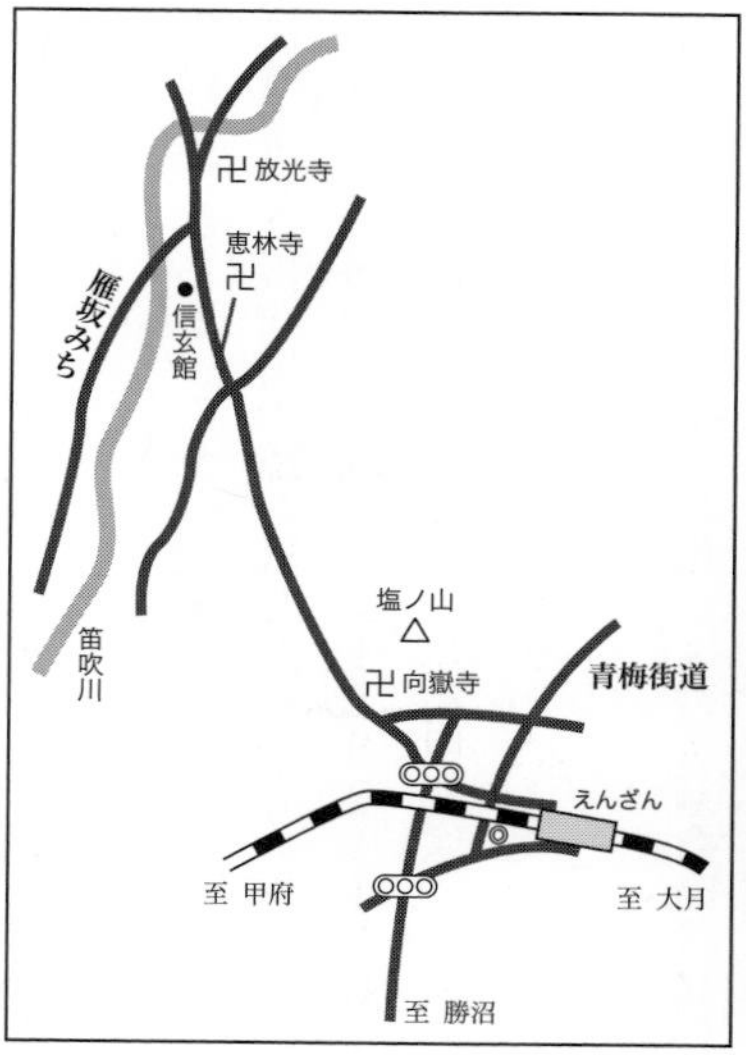

◆等々力交差点の少し先を右に入ると「万福寺」がある。勝沼宿の家並はこの辺りまで続いていた。

6 万福寺（浄土真宗西本願寺派）

境内に「馬蹄石」がある。これは聖徳太子が甲斐の黒駒に乗って富士山に飛来した折、馬の蹄が残したものという。

また芭蕉の句碑「行駒の麦に慰むやどりかな」がある。この句碑は寛政年間（1789〜1801）に万福寺の住職三車上人が建立したもので、県内の芭蕉句碑では柏尾山大善寺の芭蕉翁甲斐塚（宝暦12年）、甲府市善光寺（寿永4年）に次いで3番目に古いものである。基礎は石組で塚を築いた上に建立されており、初期の翁塚の面影をよく伝えている。

寺の創建は推古天皇12年（604）、奏河勝によると伝えるが、親鸞の教化によって鎌倉時代に浄土真宗になったという。そのとき親鸞が杉の箸を地面にさして、「我が法が流布すれば枝葉を生ずべし」と祈念したところ、忽ち芽が生じ大木となったので「杉の坊」とも呼ばれるようになった。しかしこの木は寛延の火災で焼失した。

根回り12・3メートル、樹高22・5メートルある椋（むく）の木もあり、県の記念樹となっている。

◆勝沼宿の次は栗原宿である。大法寺を過ぎて右の道を入ると、奥まったところに「大翁寺」があり、その向かいの道を進むと「大宮五所神社」がある。

〔栗原宿〕

本陣1軒　脇本陣1軒　旅籠20軒　総家数240軒

人口1057人（男538人　女519人）宿場の長さ6町

現在は開発が進み、宿場町の面影が全く見られない。
『諸国道中金草鞋』には、狂歌「渋皮のむかし女もみゆるなり　うまきさかりの栗原のちゃ屋」、「馬つらのやうな女を追廻す　御牧(みまき)の名ある栗原の宿」とある。

7 大翁寺（曹洞宗）

寺地は栗原氏の館跡と伝えられる。いまは墓地の奥の竹林に土塁の一部が認められるのみである。

栗原氏は武田信成の子、武続を祖とし、室町時代には国人領主として守護武田氏と並ぶほどの勢力を振っていた。

8 大宮五所神社

大同2年（807）の再興と伝えられている。江戸時代には栗原筋55カ村の総鎮守であった。神社正面には木製の両部鳥居があり、すぐ内側に石の鳥居がある。

建物は歌舞伎造り。社殿の前が舞台となり、甲府に行く前の役者たちは、ここで芝居をして評判を確かめた。拝殿に掲げられた絵馬は山梨県指定民俗有形文化財である。

◆上栗原、下栗原を過ぎると一町田中に入る。道が大きく左に曲がる手前の一町田中の信号を右折し、100メートルほど進むと水上稲荷神社がある。その前に「田安陣屋跡の碑」が建っている。

大宮五所神社

9 田安陣屋跡

山梨市指定史跡。説明板によると、延享3年（1746）に徳川吉宗の二男、田安宗武は領地として甲斐・武蔵・下総・和泉・摂津・播磨の6カ国、10万石（そのうち甲斐は山梨郡28カ村、八代郡35カ村、石高3万石余り）を与えられた。その後天保3年（1832）には山梨・八代・巨摩3郡のうち、40カ村1万7千石が加えられた。

◆甲州街道は一町田中の信号を左折して日川橋を渡る。日川橋南詰の信号の少し手前、白山神社のある川沿いの道を進むと田中の集落に入る。

『分間延絵図』には南田中村を出た日川土手際の左手に一里塚が1基描かれている。『宿村大概帳』にも「木立無之　但、左右の塚共南田中村地内」とある。しかしこの辺りは明治40年の大水害で笛吹川の河道が大きな被害を受けたため、塚の痕跡は全く残っていない。

約1・5キロメートルで国道411号と合流して、笛吹川に添って笛吹橋まで土手の堤防上を約600メートル歩く。大和村から甲州街道と併行して流れて来た日川、重川が笛吹川と合流するのもこの辺りである。

笛吹橋を渡ると石和に入るが、度重なる水害、特に明治40年の大水害で笛吹川の流路が異なってしまい、旧街道は消えてしまった。したがってそれに近い道を歩く。

笛吹橋を渡り、石和温泉郷入口東の信号を左折すると、約300メートルにわたって松並木が植えられている。この「川中島の松並木」の端の一隅に「笛吹権三郎の像」が建っている。

10 川中島の松並木

明治40年の災害後、笛吹川の河道が変わって、現在の流れとなったが、堤防の保護のため松の木が植えられた。いまも約300メートルにわたって残っていて、旧道のようなおもむきがある。

11 笛吹権三郎の像

「今から六百年ほど昔、芹沢の里（現在の三富村上釜口）に権三郎という若者が住んでいた。

彼は鎌倉幕府に反抗（※）して、追放された日野資朝一派の藤原道義の嫡男であったが、甲斐に逃れたと聞く父を母と共に尋ね歩いてようやくこの土地に辿り着き、仮住まいをしている身であった。彼は孝子の誉れ高く、また、笛の名手としても知られており、その笛の音色はいつも里人の心を酔わせていた。……（以下略）」と像の下に刻まれている。

（※）正中の変（１３２４）……後醍醐天皇の鎌倉幕府討伐計画が発覚した事件。

◆笛吹権三郎の像から細いほうの道を進むと右手に長昌院（曹洞宗）があり、さらに進むと約１・５キロメートルで再び国道４１４号と合流する。右手には「遠妙寺」がある。

12 遠妙寺（日蓮宗）

謡曲「鵜飼」で知られている寺。殺生禁断の石和川で鵜飼をしていた勘作が捕えられ、簀巻（すまき）にされ、岩落という場所で沈められた。以来亡霊となって苦しんでいたが、日蓮の法力で成仏するという話がある。

山門をくぐると正面に仁王門、本堂と続く。仁王門は寛政年間（１７８９〜１８０１）の再建。中の仁王像は等身大で力強い。

本堂の左手にある「漁翁堂」に「鵜飼勘助の墓」（五輪塔）と供養塔があり、その前に「謡曲『鵜飼』と鵜飼勘作」の説明板がある。謡曲「鵜飼」は平大納言

笛吹権三郎の像

時忠（1130〜89）の伝説をもとに世阿弥元清が作ったものといわれている。時忠は時信の子であり、妹には清盛の妻時子や後白河天皇の女御となって高倉天皇を生んだ滋子（しげこ）がいる。清盛の側近として権力をふるったが、平氏滅亡後は能登に流され、配所で死去。「此一門にあらざん人は皆人非人なるべし」と言ったのは時忠である。

寺宝の「七宝の経石」は本堂に置かれ、参拝者も見ることができる。これは川施餓鬼の際に日蓮が字を書いた石といわれ「南無妙法蓮華経」の7文字がそれぞれに書かれている。宗門の川施餓鬼の根本道場であり、毎年9月の最終土曜日には法要が行われる。

◆遠妙寺の北400メートル、八田御朱印公園の中に「八田家書院」はある。

13 八田家書院

八田家は武田氏の蔵前奉行をしていて、後に徳川氏に属した。屋敷にある書院は慶長6年（1601）の建築。門は陣屋の表門を移築したものである。周囲の土塁や外郭も当時の豪族屋敷の面影を伝えている。

◆遠妙寺を出て、甲州街道南東に入る小径は小田原・沼津道。これより100メートル先、右手に「石和本陣跡」がある。道をへだてた小林公園は日本開発銀行（現日本政策投資銀行）初代総裁の小林中（あたる）氏屋敷跡。この周辺に「由学館」があった。小林公園の奥の石和南小学校は「石和陣屋跡」である。

〔石和宿〕

本陣1軒　脇本陣2軒　旅籠18軒　総家数166軒
人口1143人（男578人　女565人）宿場の長さ6町
国中東部の幕府領を支配する代官所が置かれ、郷学由学館もあった。また、この宿は鎌倉街道の起点である交通の要衝でもあった。笛吹川には「川田河岸」が設けられ、駿州岩渕までの舟便があり、身延詣にも利用された。

14 石和本陣跡

『宿村大概帳』に「凡建坪五拾四坪　門構・玄関附」とある。本陣跡の説明板には「（前略）……石和御本陣は寛永年間（1625頃）幕府の命により此処に置かれた。特に大名が宿泊し信州松代城十万石真田伊豆守及び松平甲斐守十五万石を初め全国の諸大名が宿泊し大名宿とも言われ明治維新まで続いた。建物は書院造り、門・玄関・上段の間を備えて広大な構えであった。明治十三年六月十九日明治天皇御巡幸のみぎり御休憩の御予定のところ同月六日、大火に依り焼失し現在土蔵一棟のみ現存している」とある。

15 由学館跡

文政6年（1823）に当時の代官山本大膳が一宮町小城に造った学校を後に移転。主として漢学を教授。武士ばかりでなく、一般人にも聴講を許していたという。

石和本陣跡

説明板によると、この陣屋は寛文元年（1661）甲府宰相徳川綱重のときに建てられた。綱重は江戸城桜田邸に居住したので代官所として使用された。享保9年（1724）柳沢吉里が大和郡山へ国替えの後、慶応3年（1867）まで甲斐国のおよそ3分の1を支配する江戸幕府の出先機関であった。柳沢吉里の移封後は、江戸幕府の直轄地となったので、幕府の役人が年貢収納や民政を司ったとある。

16 石和陣屋跡

現在は石和南小学校の敷地となっているが、校門付近に石塁が残り、門は八田家に移築されている。

◆石和宿本陣跡から少し進んで右側に「石和八幡宮」がある。

17 石和八幡宮

武田信光が建久3年（1192）に鎌倉の鶴ヶ岡八幡宮を勧請したと伝えられている。天正10年（1582）、織田軍の兵火にかかり社殿すべてが灰燼に帰した。翌年、徳川家康によって社殿が再興されたといわれる。拝殿・随身門ともに安永3年（1774）に建立された石和町最古の建築であったが、平成18年（2006）12月30日の放火によって焼失してしまった。その後、平成21年（2009）に以前にも増して立派に再建された。

◆石和八幡宮から250メートルで甲運橋を渡る。ここまでが石和宿で、ここから川田の集落。現在の甲府市に入る。

途中、石和温泉駅入口の信号から北に750メートル進むとJR石和温泉駅に着く。

第14回

石和宿から甲府柳町宿

（1里19町）

── 石和宿（1里19町）甲府柳町宿 ──

ポイント

甲斐国の中心、甲府城下を通る。ＪＲ甲府駅前の舞鶴城公園が甲府城本丸であり、南側にはいまも塀が残っている

行程：ＪＲ石和温泉駅……甲運橋……川田の道標……武田氏館跡……山崎刑場跡……酒折宮……善光寺……石川家住宅……天尊躰寺……旧泉町の道標……甲府柳町宿……甲府城跡……ＪＲ甲府駅

＊歩程約６キロメートル

甲府城跡

◆ＪＲ石和温泉駅からまっすぐ南に約８００メートル進むと国道４１４号に出る。石和温泉駅入口の信号を右折し、しばらく歩くと「甲運橋」がある。

１ 甲運橋（川田の渡し）

現在の橋は昭和10年（１９３５）に造られた長さ15・7メートル、幅６・7メートルのコンクリート橋である。もとは笛吹川の本流が流れ、夏期は舟渡しであった。『宿村大概帳』には「常水川幅三拾六間、出水之節百弐拾間程に相成……（中略）……右川年々四月より十一月迄渡船いたし、十一月より翌三月迄土橋を掛渡し通路いたす」とあり、船賃は「壱人に付六文、馬壱疋に付拾二文」の定めであった。

甲運橋の西詰にある「甲運橋碑」には、明治7年（１８７４）9月、藤村県令により長さ45丈（約１３６メートル）巾2丈（約6メートル）の長大な甲運橋が完成したことが書かれている。しかし明治40年の水害で橋は流され、笛吹川は石和の東を流れるようになった。

◆甲運橋碑の隣には同碑が水害で流された後、もとの位置に戻された経緯を記した碑がある。その前に万延元年（１８６０）に建てられた「川田の道標」がある。

２ 川田の道標

高さ１２６センチメートル。表に「右　富士山　大山　東京道」と刻まれている。この道標の「東京」は「江戸」とあったものを改刻したものである。また「甲運橋」という名称は明治7年9月に命名されたものであり、その部

武田氏館跡標柱

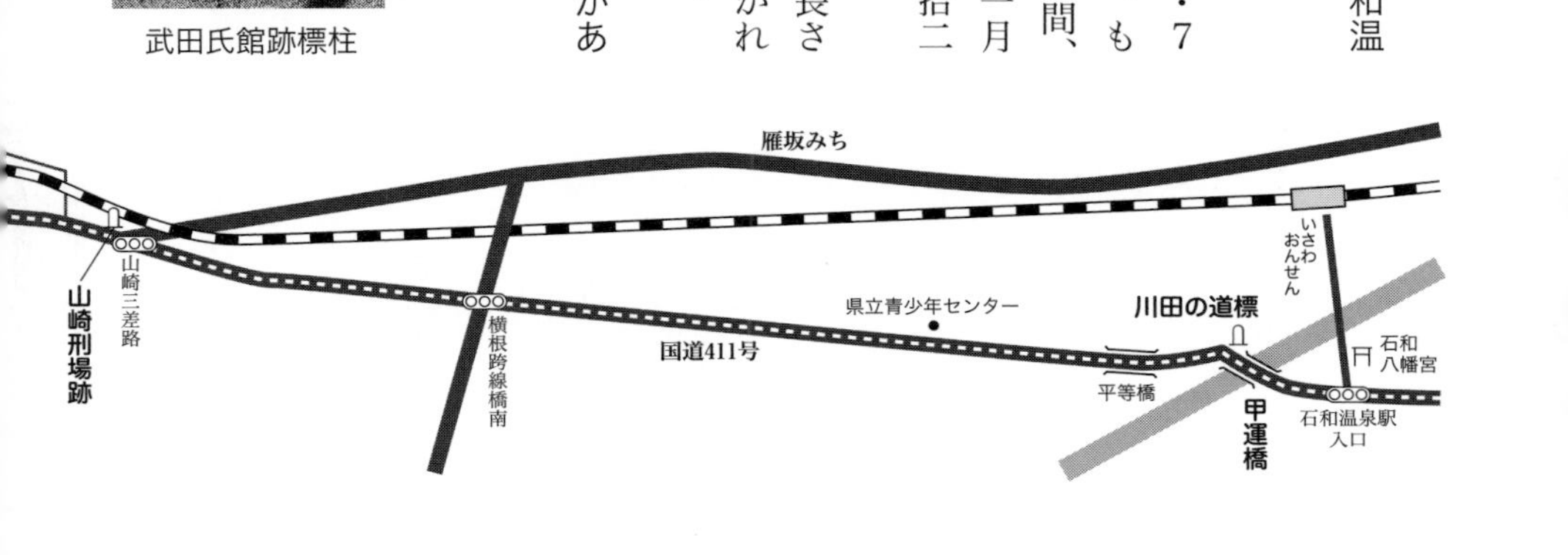

分が追刻されたことは明らかである。

◆石和宿の次は甲府柳町宿である。途中、川田・和戸・横根・阪折（現在の酒折）の村々を通る。

甲運橋から約800メートル。右側に県立青少年センターがあるが、道端に「武田氏館跡」という標柱が建ち、その横には「武田信義の五男義光が居住と定め、信虎が永正十六年（1519）、躑躅ヶ崎へ移るまで武田信虎の屋敷があった所」と記されている。

武田氏館跡標柱から2キロメートル、三差路の交差点で青梅街道と合流する。この道は恵林寺、大菩薩峠を越えて青梅、内藤新宿へも通じていた。

この追分から数軒先、右手に小さな公園になっているところが「山崎刑場跡」である。

3 山崎刑場跡

中央に身延山58世日環の題目塔を中心として六地蔵・無縫塔・墓塔などが建てられている。設置年代ははっきりしないが、『夏草道中記』（昭和11年）に「三百年前頃から設けられたここの断首場には斬り捨て場

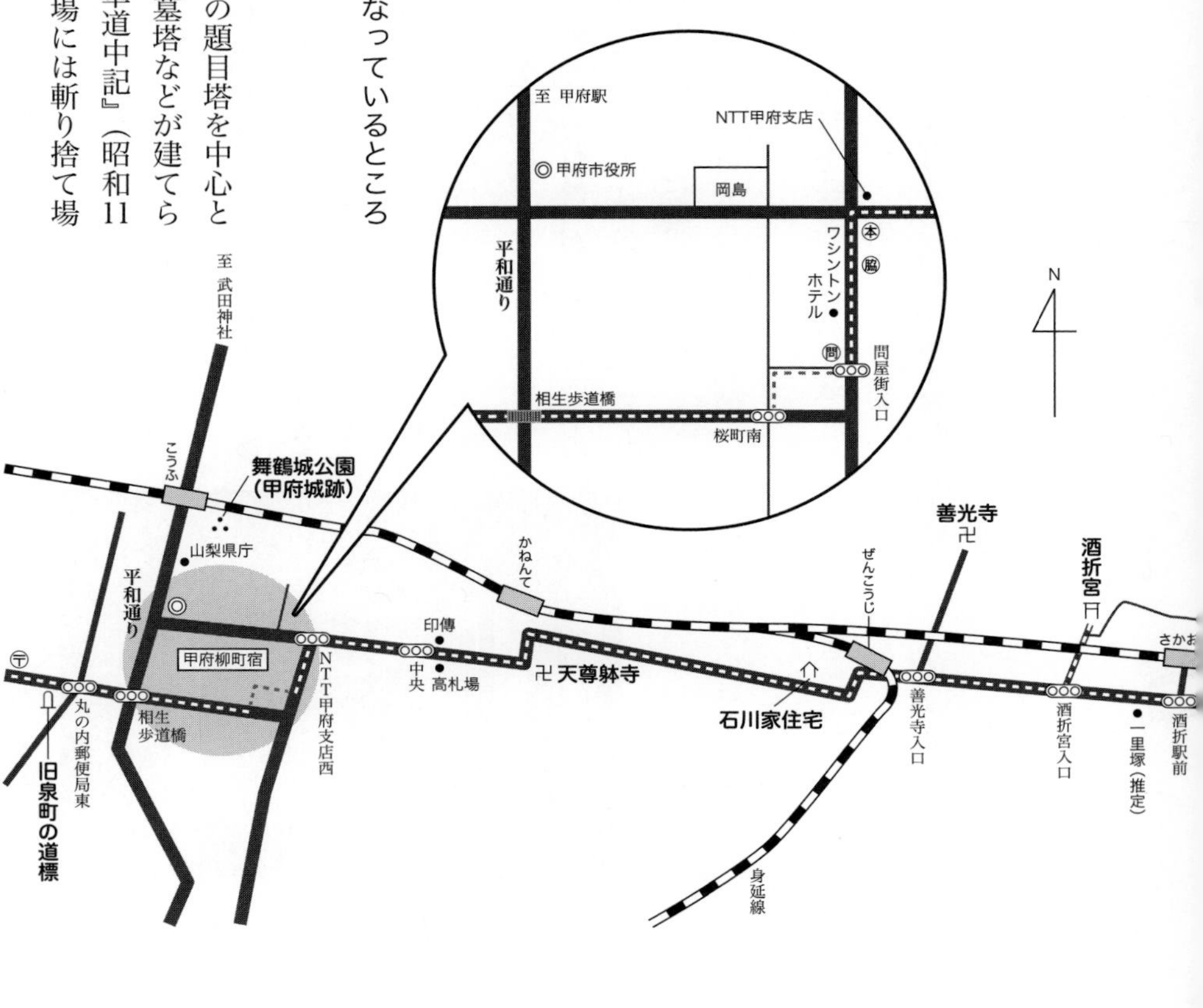

二ヶ所、首洗い井戸四ヶ所、骨捨て井戸一ヶ所があったと伝えられ、明治五年大小切事件の処罰を最後に、今日跡形もなく、供養塔のみが鬼気を呼んでいる」とある。

◆山崎刑場跡より500メートルで酒折駅前、続いて酒折宮入口の交差点がある。この近くに「板垣一里塚」があって、榎が植えられていたと『宿村大概帳』にはあるが、現在は家が建ち並び、その位置は不明である。右に入って中央線の線路を渡り、鳥居をくぐると「酒折宮」社殿がある。

4 酒折宮

八幡神社と境内を共有し、その参道が直交している。左手の八幡神社の参道を右に出ると八幡神社の石鳥居がある。その下の道端に自然石の道標があり、「右せんこうし通り　当やまとたけの尊古路　とおりぬけせんこうし」と刻まれている。その反対側に丸石を祀った道祖神がある。

境内には本居宣長撰、平田篤胤書の「酒折宮壽詞(ほぎこと)碑」、山県大弐の「酒折祠碑(しひ)」、「辻嵐外句碑」のほか、「慶安四年（1651）十一月宣成」銘の石灯篭などがある。

祭神は日本武尊(やまとたけるのみこと)。連歌発祥の地として知られている。日本武尊が東征の帰途ここに宿営したとき、尊は「新治(にいばり)　筑波を過ぎて　幾夜か寝つる」と詠んだが、家来たちは歌で答えられなかった。火焚(ひともし)の翁が「かがなべて　夜には九夜　日には十日を」と歌で答えた。尊はこの翁の才能をたたえ、東国造(あずまのくにのみやつこ)に任命、「火打袋」を与えたと『古事記』は伝えている。

この問答が連歌の起源とされ、連歌は「筑波の道」と称されるようになった。

酒折宮

◆酒折宮入口から５００メートル。善光寺入口の交差点から右奥に入ると、善光寺の山門をのぞむことができる。

5 善光寺（浄土宗）

開基武田信玄、開山鏡空、永禄元年（１５５８）の創立。信玄は長野の善光寺が戦火にさらされることを恐れ、本尊以下諸仏・寺宝類をこの地に移し、永禄8年3月に落慶供養が行なわれたという。

天正10年（１５８２）武田氏滅亡の際、本尊が一時外に出たが翌年戻った。この本尊は慶長2年（１５９７）には豊臣秀吉の命により京都方広寺へ移り、翌年信濃善光寺に帰された。

徳川氏も厚く保護したが、宝暦4年（１７５４）の大火で全伽藍を焼失。現在の本堂（国重要文化財）の再建には明和3年（１７６６）の着手から寛政8年（１７９６）の完成まで30年を要した。このことから工事が遅々として進まないことを「善光寺普請（ぶしん）」というようになった。

桁（けた）行38・15メートル、梁間23・06メートル、高さ26・06メートル、入母屋造りの本堂の横に入母屋造の礼堂をつけた撞木（しゅもく）造りで、全面に裳階（もこし）を付けた建物である。ほかにも明和4年の山門（国重要文化財）、建久6年（１１９５）の銘をもつ本尊の銅造阿弥陀三尊像（国重要文化財）などがある。

境内左手の手洗鉢の近くには「芭蕉翁月影塚」があり、側面には「月影や四門四宗も只一つ」、「安永四年（１７７５）建立」と刻まれている。

◆かつて木戸が置かれていた身延線のガードをくぐると城東町に入る。その先右手には甲府の町屋造りの典型である「塗り篭め造り」の「石川家住宅」がある。

善光寺

6 石川家住宅

江戸時代から金物屋や糸繭問屋などを営み、屋号を「河内屋」と称した旧家で、現在は住宅・倉座敷・文庫倉・門・塀から成る。倉座敷が明治5年の上棟のほかは大正初期の建築であるが、塗り篭め土蔵造りの建物は、屋敷の景観とともに江戸時代の町屋の形態を偲ばせる。塀の一部はくりぬかれ、道祖神が祀られている。

◆JR金手駅入口の突き当たりで左折、さらに100メートルで右折。その左側に「天尊躰寺」がある。

7 天尊躰寺（浄土宗）

武田信虎が古府中に創建し、文禄年間（1592～1596）に現在地へ移った。境内には大久保長安の供養塔、山口素堂、甲府学問所教授富田武陵（ぶりょう）の墓がある。

◆中央の交差点の手前には高札場があった。右側には甲州名物「印傳」（鹿のなめし皮に漆で模様をつけたもの）の店がある。次のNTT甲府支店西交差点を左折、問屋街入口交差点を右折。すぐに左折し、桜町南の信号を右折して西に進む。300メートルで相生歩道橋になる。右に延びる広い道は平和通りで、JR甲府駅に向かう。途中、裁判所・警察署・市役所・山梨県庁などの官庁が並ぶ。山梨県庁の裏手にはかつて「甲府城」があった舞鶴城公園がある。

歩道橋を渡って200メートル、丸の内局東の交差点に「旧泉町の道標」が建っている。やがて寿町に入り、荒川橋を渡ると上石田1丁目となる。このよう

上原印傳の店

石川家住宅

に甲州街道は城の南を廻るように作られていた。

8 旧泉町の道標

甲州街道と身延道の分岐点に、「西しんしうみち　南みのぶみち」の道標がある。戦災で失われたものを昭和50年4月1日に復元した。

〔甲府柳町宿〕

本陣1軒　脇本陣1軒　旅籠21軒　総家数２０９軒

人口９０５人（男４８６人　女４１９人）　宿場の長さ4町47間

武田信虎が永正16年（１５１９）に石和から躑躅ヶ崎に移って居館を構え、この居館を中心に城下町が造られたのが甲府の始まりであった。このときの城下町は中央線の北側にある。天正9年に武田勝頼は韮崎の新府へ移り、翌10年に武田家は滅亡。その後、徳川家康の領地となり、天正11年、甲府駅の南にある舞鶴城公園の地に城を築いた。以後甲府城を中心に城下町が発展。江戸時代の甲州街道は城屋町（現・城東町）から入り、城の南を通る道筋となった。江戸時代にはこの宿を「下府中」といい、武田時代の躑躅ヶ崎を「上府中」あるいは「古府中」といった。

「甲府柳町」とは、宿の中ほどにある柳町に問屋場などの機能が集約されていたことから付けられた名である。『宿村大概帳』によると、甲府柳町は城屋町に始まって、和田平町・下一条町・上一条町・金ノ手町・柳町・工町・八日町・片羽町・西青沼町の計10町から成っていた。現在の城東5丁目から丸の内3丁目までである。『甲府略史』によると、本陣は藤井屋庄太郎、脇本陣は佐渡屋幸三郎で柳町2丁目東側と記されている。

9 舞鶴城公園（甲府城跡）

もとは「一条小山と呼ばれる自然丘陵で、鎌倉時代初期に一条忠頼が館を構えたが、彼の死後「一蓮寺」となった。

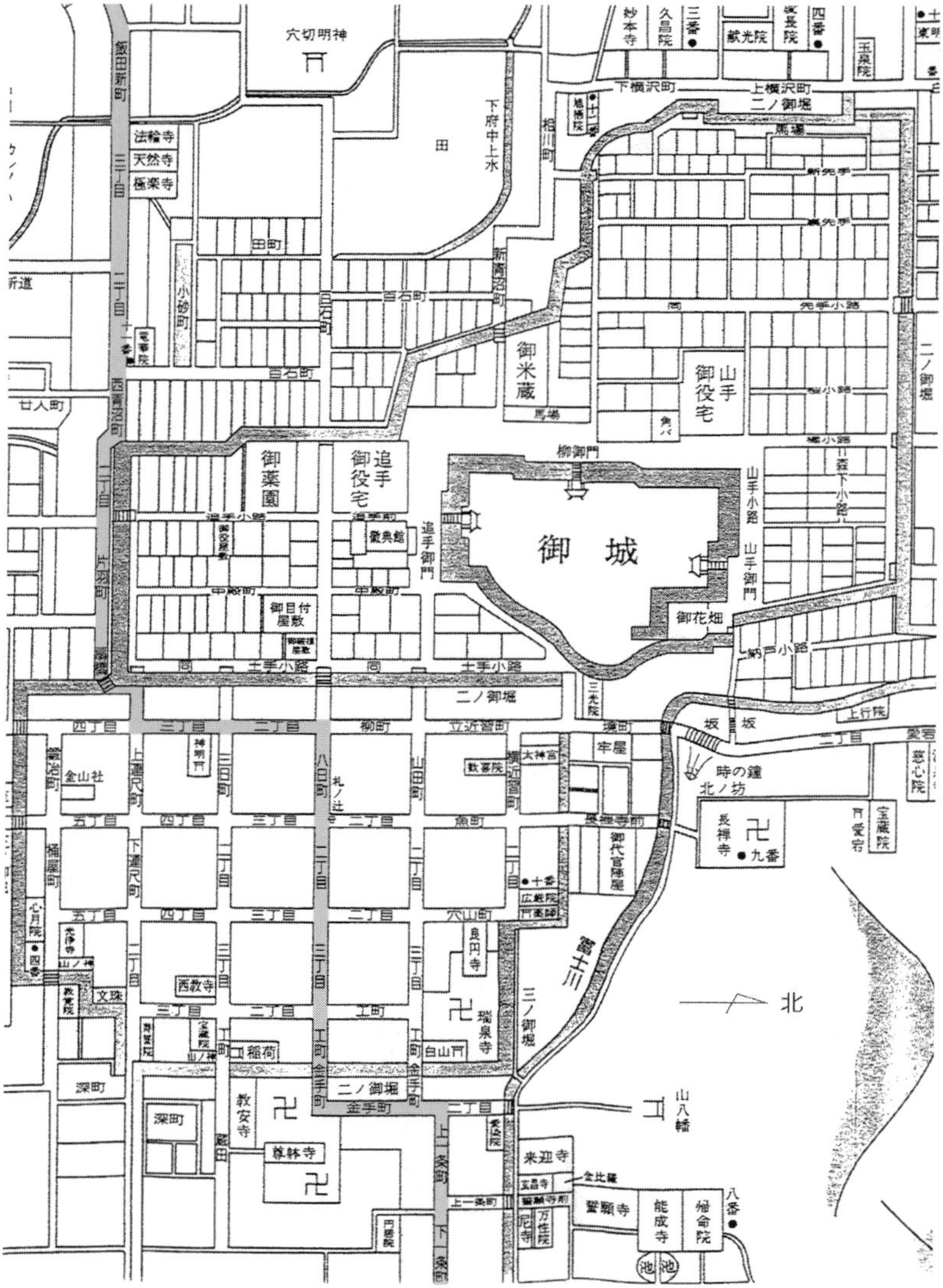

甲府城下絵図（甲府市坂田邦夫氏蔵） 推定作成年代元文３年（1738）
甲府市教育委員会提供（アミかけの道が甲州道中）

天正10年、武田氏滅亡後入部した徳川家康は城建設を計画し、慶長5年（1600）にはおおむね完成していたと思われる。以来義直（家康の九男）、忠長（家光の弟）、綱重（家光の二男）、綱豊（綱重の子、6代将軍家宣（いえのぶ））と徳川一族が城主となった。宝永元年（1704）に綱豊が6代将軍家宣になると、柳沢吉保、その子吉里が続いた。享保9年（1724）吉里が大和郡山に転封後は甲斐一国が天領となり、甲府勤番の支配下に置かれ、明治に至る。

城は享保12年（1727）の火災で焼失。明治6年に廃城となった。

昔は鶴の舞う姿に似ているので「舞鶴城（ぶかくじょう）」ともいわれ、現在は城跡が「舞鶴城公園（まいづるじょうこうえん）」と名付けられている。

武田神社

《武田神社とその周辺》

甲府市内には武田氏に関わる場所が多い。

JR甲府駅から北に2・3キロメートル進むと、武田神社がある。

祭神は武田信玄。神社を中心とする一帯「躑躅ヶ崎」と呼ばれるところが武田氏の館跡である。永正16年（1519）、信虎は居館を石和から東西284メートル、南北193メートルの堀と高さ3メートルの土塁に囲まれたこの地に移した。以後信玄、勝頼（天正9年新府城に移る）と60余年間、武田氏の

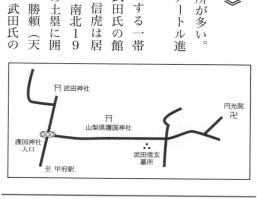

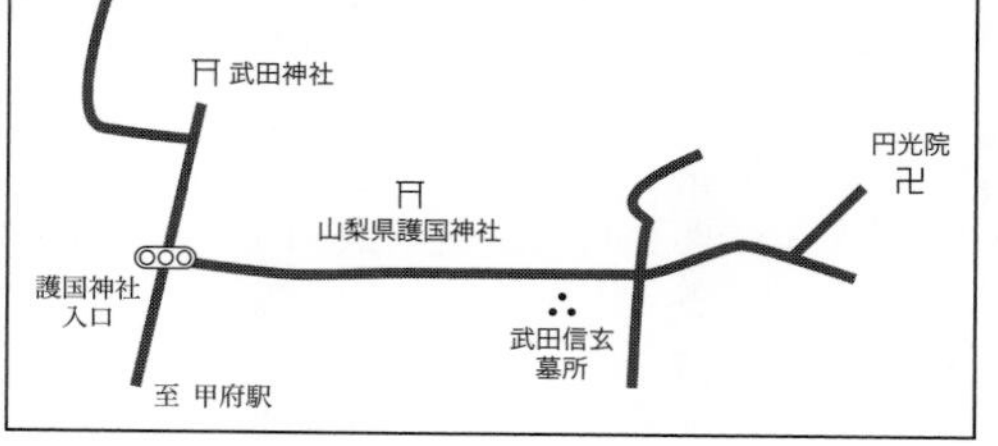

住居と政庁を兼ねた本拠地となる。追手門は東に向かって造られ、その外に馬出しと呼ばれる防塁があるが、これが甲州流の築城法といわれる。大正4年（1915）、信玄に従三位が贈られたのを機に、同8年武田神社が造営された。

武田神社の東800メートルには武田信玄の墓所（火葬塚）、その先500メートルの円光院には信玄の正室三条夫人の墓がある。火葬塚のすぐ南には「河尻塚」がある。織田信長による武田氏討伐（1582）の際、軍目付として活躍した河尻秀隆は論功行賞で甲斐国の大部分を与えられた。しかし本能寺の変の後、武田氏旧家臣や農民の一揆により、殺害された。死体は逆さに埋められたという。

善光寺の西500メートルの東光寺には、武田義信（1538〜67）と諏訪頼重（1516〜42）の墓（五輪塔）がある。室町時代に再建された仏殿は裳階（もこし）を付けたもので、国の重要文化財となっている。円光院、東光院をはじめ、長禅寺、法泉寺、能成寺を合わせて、甲府五山という。

甲州三法

甲州三法とは戦国時代の武田氏のころより江戸時代を通して、郡内領（都留郡一帯）を除く国中3郡（甲府盆地を中心にした巨摩、八代）で通用した甲斐独特の通貨（甲州金）、税法（甲州大小切）、計量（甲州枡）のことである。そのほとんどが武田氏の戦略上考案されたものと伝えられているが、不思議なことに江戸時代を越えて明治時代まで受け継がれてきた。

甲州金

甲州金は大別すると、古甲金（ここうきん）、甲安金（こうやすきん）、甲安今吹、甲重金（こうしげきん）、甲定金（こうさだきん）の5種からなっていた。このうち古甲金は元禄期まで使われていた甲州金の総称で、１００種以上もあったという。江戸幕府は元禄8年（１６９５）に甲州金を廃止して元地金に換えることを命じたが、これに反対する国中百姓の嘆願書が提出されて、甲州金の廃止は失敗した。

その後、甲州金は3回鋳造された。まず宝永4年（１７０７）に柳沢吉保が甲安金を、ついで正徳4年に柳沢吉里が甲安今吹を鋳造した。さらに享保6年には甲重金、甲州が幕府の直轄地になってからの享保12年に甲定金が鋳造される。甲州の金座は、武田氏滅亡後は大久保長安の管轄となり、松木五郎兵衛が金座を許されて、幕府の後藤金座の監督下に置かれて、幕末まで続いた。

甲州大小切税法

江戸時代の甲州国中地方では、大小切と呼ばれる年貢の納入法が行われていた。これは年貢の3分の2を大切、3分の1を小切と分けていたことに由来する。大小切税法は武田時代の遺制が徳川氏に引き継がれたといわれている。大小切税法によると、小切の分は京枡4石1斗4升を金1両として金納、大切の3分の1は公定相場に換算して金納、大切の3分の2を米納とした。これが明治初年まで続いた。

明治政府は全国統一の税制が必要と考え、明治5年6月19日に山梨県令土肥実匡により「甲州大小切税法」の廃止を通達。これを聞いた県下97カ村の農民が決起したのが「大小切騒動」である。

中西慶爾氏の『甲州街道』によると

「8月9日、巨摩郡北山筋の第5、第6区の農民８００人ばかりが嘆願書を県に提出するとともに、古府中の大泉寺に集まり、さらに信玄廟所に平伏して、要求貫徹を祈念した。事件は次第に拡大されていく。23日には、万力、栗原を中心に付近の村々97ヶ村、参加農民およそ数千人、おのおの村の神社や寺院の広場に集まり、竹槍や鎌などを振りかざし、鐘を打ちならし、鬨の声をあげて、甲府の県庁に押し寄せた。一部の暴民は24日朝、山田町の豪商若尾逸平の邸を襲い、生糸などの商品を路上に投げ出して、火をかけ、家財を打ち壊して荒れ狂った。県は、事態やむなしとみて、《願意聞届候事》という一札を渡して、農民の軍門に下らざるを得なかった。百姓は勝った。

しかし、事件はこれで解決しなかった。県は兵力の増強を図り、28日に静岡県から、9月1日に東京鎮台の第二分営から、それぞれ軍隊が到着すると、がぜん強くなり、先の《願意聞届候事》の一札を取り戻し、強圧をもって農民にのぞみ、全力を挙げて首謀者の検挙に取りかかった」とある。

甲州枡

武田時代に始まったと伝えられる国中地方独自の枡のこと。方7寸5分、深さ3寸5厘7毛で、これを大枡1升とした。京枡の3升分に当たる。この大枡を基準に、その4分の1を「端子（はたご）」（4つ入り）、その半分（大枡の8分の1）を「半（なから）」（宣旨（せんじ））、さらにその半分を「小半（こなから）」として、4種類の枡があった。

甲州枡は、武田信玄から枡職を許された小倉惣次郎が代々枡屋を名乗り、製造や販売を独占していたという。慶長年間（１５９６～１６１５）に大久保長安が京枡を取り入れたのだが、甲州国中の日常生活では使用されなかった。その後も幕府は、元和9年（１６２３）と寛文9年（１６６９）の2度にわたり甲州枡通用差留の吟味を行ったが、特例として甲州枡の使用が認められた。

さらに幕府は、安永5年（１７７６）に甲州枡禁止令を強行しようとしたが、甲府町方をはじめ、天領・私領の農民もこぞって反対した。その結果、天明4年（１７８４）に甲府の枡屋を江戸の枡屋の手先とするという条件で、甲州枡の使用は従来通り認められた。第2次大戦後でも使っていたという人もいるが、今は重量制に変わり、ほとんど姿を消してしまった。

第15回

甲府柳町宿から韮崎宿
（３里20町50間）

── 甲府柳町宿（３里20町50間）韮崎宿 ──

ポイント

慶長15年（1610）ころに甲州街道は甲府柳町宿以西、下諏訪宿まで延長された。この区間は道祖神と道標が多く残る

行程：ＪＲ甲府駅……サイカチの木……道祖神……慈照寺……赤坂供養塔……赤坂の道標……下今井の道標……泣石……光照寺薬師堂……下志田の道祖神……三界万霊塔……道祖神……船形神社……芭蕉句碑……妙善寺……一橋陣屋址……金剛地の道標……塩川橋……韮崎宿……鰍沢横丁……船山河岸……船山公園……姫宮神社……韮崎宿本陣跡の碑……一橋陣屋址の碑……ＪＲ韮崎駅

＊歩程約14キロメートル

姫宮神社脇の鏡石

◆ＪＲ甲府駅から県庁、市役所を通り、相生歩道橋で右折。しばらく進んで荒川橋を渡る。荒川はかつて４月から９月まで船渡し、10月から３月までは仮橋を架けて通っていた。

貢川（くがわ）橋を渡り、二手に分かれる道の右側を進む。道が左に曲がる辺りには、甲府市の天然記念物になっているサイカチの木が２本ある。上石田を過ぎ、県立美術館を抜けると竜王町に入る。

貢川橋から中央自動車道の下まで約２・５キロメートル間には歩道がない。

街道を忠実に歩くというこだわりがなければ、貢川沿いにある「芸術の小径」と名付けられた遊歩道を歩くのもよい。車の心配もなく、所々に置かれた創作品を眺めながら気持ちよく歩ける。中央自動車道の手前の貢川団地入口バス停で街道と合流する。

甲州街道から外れるが、そのまままっすぐ進み、20号バイパスの下をくぐり約1キロメートルで信玄橋に着く。この上流域の一帯が「信玄堤」である。

《信玄堤》

武田信玄が釜無川の氾濫を治めるために築いた堤防。

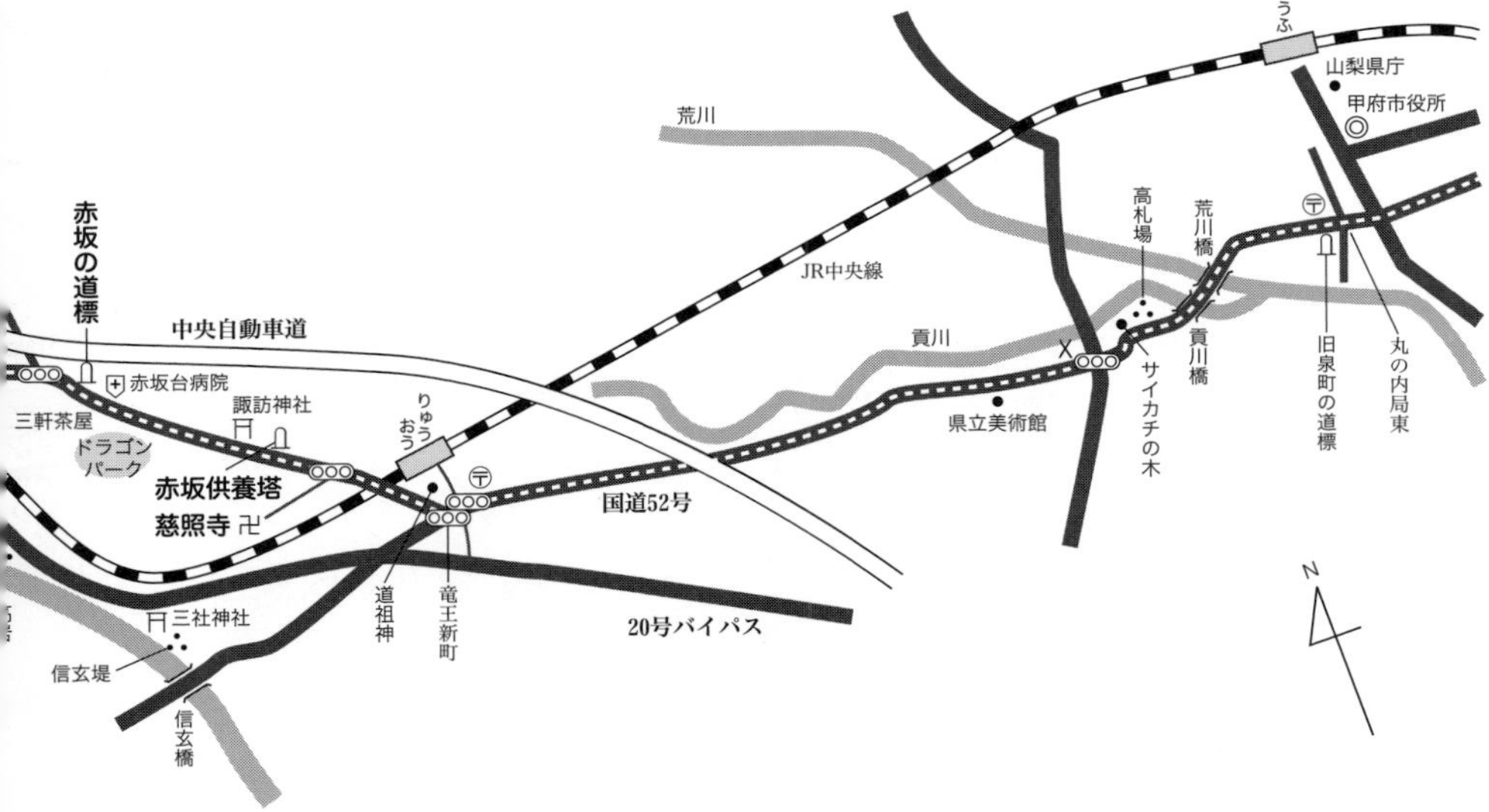

釜無川と御勅使（みだい）川の合流地点は洪水の氾濫による被害が多かったため、天文10年（1541）、国主となった信玄が領国経営の一環として治山治水事業に着手し、その翌年から、信玄独特の川除（かわよけ）法をもって築いた。約15年の歳月をかけ、竣工したのは弘治3年（1557）であった。

御勅使川の下流に「将棋頭」を設けて水流を二分させ、釜無川の合流点に十六石という巨石を置いて水勢をそいでから、釜無川の左岸の高岩に水流をぶつけることで水勢を弱める。その下流には霞堤（かすみてい）と呼ばれる雁行（がんこう）状の石堤を築き、堤の前面に「うし」という木組を蛇籠で固定し、水流をさらに弱めるという工夫をしたものだった。その一部は現在も目にすることができる。この高岩から下流に作られた堤を、後世住民が信玄の遺徳をしのんで「信玄堤」と名づけた。

堤の上流にある三社神社（浅間、美和、玉諸）の祭礼には、神輿（みこし）をはじめ、多数の人々がこの堤の上を練り歩く。こうすることによって堤は踏み固められて強度を増し、永年その役目をはたしてきた。これも信玄の知恵といわれている。

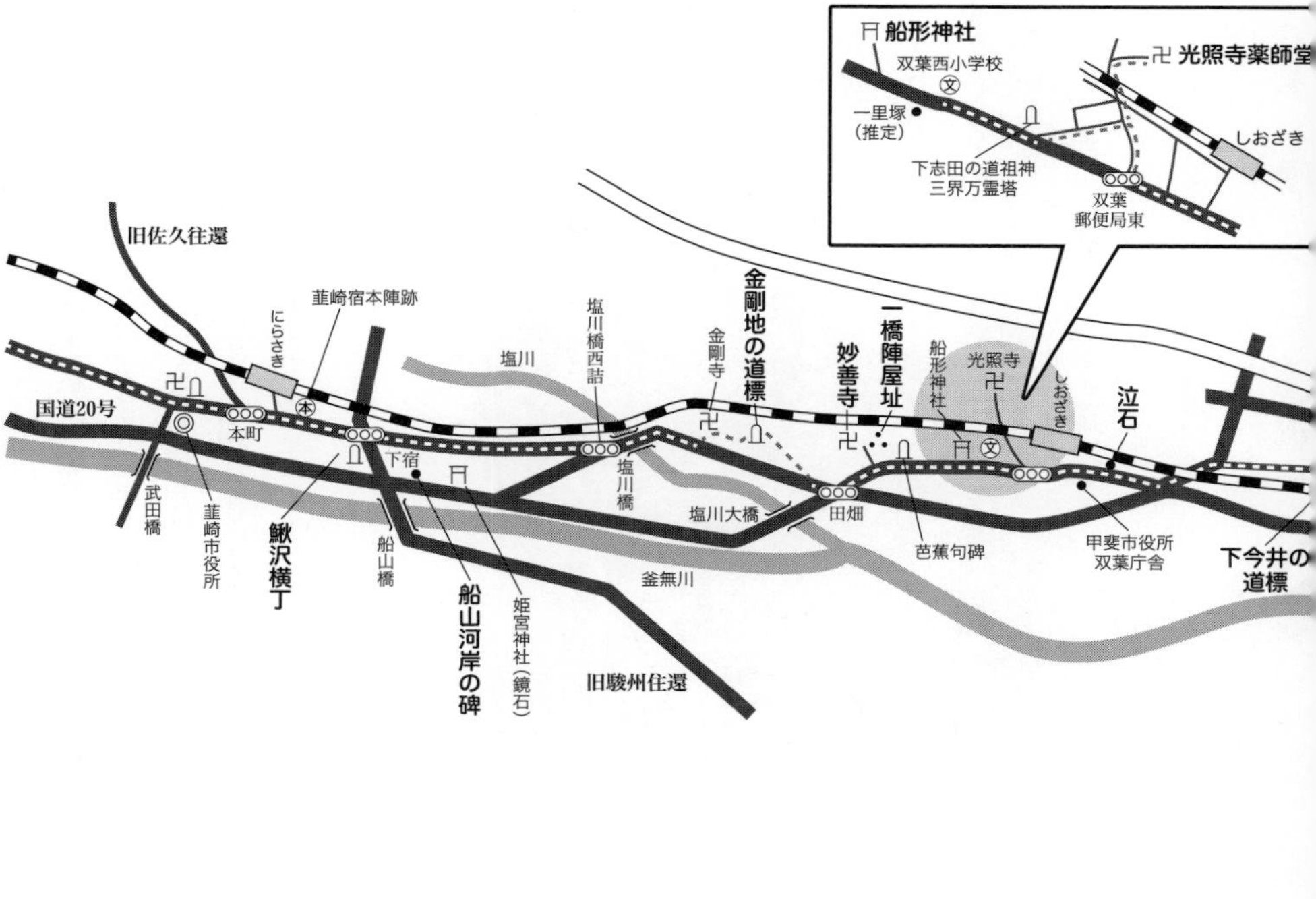

衢神の道祖神

◆甲州街道は荒川橋から約４キロメートル、竜王駅南の次の信号、竜王新町で右折して国道52号と分かれる。分かれてすぐ右手に丸石を祀り、台座に「衢神(ちまた)文政七申極月氏子中」と刻まれた道祖神がある。信号から５００メートルで中央線の踏切（第一信州往還踏切）を渡る。道は登りとなるが、その手前の信号を左折して５００メートルほど進むと「慈照寺」がある。

１ 慈照寺（曹洞宗）

古くは真言宗寺院であったが、延徳元年（１４８９）、真翁宗見禅師によって禅寺として開創した。開基は永禄４年（１５６１）９月に信州川中島で戦死した諸角豊後守昌清で、その古碑を祀ってある。

山号を「有富山」というように富士の霊峰と相対しており、眺望が良い境内には法堂、庫裏、山門、書院、衆寮、開山堂、鐘楼、塀など伽藍が整っている。武田氏との関係も深く、多くの古文書が保存されている。

惣門を入り、数段の石段を登ったところに建つ山門は桁行３間、梁間３間で、十二脚二重入母屋造り銅版葺きの優雅で荘厳な建築。寛永６年（１６２９）に建立され、楼上の五百羅漢像は子授け子育て羅漢として広く信仰を集めている。また、蟇股(かえるまた)、木鼻(きばな)、実肘木(さねひじき)などの形式手法が桃山時代の特徴を伝えている。

法堂は桁行12間、梁間８間の単層寄棟造り銅版葺きの壮大な建物で、禅宗の法堂形式を完備し、山門同様桃山時代の様式を伝えている。両者とも県の文化財に指定されている貴重な建築物である。

慈照寺山門

梵鐘は江戸初期の正保４年（１６４７）に相州千津嶋の石墟五郎右衛門重次と喜平次重久により鋳造され、全高1・33メートル、直径76・３センチメートル、厚さ８・３センチメートルある。

「竜王」の地名の由来になっている井戸屋（竜王水）や、「猫石」などを境内で見ることができる。

〈猫石〉

昔、慈照寺が貧しい寺であったころ、和尚さんが一匹の猫をかわいがって飼っていた。ある日、猫はその恩に感謝して、不思議な力で甲府の旗本たちを相次いで檀家として、お寺はたいそう栄えることになったが、猫は帰って来なかった。そこで和尚は猫の霊に感謝し、境内に猫塚を建てて供養してやった。この塚が猫石と呼ばれ、現在も本堂の左、墓地入口にある。

◆坂道の途中、諏訪神社の手前右側には大きな名号碑、「赤坂供養塔」が建っている。

2 赤坂供養塔

表面を平坦に加工した巨大な自然石で、高さ４・３メートル、幅１・12メートル、厚さ38センチメートルある。中央に「南無阿弥陀佛」と大書され、左下に「一蓮寺法阿上人本暁」の署名がある。一蓮寺は甲府市本町（現・太田町）時宗の名刹。梁筆の法阿本暁上人は一蓮寺第56世の住職で、この草書名号は一遍流名号と呼ばれる書式である。

また、建立されたのが安政年間であること、山脇村の信者による念仏講中が無縁者供養のため建立したことが刻まれている。

当初は赤坂道沿い西側に建てられたが、明治６年（１８７３）ころに竜王川の石橋に転用され、その後明治19年にもとの場所に再建。さらに明治24年に現在地に移建、保存された。現在は竜王町指定有形民

赤坂供養塔

俗文化財になっている。

◆坂を登りきると広い台地である。この台地にはいくつかの工場や、赤坂台病院、ドラゴンパーク、ホテルなどがあるが、昔は三軒茶屋と呼ばれたところで『分間延絵図』には高札場と家が7軒描かれている。道の右下には小さな鳥居を備えた道祖神や「赤坂の道標」が忘れさられたように置かれてある。

3 赤坂の道標

道下に水神が祀られており、その小堂の中に墓石などとともに収められている。合掌像の両脇に「右江戸道　左五ヶ村道」とある。

◆ホテル前の信号で道は二手に分かれる。左が甲州街道で、坂を下ると下今井に入る。

下今井の家並は落着いた佇まいを見せていて、町の中ほどに「下今井の道標」がある。その先左手に大きな門構えのナマコ塀の家が見える。数軒おいて右折した左側には、門が新しくなっていて玄関までの前庭が美しい邸宅もある。まもなく下今井の家並は終わる。

4 下今井の道標

新旧2基ある。市川への道と甲州街道との分岐点である。

古いほうは元禄6年（1693）の建立で、正面に「従是左甲□」、右面に「従是右市□」とあり、新しいほうは正面に「庚申　右　市川駿□　左　甲府江□」、右に「弘化三丙午十二月吉□」とある。

◆下今井の家並を過ぎると、右から来た県道6号と合流する。レンガ造りのトンネルで中央線の下をくぐり、国道20号と合流する手前を線路に並行するように右折する。線路寄りにある大きな石は「泣石」

で、それを過ぎると左手に甲斐市役所双葉庁舎になる。役場と道をはさんで反対側にＪＲ塩崎駅がある。

5 泣石

説明板には次のようにある。

「下今井宇鳴石のＪＲ中央線と県道との間にあり、現在地より約一〇〇m南東にあった。高さ約三・八m、幅約二・七m、奥行約三・七mで中央部から水が流れ出ていたが、鉄道の開通により水脈が断たれてしまった。

天正一〇年（一五八二）三月二日、高遠城が落城すると武田勝頼一行は完成したばかりの新府韮崎城に自ら火を放ち、天目山に向けて落ちのびて行った。その途中、勝頼夫人はこの地で燃える新府韮崎城を振り返り涙を流したという言伝えがある」

◆ＪＲ塩崎駅を過ぎて５００メートルの場所に「志田一里塚」はあったのだが、現在それを示すものは何もない。『宿村大概帳』には左右に塚があり、木は植えられていないことが記されている。

双葉郵便局東の信号を右折、中央線の踏切を渡ったところに「光照寺薬師堂」がある。

6 光照寺薬師堂（曹洞宗）

縁起によれば永正7年（1510）、武田信虎によって団子沢新居から岩森村坊沢に移され、坊中百軒と呼ばれるほど隆昌をきわめたといわれている。

天正10年、織田・徳川軍により全山焼失されたが、この堂だけ難を免れ、後に現

光照寺薬師堂

在の地に移築された。堂は方三間の宝形(ほうぎょう)造。室町時代後期の様式を残す建物は国指定重要文化財にもなっている。

◆再び甲州街道に戻り、岩下歯科医院を少し過ぎた右手に、丸石が数個祀られている。そこには「下志田の道祖神」（台座に「文化十五（1818）戊寅夏建　氏子中」）や、寛政5年（1793）建立の「三界万霊塔」がある。

双葉西小学校を過ぎると、右手に丸石を3個祀った道祖神（台座に「寛政二庚戌年十一月日」）がある。その奥に柱が太く、丈が低い、石の明神鳥居「船形神社の石鳥居」がある。

7 船形神社

古来より釜無川沿いに崩壊した古墳があり、そこに諏訪神社があった。その崩れた古墳の石室が船のように見えたことから、通称「船形神社」と呼ばれていた。度重なる洪水のため、神社は鳥居とともに現在地に移動した。

石鳥居には向って左の柱に「応永四年（1397）丁丑四月」の銘がある。この鳥居は県指定有形文化財。

◆船形神社を過ぎると、まもなく六反川を渡るが、その手前に芭蕉句碑「昼みれば首すじ赤き蛍かな　はせを」が建っている。

『宿村大概帳』に「宇都谷村地内字金川橋辺にて五月初旬比年々螢合戦有之候処、近年度々出水いたし候故歟無之候由、此川筋夏之内螢多く集候て光曜川水に移り、水色黄金を散したるに似候故か、川之名を金川と唱候由」とあるように昔は六反川のことを「金川」といい、蛍の名所であったことがわかる。この辺りには立場茶屋があった。六

六反川傍の芭蕉句碑

反川を渡り、右に約200メートル入ったところに「妙善寺」がある。その反対側の水田に「一橋陣屋跡」の標柱が建っている。

8 妙善寺（臨済宗妙心寺派）

永和4年（1378）年開創。安倍氏の菩提寺で、武田勝頼に従って天目山田野で殉死した安倍加賀守勝宝（定村）及びその子の墓がある。家臣の雨宮新介は、主人勝宝の首級を天目山よりひそかに持ち帰り、当地に葬った。3基の宝篋印塔は中央が勝宝、左が長男掃部介貞直、右が次男右衛門尉道忠。勝宝の子らは2人とも高遠城で殉死している。

勝宝は勝頼が17歳のときから側近として仕え、武田家の重臣使番12人衆の1人で、弓の名手でもあった。法名を「妙善寺殿香山道義大禅定門」という。

9 一橋陣屋址

説明板によると、ここは延享3年（1746）、徳川吉宗が四男一橋宗尹に10万石の領地を与えたうちの、巨摩郡3万石余りの所領支配のために置かれた陣屋である。宝暦3年に韮崎へ移るまでの7年間存続した。

◆田畑の信号を右に入り、だらだら坂を登って中央線の線路の見えるところで左折。右側に金剛地の道標がある。

10 金剛地の道標

滝沢青年団が建てた石標で「向左滝沢駒沢ニ通ス」とある。並んで二十三夜塔が2基ある。小さいほうに「天保七（1836）丙申年二月吉日建立」の銘がある。

◆道はゆるい下りとなって、古い家並を通る。約８００メートルで県道６号と合流。塩川橋より中央線に添って約1・5キロメートル、下宿交差点の辺りから韮崎宿に入る。交差点の左に細い小径があり、「鰍沢横丁」の標柱が建っている。この横丁の道の先、釜無川の堤防が「船山河岸」である。

11 鰍沢横丁

「みのぶ道」「駿州江之脇道」ともいい、この道を通って峡北地方や諏訪・佐久地方の江戸城納めの年貢米などを鰍沢河岸（幕末に「船山河岸」となる）まで運んでいた。そのため沿道には、駄菓子屋・馬方茶屋など軒を並べてにぎわったが、明治36年（１９０３）に国鉄中央線が開通した後は、荷物輸送経路も一変して、往時の活況が消え失せたと説明板に記されている。

12 船山河岸

慶長12年（１６０７）、徳川家康の命により京都の豪商角倉了以（すみのくらりょうい）（１５５４〜１６１４）によって、駿河の岩淵河岸から甲州の鰍沢河岸まで富士川の開削が行われ、甲斐と駿河が舟運でつながった。このとき釜無川、笛吹川の合流点付近に青柳・鰍沢・黒沢の河岸が造られ、笛吹川沿いの石和宿、釜無川沿いの韮崎宿まで「近番船」と呼ばれる船が通じるようになる。

天保６年（１８３５）には大石を運んで河岸を築き、富士川の舟運はここまで延長された。以来、この道は江戸への年貢米を駿河へ、塩や魚などを信州方面へ運ぶ中継点としての役割を果し、交易で栄えてきた。

「船山」の名は幅20メートル、長さ３７５メートルほどの船をふせたような形をした丘陵から付けられたもので、現在この丘陵は船山公園になっている。公園内の姫宮神社には「鏡石」という直径76センチメートルの中央をくり抜いた円形の石がある。これは富士講

韮崎宿本陣跡の碑

の信者たちが富士山遙拝所として宝暦7年（1757）に造立したもの。また、駿州から鰍沢を経て来た塩や海産物を陸揚げし、年貢米などを積み出した「船山河岸の碑」が建つ。

◆甲州街道に戻り、千野眼科医院の前には「韮崎宿本陣跡の碑」が建っている。その裏手、本町ふれあい公園入口に「一橋陣屋址の碑」が建っている。本町の信号を右折するとJR韮崎駅に着く。

〔韮崎宿〕

本陣1軒　旅籠17軒　総家数237軒

人口1142人（男574人　女568人）　宿場の長さ12町

甲州街道・佐久往還・駿信往還が交わる交通の要衝で、人馬の往来の激しい宿場として栄えた。特に馬で荷物を運ぶ人たちが活用する中馬宿としての商業が発達していた。

いまも何軒かの家並が鋸の歯のように街道に対して少し斜に建っている。

武田氏 略系図

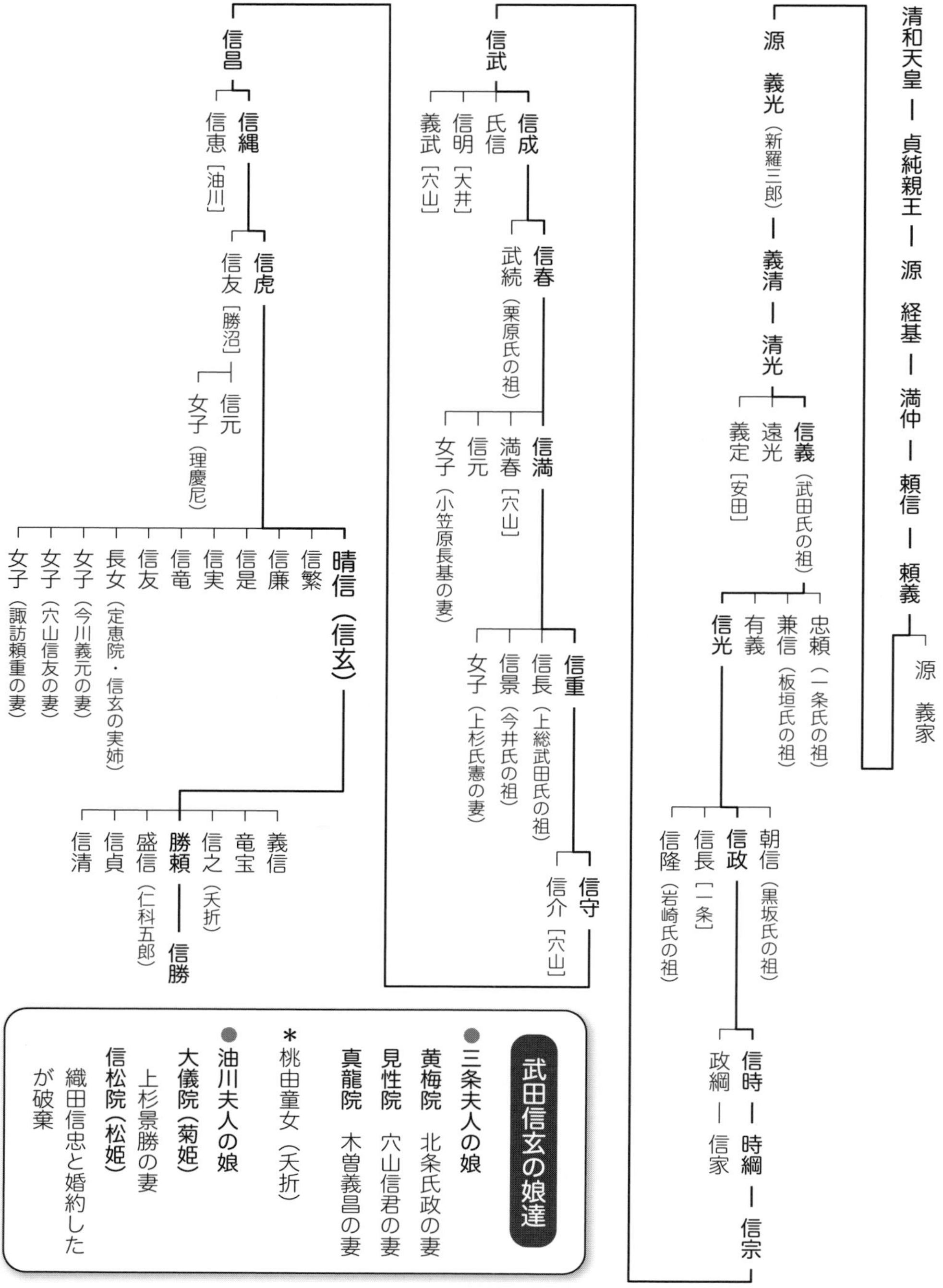
清和天皇－貞純親王－源 経基－満仲－頼信－頼義
源 義家
源 義光（新羅三郎）－義清－清光
信義（武田氏の祖）
遠光
義定［安田］
忠頼（一条氏の祖）
兼信（板垣氏の祖）
有義
信光
朝信（黒坂氏の祖）
信政
信長［一条］
信隆（岩崎氏の祖）
信時－時綱－信宗
政綱－信家
信武
信成
氏信
信明［大井］
義武［穴山］
信春
武続（栗原氏の祖）
信満
満春［穴山］
信元
女子（小笠原長基の妻）
信重
信長（上総武田氏の祖）
信景（今井氏の祖）
女子（上杉氏憲の妻）
信守
信介［穴山］
信昌
信縄
信恵［油川］
信虎
信友［勝沼］
信元
女子（理慶尼）
晴信（信玄）
信繁
信廉
信是
信実
信竜
信友
長女（定恵院・信玄の実姉）
女子（今川義元の妻）
女子（穴山信友の妻）
女子（諏訪頼重の妻）
義信
竜宝
信之（夭折）
勝頼－信勝
盛信（仁科五郎）
信貞
信清
武田信玄の娘達
●三条夫人の娘
黄梅院 北条氏政の妻
見性院 穴山信君の妻
真龍院 木曽義昌の妻
＊桃由童女（夭折）
●油川夫人の娘
大儀院（菊姫） 上杉景勝の妻
信松院（松姫） 織田信忠と婚約したが破棄

第16回
韮崎宿から台ヶ原宿
（4里）

── 韮崎宿（4里）台ヶ原宿 ──

ポイント

韮崎宿から次の台ヶ原宿までの間は釜無川が度々氾濫したため、道中のうちでも最大の4里の距離がある。したがって多くの道筋も失なわれているが、現在の国道20号近辺の道筋を通っていたものと推定される

行程：ＪＲ韮崎駅……雲岸寺……武田信義の騎馬像……願成寺……武田八幡宮……武田信義館跡……わに塚のサクラ……上宿の水神塔……水難供養塔……神明宮……祖母石の赤地蔵……姥婆石……穴山橋……午頭島公園……徳島堰取水口……妙浄寺……明治天皇円野御小休所碑……一里塚跡碑……実相寺の神代桜……神明神社……台ヶ原の道標……台ヶ原宿……ＪＲ長坂駅
＊歩程約15.6キロメートル

わに塚のサクラ

◆ＪＲ韮崎駅から南に250メートルで本町の信号となる。ここが追分で、甲州街道と佐久往還の分岐点。かつてここに建てられていた道標（「元禄八乙亥年（1695）八月左信州すわ上みち、右信州さく郡のみち」）は現在、小さな公園（市民会館跡地）の前に置かれている。この小さな公園への道をさらに登ると平和観音がある。

追分の少し先の右側には「雲岸寺（窟観音）」がある。

1 雲岸寺（窟観音、曹洞宗）

寛正5年（1464）、真言宗寺院として祖慶が開基したが、境内の七里岩中腹の観音堂は、天長5年（828）弘法大師によって開かれたという。

岩壁をくりぬいた岩屋に石像が安置されているため、「窟観音」とも呼ばれ、江戸時代から多くの信者を集めてきた。いまも3月21日は窟観音祭でにぎわう。

◆宝塚歌劇団や阪急グループなどを立ち上げた小林一三の生家跡、にらさき文化村を過ぎて市役所東の信号を左折すると、韮崎市役所が見える。市役所前の広場には新羅三郎義光から4代目で、武田家の祖である「武田信義の騎馬像」がある。釜無川に架かる武田橋を渡った対岸が武田家発祥の地である。

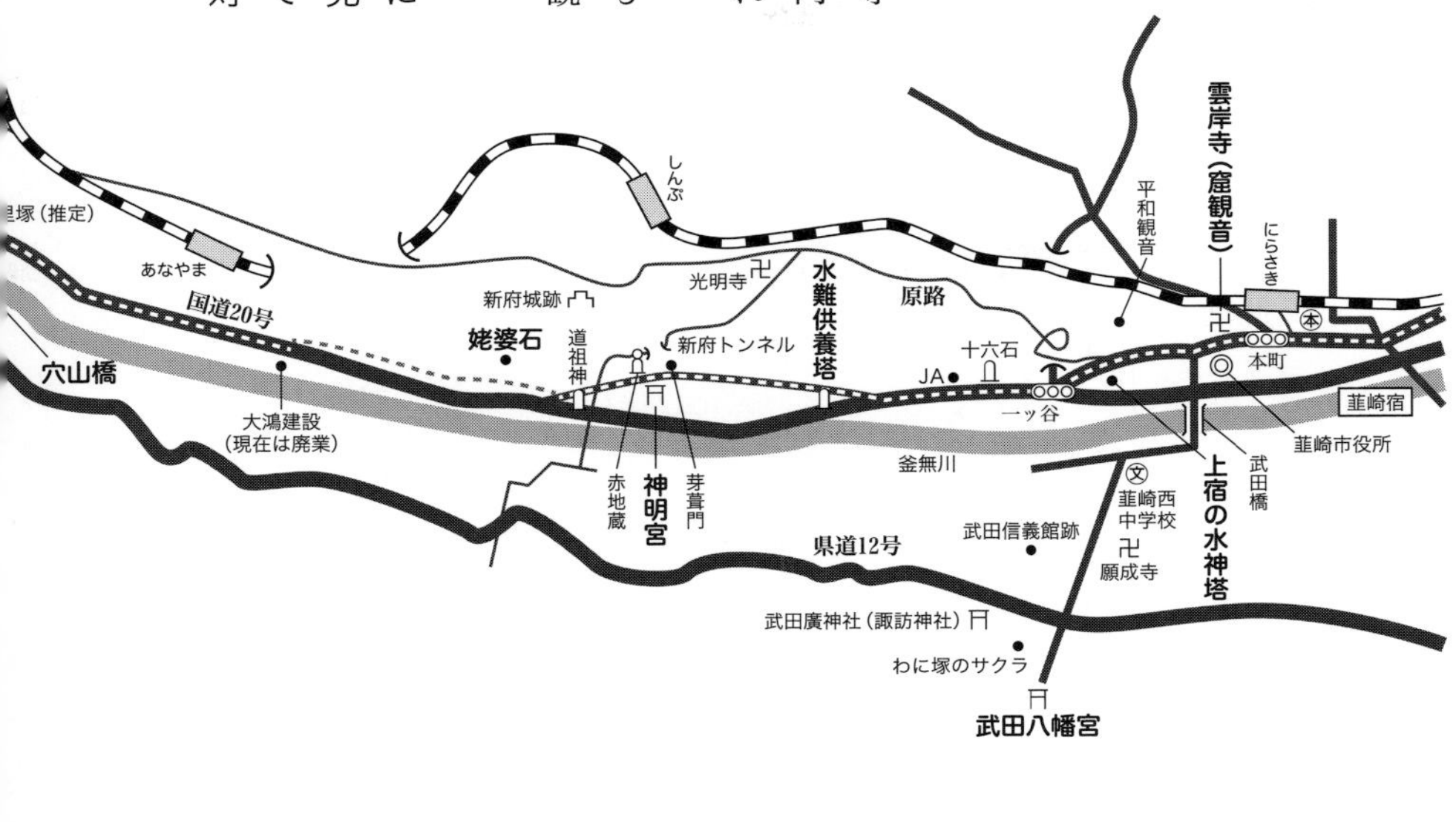

甲州街道から外れて武田橋を渡り、すぐに右折し、韮崎西中学校を左折すると、武田家の菩提所である願成(がんじょう)寺がある。願成寺には鎌倉期の様式を伝える五輪塔、武田信義の墓がある。堂内にある阿弥陀三尊像は信義の寄進した定朝(じょうちょう)様式のもので、国の重要文化財となっている。

その先、約2キロメートルのところにある「武田八幡宮」は武田家の氏神である。

武田信義の騎馬像

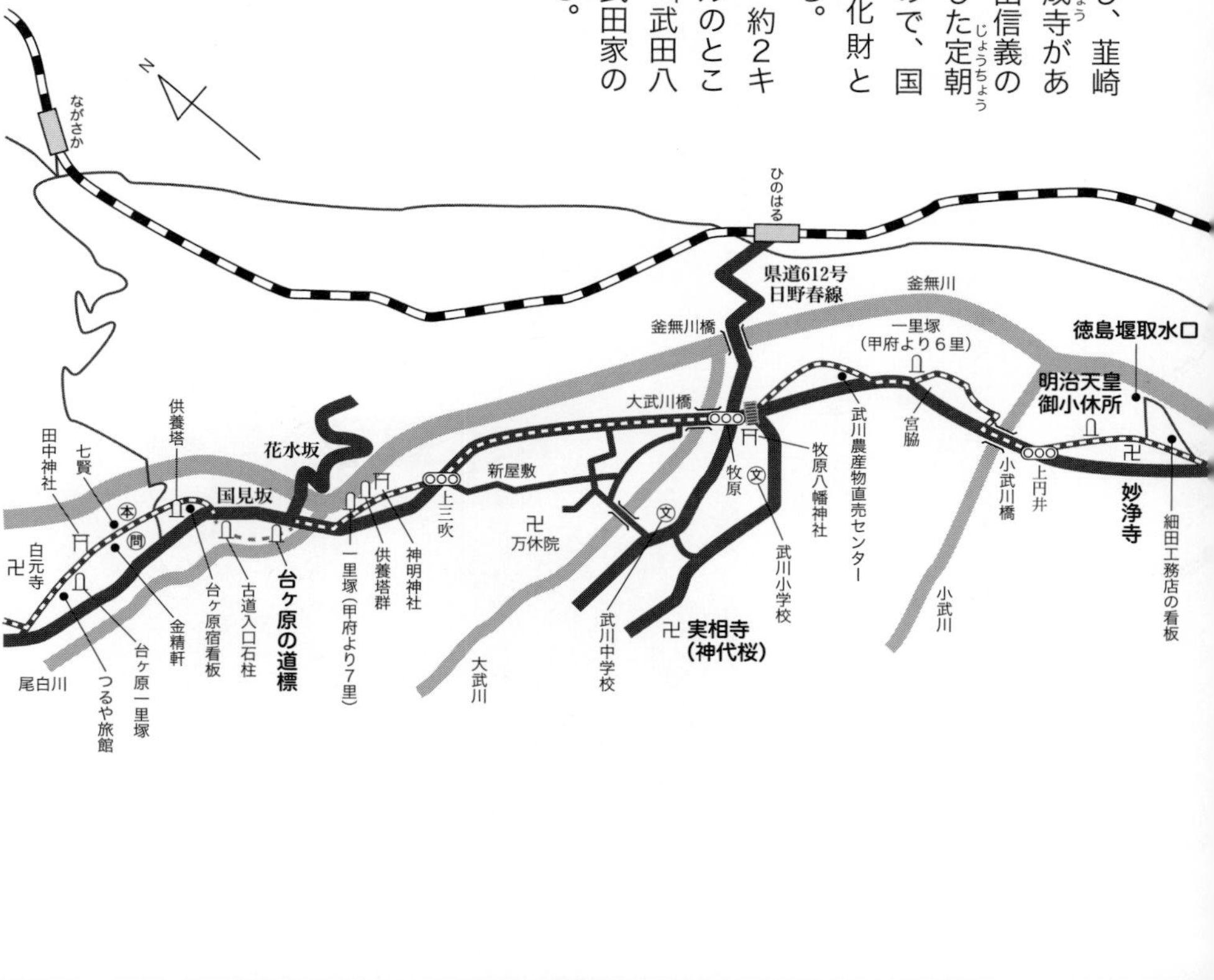

2 武田八幡宮

弘仁13年（822）嵯峨天皇の勅命により創建。令和4年（2022）に創建1200年を迎えた甲斐武田家発祥の社である。まず目に付く二の鳥居は両部（りょうぶ）鳥居であり、額束の裏面に「元禄14年再興、寛政元年再々興」とある。

参道を登りつめると、武田八幡宮に着く。祭神は武田武大神（たけだたけのおおかみ）、誉田別命（ほんだわけのみこと）ほか2柱。随神門の前に石垣があり、両脇の石段より境内に入る珍しい造りになっている。石垣の上には直径46センチメートルで、貫（ぬき）に「天正十二年（1584）補修」の銘のある太い柱の鳥居が建っている。峡北地方の中世造営の鳥居の特徴を備えたものである。

本殿は三間社流造檜皮葺。天文10年（1541）、武田信玄（晴信）が甲斐の守護になったのを機に再建。国の重要文化財に指定されている。信義以来、武田家の氏神として崇敬を集めてきた。

境内には宝永6年（1709）造立の「一石百観音石像」がある。高さは約1・7メートルの板石で造られていて、頂部に弥陀三尊の種子が刻まれ、その下には西国・秩父・坂東の観音像百体が7段に配刻されている。

参道の西に続く河岸段丘には信義の館跡がある。その近くのエドヒガン桜、「わに塚のサクラ」は根回り3・4メートルという市内屈指の巨木である。

◆再び武田橋を渡り、直進して突き当りを左に曲がり、甲州街道に戻る。すぐに二手に分かれるが、右手の坂道が「青坂」とも呼ばれるかつての「原路」である。

韮崎以北の甲州街道は急流釜無川沿いを上るので、しばしば洪水に見舞われ、寸断されることがあっ

武田八幡宮の二の鳥居

た。そうしたときに予備とされたのが、七里岩上を通って韮崎――渋沢――小淵沢――蔦木を結ぶ原路であった。

宝暦年間（1751～64）に台ヶ原は渋沢へ、教来石は小淵沢へ出て、伝馬役を務めるよう定められた。しかし負担が大きく、釜無川に架かる橋を丈夫にしたり、流出したときには渡船を利用するなどしたため、嘉永年間（1848～54）に原路は公的に利用されなくなった。

この原路を進むと、やがて左手に木曽氏の墓のある光明寺があり、さらに800メートル先には武田勝頼の築いた新府城跡がある。原路は中央線に沿って穴山駅、日野春駅の前を通り、渋沢を抜け、長坂駅から小淵沢まで進み、駅前の坂を下って蔦木宿に入るものだった。

《光明寺》

武田勝頼は織田信長に対抗するために木曽福島の城主、木曽義昌の嫡男千太郎（13歳）、母（70歳）、妹（17歳）の3人を人質にとった。

義昌は新府城の築城に際して人足を動員し、勝頼に木曽の桧を中心とした用材を提供した。しかし義昌の弟、上松蔵人を人質として信長にさし出したということを聞いた勝頼は、木曽義昌討伐を決め、人質の3人を新府城の南で処刑した。後年3人の菩提を弔うため、千太郎を開基として光明寺を創建した。墓所にはこの3人の墓がある。

《新府城跡》

南北600メートル、東西500メートルの平山城で、石垣は用いてない。本丸の西に二の丸、東に稲荷曲輪、三の丸のほか、帯（おび）曲輪、腰曲輪、大手門跡などが残存している。

武田勝頼が天正9年（1581）2月に築城を着手し、12月に完成。勝頼は躑躅（つつじ）ヶ崎（がさき）からここに移ったものの、翌年3月3日には織田軍の侵攻を前に自ら城に火を放ち、天目山を目指した。

東側に石段があり、途中に稲荷社がある。頂上に藤武神社があり、神社の裏手には長篠の戦いで戦死した武将たちの卒塔婆が並んでいる。

新府城跡

◆甲州街道は原路と離れ、左の道を進む。その前に「上宿の水神塔」と明治32年（1899）7月1日に建てられた「水神宮碑」がある。

3 上宿の水神塔

石祠には「九頭竜大権現・安政四巳五月吉日　講中」とある。この辺りは明治31年9月に起きた風水害の決壊箇所である。町内は濁流にのまれ、韮崎は大きな被害を受けた。

◆上宿の水神塔よりしばらく進むと国道20号と重なるが、また右方に分かれる。その分岐するところに「水難供養塔」が建てられている。

4 水難供養塔

昭和34年（1959）8月14日に襲った台風7号による水難供養塔。この近辺は、かつて釜無川の氾濫が続き、多くの犠牲者が出た。水難供養に関する石造物の多さが、信玄の時代から水害に悩まされた歴史を物語っている。

◆やがて祖母石の集落に入ると右手に茅葺きの門があり、その少し先の左手には「神明宮」がある。

水難供養塔

5 神明宮

祖母石・西岩下の鎮守で、古くは宇神田にあったが、享保9年（1724）に現在地に遷座したと伝えられる。境内に「秋葉山常夜燈　明和六年（1769）丑十一月吉日」の常夜灯がある。

◆神明宮を出てすぐ右手田んぼの中に「祖母石の赤地蔵」がある。「南無阿弥陀佛」と書かれた自然石の表面が赤く塗られているため、地元では「赤地蔵」と呼んで信仰している。

まもなく国道20号と合流するが、その手前左側には道祖神・石尊神・秋葉大神・蚕神・九頭竜大神などの石造物が祀られている。祖母石集落は釜無川の氾濫による被害を受けることが多く、水神鎮護のために戸隠神社の祭神、九頭竜権現の分霊を祀って厚く信仰してきた。

ここから20号と平行して、その下の農道を約1キロメートルほど進む。途上、水田の中に祖母石集落の名前の起こりとなったといわれる巨石「姥母石」がある。大鴻建設（現在は廃業）の工場がある辺りから「穴山橋」までは国道を進む。

6 姥婆石

頂部に石祠が置かれた巨大な石。昔、田植の最中に巨石が落下して死亡した老婆の霊を祀った石とも、水害で家族を失った老女が悲しみのあまりここで石になったものとも伝えられる。

石祠には「弘化二年（1845）巳十一月　願主　上下村中　セハ人　石原伴衛門・向山兵衛門・秋山清兵衛」と刻まれている。

7 穴山橋

『甲斐国志』に「長十間、横八尺、下円井（しもつぶらい）村ノ界ニ在リ、駅路コエ橋落ツレバ船ニテ渡ス」とある。『宿村大概帳』によると渡し賃は1人につき4文で、享和3年（1803）から始まったようだ。

穴山橋は少々の出水でも流出し、普通の年でも年4、5回、雨の多い年には10回も架け直したという。

◆穴山橋を渡ると、左側に松樹の美しい午頭島公園がある。歩道橋の先で国道20号と分かれ、円野（まるの）町の上円井（つぶらい）の町並に入る。細田工務所の看板を右に曲がり、小川に沿って進むと「徳島堰取水口」に着く。

8 徳島堰取水口

寛文7年（1667）に白根町（現・南アルプス市）曲輪田新田まで開通した堰の取り入れ口。江戸の徳嶋兵左衛門により開削され、彼の功績を称え、「徳島堰」と命名された。

この堰の開通によって原七郷と称された御勅使（みだい）川扇状地に曲輪田新田をはじめ飯田新田・在家塚新田などの集落が成立し、開発が進められた。全長は17キロメートルに及び、箱根用水・柳川堰とともに日本三大堰といわれている。令和4年、堰としては国内3例目となる国登録記念物に登録された。

姥婆石

◆再び上円井の集落に戻ると、土蔵造りの家や手入れの行き届いた庭が多く目に付く。集落の中ほど左手には「徳島翁のおはかみち」と書かれた石柱が建っている。これに従って路地を入ると、80メートルほどで「妙浄寺」に突き当たる。妙浄寺の少し先に「明治天皇円野御小休所碑」が建っている。

9 妙浄寺（日蓮宗）

寛文年間、徳島堰開削にあたった徳嶋兵左衛門が七面大明神を祀って開基。境内には大正8年（1919）に建てられた大きな「徳島堰碑」と兵左衛門の墓がある。

徳嶋兵左衛門は寛文5年、幕府の許可を得て上円井の南東部にかけて堰を掘り、水田開発に身命を賭したが、堰の完成を見ずに没する。甲府藩は有野村の武田家の浪人矢崎又右衛門に命じて工事を続行させ、寛文10年に完成した。

妙浄寺の梵鐘は享保21年（1736）、武川・西郡筋22カ村や個人の本願、施主68人により寄進されたもの。太平洋戦争の折、この梵鐘も供出のため、ほかの金属類とともに小学校の校庭に集められたが、時の北巨摩郡地方事務所々長、内藤利丸氏が鐘の由来を語って、寺に持ち帰ったという逸話がある。

10 明治天皇円野御小休所碑

内藤氏宅にある。明治13年6月に明治天皇が巡幸した際の休憩所。長屋門と御座所は残り、屋敷内に碑が建っている。

◆上円井の信号で国道20号と重なり、小武川橋を渡ってすぐに右折する。宮脇の集落の中を通って約700メートルで20号と合流。その手前の道端にある「一里

徳嶋兵左衛門の墓

塚跡碑」には、甲府より6里であると記されている。

「武川村　米の郷」と壁に書かれている武川町農産物直売センターで右に向かい、道なりに進むと、武川の歩道橋に出る。甲州街道はここで右の道を進んだのだが、現在この道では大武川を渡ることができないため、20号に沿って進む。

牧原の信号を左折して、約1・3キロメートルを案内に沿って進むと、神代桜で知られる「実相寺」がある。

11 実相寺の神代桜

樹齢千数百年といわれ、大正11年10月12日に国の天然記念物として指定された。品種はエドヒガン。樹高は風雪で傷んで低く、10メートルほどである。古くからこの地方の名木として詩歌にも詠まれ、道中の旅人もわざわざ立ち寄ったという。

伝説によると景行天皇の皇子、日本武尊が東国へ遠征の折、植えたものだという。また、日蓮上人がこの寺に来て、その樹勢がおとろえているのを心配して回復を祈ったところ、樹勢がよくなったという。

◆牧原の信号から国道20号を進むと、すぐに大武川橋を渡る。そこから三吹の集落に入る。

かつての三吹村は甲州街道の両側に町を成していたが、享保13年の洪水で流失した。そのため、現在のように万休院近くの下三吹の新屋敷や、上三吹に移住したという。下三吹の集落の上方には「舞鶴の松」で知られる万休院がある。

実相寺の神代桜

《万休院と舞鶴の松》

開創は元亀2年（1571）、開基は馬場美濃守信房（信春）。信房は天正3年、長篠の戦いで陣没。法名は「萬松院殿因岳塔圓大居士」。墓は白州町の自元寺にある（第17回参照）。

正面にはかつて樹高9メートル、目通り3・7メートル、枝張り東西20メートル、南北15メートルもある赤松があった。鶴が羽根を広げて舞い降りる姿を彷彿とさせるために「舞鶴の松」と呼ばれていた。残念ながらこの松は、マツクイムシの被害で枯れてしまい、平成20年（2008）3月に伐採されてしまった。いまはそのあとを偲ぶのみである。

その傍らには地元の俳人、小野松渓が元治元年（1864）に建てた「見る人に見せばや松の深みどり」の句碑がある。

万休院の舞鶴の松（2000年撮影・08年伐採）

◆上三吹の外れ、神明神社には供養塔などが17基ほどある。やがて国道20号と合流するが、その手前右側に「旧甲州街道一里塚跡」（甲府より7里の位置にあるので「七里塚」ともいう）の標柱が建っている。

尾白川橋を渡ると台ヶ原に入る。すぐに右手長坂方面より下ってきた交差点（右手奥に花水坂橋が見える）を左側に古道入口の石柱が建つ。これに従って畑の中の小径に入ると2基の道標があり、馬頭観音も建っている。

12 台ヶ原の道標

尾白川左岸の甲州街道と原路との分岐点にある。穴山橋が落ちた場合は花水坂を登って釜無川左岸に出て、新府から韮崎へ出ていた。道標は2基あり、正面に馬頭観音の像を刻んでいる。これに並んで文政12年（1829）10月、蛭子屋儀八の建立した馬頭観音もある。

「安永五（1776）丙申歳六月建立之　右　かうふみち　左　はらぢ道」もう1基は「(右面)寛政四（1792）歳次壬子春三月吉日建之　(左面)左りはらみち」

◆旧道はこの道標の前を尾白川に沿って進む。ほとんど人が通らないので草を踏み分けながら歩くと、やがて車道に出る。左手に石仏や石碑を集めた所があり、それを過ぎると、国見坂を登って来た20号と合流。そこには「古道入口」の石柱があり、すぐ正面には「台ヶ原宿」という看板が目に入る。ここで20号と分かれて右に進むと台ヶ原宿に入る。

ＪＲ長坂駅に向かうには県道６０６号へ。しかし長く曲がりくねった登り道であるため、歩くとかなりの労力を要する。タクシーやバスを利用するのがよい。

台ヶ原の道標

第17回
台ヶ原宿から教来石宿を経て蔦木宿
（２里20町）

── 台ヶ原宿（１里14町）教来石宿（１里６町）蔦木宿 ──

ポイント

川除けのために松が植えられていたと思われる白須松原は白い砂が日に輝く景勝の地であった。大変水の良いところでもある

行程：ＪＲ長坂駅……台ヶ原宿……七賢酒造……田中神社……台ヶ原の一里塚……自元寺……白須松林址……教来石宿……諏訪神社……山口素堂句碑……山口の口留番所跡……新国界橋……敬冠院（日蓮の高座石）……真福寺……応安の古碑……子乃神の碑……道祖神……蔦木宿……ＪＲ信濃境駅
＊歩程約10キロメートル

台ヶ原宿入口

◆JR長坂駅から県道606号で約4キロメートル。途中に清春芸術村を右手に見て坂を下り、釜無川を渡ると台ヶ原宿に入る。この道はかなり長いのでタクシーなどを利用するとよい。宿の中心部に「七賢酒造」がある。

〔台ヶ原宿〕

本陣1軒　旅籠14軒　総家数153軒
人口670人（男340人　女330人）
宿場の長さ9町30間

甲州街道の中で最も当時の雰囲気を残している宿場。昭和61年（1986）、「日本の道百選」に選定された。旧道の両側に古い家並みが続いており、造り酒屋、旅籠、和菓子屋などが残っている。釜無川の水流の恐怖から逃れられる安堵感のためか、台ヶ原宿の空は低く感じられる。

韮崎宿から4里。宿内中ほどに問屋場はあった。江戸方面への伝馬・商人荷物は1～25日、武家荷物は1～30日の間に韮崎宿へ継ぎ、信州方面へは1～25日の間は蔦木宿、26～晦日は教来石宿へ継立てた。文化3年（1806）の記録には小松屋伝右衛門が本陣を、平右衛門が村役人として脇本陣を務めたとある。

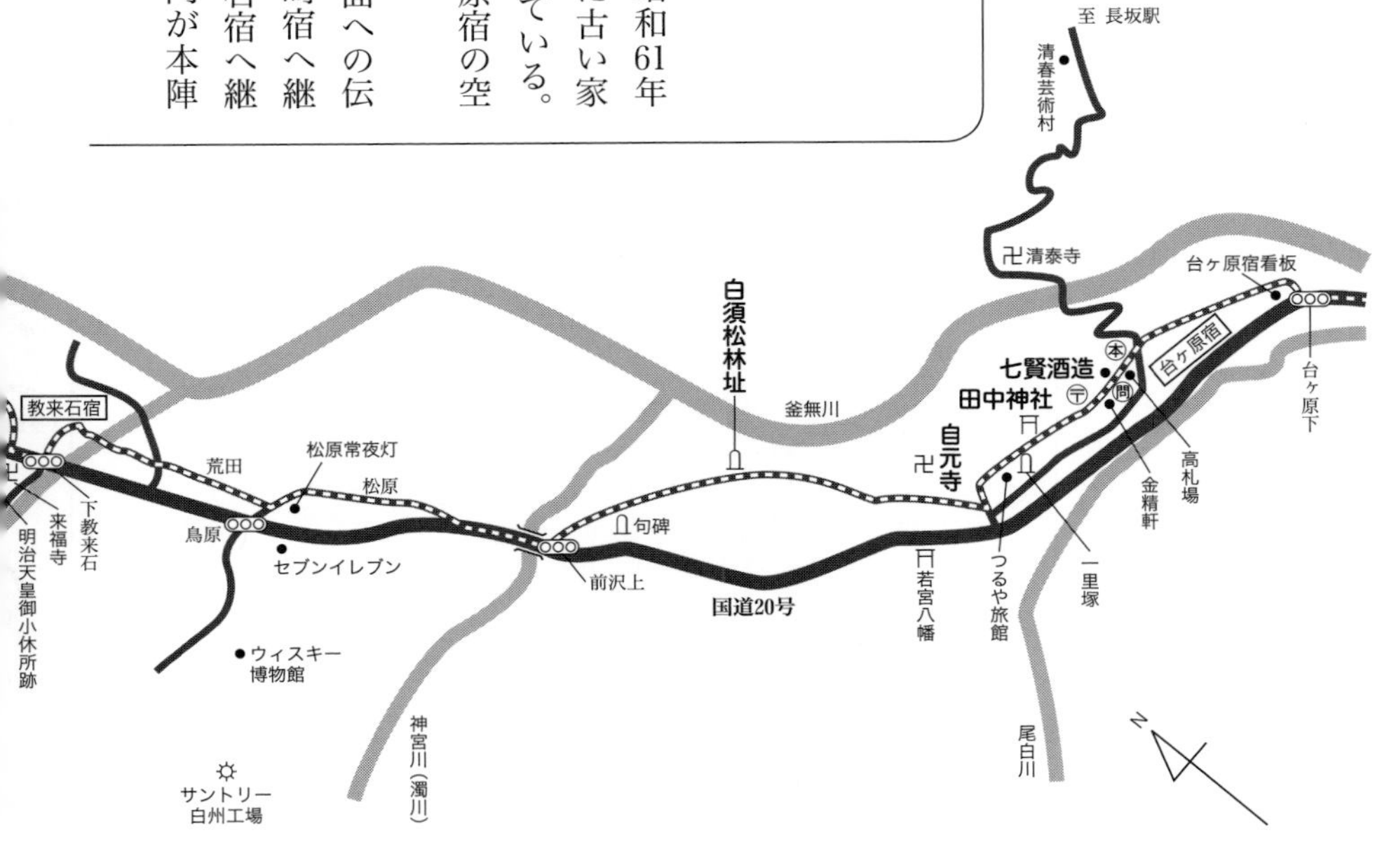

天正10年（1582）の織田軍侵攻のときに信長が大河原（台ヶ原）に宿陣した記録や、天文8年（1539）に武田の将、板垣信方が諏訪衆とこの辺りで合戦をした（『甲陽軍艦』）との記録もある。

「台ヶ原」という地名の由来は「大ヶ原」から字が変わったという説や、釜無川の対岸から見ると、台地のようになっているからという説がある。

1 七賢酒造（北原家住宅）

北原家は寛延2年（1749）のころに高遠から移住した後、この地で造酒屋を営み、幕末には諏訪高島藩の御用商人を務めてきた。また、明治に入ると北原銀行という金融業まで営業した豪商である。

主屋は天保7年（1836）の再建で、書院造りの上段の間の欄間には立川富種作の彫刻が施されている。屋根は緩勾配の切妻、鉄板葺であるが、もとは石置の板葺屋根であった。桁行16間に及ぶこの建物は、全国的にみても第一級の幕末大型町屋である。

酒銘の「七賢」は、天保6年に高遠城主から贈られた、諏訪の宮大工2代目、立川和四郎作「竹林の七賢」の欄間（らんま）から採ったもので、いまも中の間に飾られている。

本陣ではないが、明治13年の天皇巡幸の際には、ここが行（あん）

在所とされた。そのため西側の座敷3室は、山梨県指定有形文化財の指定を受けていた。

◆七賢酒造の前には「信玄餅」で有名な和菓子屋、金精軒がある。その先、左側には現在も営業中のつるや旅館がある。建物は明治初期の建築で、2階の手すりの下部には「津留や諸国旅人御宿」と右書されている。

つるや旅館の手前、右側に「田中神社」はある。

七賢酒造

2 田中神社

甲州街道は宇治茶を江戸へ運ぶ「御茶壷道中」として利用された。下諏訪から甲州街道へ入った一行が宿泊するのが当拝殿。『甲斐国史』には「此ノ拝殿昔時ハ毎年御茶壷一泊ノ処ナル故ニ修造料トシテ金拾両宛二度拝領セリ、慶安五年（１６５２）六月ノ立札ノ写ニ御茶壷毎年当社拝殿御一泊候間拝殿並ニ御番所柱板壁等落書一切仕ル間敷候、総シテ穢ラワシキ者並ビニ乞食非人等、昼夜集リ居ル可カラズ候事」、「御茶壷通行ノ停マリシハ元禄三年ナリト見タリ」と記されている。

◆田中神社とつるや旅館の間の左側に、日本橋から43番目「江戸より四十三里拾町」と刻まれた一里塚跡の碑が建つ。

その先、国道20号に出る手前の道を右に入る。白州小学校の近くに「自元寺」はある。

3 自元寺（曹洞宗）

開基は馬場美濃守信房。信房の菩提寺でもある。説明板によれば、総門は信房の屋敷（通称梨子の木屋敷）から移築。四脚門造で、棟の前後に奥方の家紋、笹竜胆が付けられている。この総門が造られたのは、信房が教来石民部景政から馬場民部景政に改名した天文15年と思われる。

◆道は宿を離れ、だらだらとした下りとなる。田園の中を進むと途中に「白須松林址の碑」があり、さらにしばらく進むと左手には山田玉斎の「槍もちのおくれて通る日長かな」の句碑がある。神宮川橋を渡るまで、約2キロメートルの道のりである。神宮川の由来はこの川から採った玉砂利を明治神宮に献上したからともいわれている。

4 白須松林址

かつては1里にわたり松原が続き、中には六本松や白須の一ッ松と呼ばれた巨木もあったが、昭和10年代に伐採されてしまった。歌碑の左には蚕神や馬頭観音などの石祠がある。

大正11年（1922）に建てられた「宗良親王（南北朝時代、後醍醐天皇の皇子）歌碑」には以下の歌が刻まれている。

甲斐国しらすといふ所の松原のかげにしばしやすらひて
　かりそめの行かひちとはきゝしかど
　　いさやしらすのまつ人もなし　（『李花集』）

白須松林址

自元寺総門

◆神宮川から約2キロメートル。左手南側の山すそには「サントリー白州工場」がある。左右の松林の中を抜けて20号に合流すると教来石宿に入る。

〔教来石宿〕

本陣1軒　脇本陣1軒　旅籠7軒　総家数144軒
人口684人（男360人　女324人）　宿場の長さ4町30間
武田の武将、馬場美濃守信房の領地であったと伝わっている。甲州最後の宿。
来福寺墓所内に教来石はあり、巨石で石祠が祀られている。
土地の古老に教来石のある場所を訪ねたら「〝へてこいし〟のことか？」と言われた。いまでもこの石のことは「へてこいし」と言い伝えられているようだ。由来を聞いたがわからないとのことである。

地名については「村の西に教来石とて高さ七尺許（ばかり）、竪（たて）三間、横二間許の巨石あり。村名の起る所なりといへり。石上に小祠あり。日本武尊を祀る」と『甲駿道中之記』では説明している。日本武尊が甲府の酒折宮にいたころこの地に来て、この石の上に休んだので、村人が「経（へ）て来（こ）石」と呼んで村名としたという。経を教と書き誤ったことから、いまの名になったと伝えられている。

本陣は建坪120坪、門構玄関付であった。現在はさら地となっているが、「明治天皇御小休所址」の石柱の建つ辺りが本陣、河西家の跡である。

◆下教来石の宿は200メートルほどである。鳳来郵便局のところで右に入り、100メートル進むと左側に「諏訪神社」がある。

5 諏訪神社

県指定文化財。説明板によると、現在の本殿は天保15年（1844）に再建したもの。本殿は一間社流造で、屋根は柿葺、正面中央に軒唐破風付の向拝をとりつけている。随所に施された彫刻装飾は、身舎（もや）壁面の「猩々と酒壷」、背面の「唐獅子」、小脇羽目の「昇竜と降竜」、蟇股の「竹に雀」、脇障子の「手長と足長」の浮彫、向拝正面の「ひょうたんから駒」の丸彫など立川和四郎富昌の特色がよく出ている。江戸時代後期の社寺建築であるとともに、異彩を放つ貴重な遺構である。もとは下教来石宿の出口にあったが、昭和41年の国道改修に伴って現在地に移転した。

◆やがて加久保沢を渡り、国道20号に出て、すぐ右の道を進むと上教来石山口の集落に入る。まっすぐ進んだ集落の北の外れに「山口の口留番所跡」。その少し手前の小道を左折し、20号に面したところには「山口素堂句碑」、「目には青葉　山ほととぎす　初かつお」が建っている。

諏訪神社

6 山口素堂句碑

山口素堂の生家は教来石山口であり、幼少期に甲府へ移って酒造業を営んだ。山口家は「山口殿」と称せられるほど大変裕福な商家であったが、長男であった素堂は青年期に家督を弟に譲って江戸や京都へ遊学。儒学や和歌、書道を修めるなど、幅広い教養を身につけた。江戸では芭蕉と親交を結び、「葛飾風」という独自の俳風も築き上げた。

芭蕉は『奥の細道』の中で「余は口をとぢて眠（ねぶ）らんとしていねられず。旧庵をわかるゝ時、素堂松島の

ている。

詩あり。原安適、松がらうらしまの和歌を贈らる。袋を解て、こよひの友とす。……（以下略）」と記し

また、算術にも通じていた素堂は甲府代官触頭、桜井政能から治水工事の手伝いを頼まれ、元禄9年（1696）に濁川の治水工事の指揮を執っている。この工事によって救われた土地の人々は、桜井政能と素堂を生祠として祀り、感謝の心を表した。享保元年（1716）没。

7 山口の口留番所跡

説明板には以下のようにある。

「甲州二十四ヶ所の口留番所の一つで、信州口を見張った国境の口留番所である。

ここがいつ頃から使用されたかは不明であるが、天文十年（一五四一）の武田信玄の伊那侵攻の際設けられたという伝承がある。『甲斐国志（一八一四）』によれば、番士は二名で近隣の下番の者二名ほどを使っていた。当時の番士は二宮勘右衛門・名取久吉で名取氏は土着の番士であったが、二宮氏は宝永二年（一七〇五）に本栖の口留番所から移って来た。

この番所の記録に残る大きな出来事に、天保七年（一八三六）郡内に端を発した甲州騒動の暴徒がこの地に押し寄せた折、防がずして門扉を開いた判断をとがめられ、番士が「扶持召し上げられ」の処分を受けたことである。番士のうち二宮氏は再び職に戻り、明治二年番所が廃せられるまで勤め、明治六年に設けられた台ヶ原屯所の初代屯所長に起用されている。

今は蔵一つを残し地割にわずかなおもかげを留めるのみであるが、番所で使用した袖がらみ、刺股、六尺棒などの道具が荒田の伏見宅に残り、門扉一枚が山口の名取氏宅に保存されている」

◆関所跡から約1キロメートル、田圃の中の道を国道20号と平行して進む。20号に出たら右折し、新国

界橋を渡って信濃の国に入る。

江戸時代の道は新国界橋より300メートルほど上流の国界橋を通っていた。釜無川の中州に橋脚を築き、長さ7間、幅1間の投橋土橋をかけ、普請は甲斐側、信州側で負担していたのである。しかし現在は通行できない。

道なりに約100メートル、下蔦木の信号を過ぎたらすぐ右に登る。角の崖の上に「南無日蓮大菩薩の碑」が建ち、その奥に「日蓮の高座石」と記した標柱がある。

8 日蓮の高座石

真福寺の支院、敬冠院（けいかん）の境内にある。文永11年（1274）3月、日蓮は勝沼の立正寺から蔦木に巡錫（じゅんしゃく）の折、村中が疫病で苦しんでいたので、この石の上に立って三日三晩説法したという。そこに蔦の杖をさし、蔦が石を一面覆っていたことが「蔦木宿」の地名となったといわれている。

日蓮の高座石

◆坂の途中の右側に石造道標があり、覆がかけられている。石には「へみみち　にらさきまで　むしゅく」と刻まれている。「右逸見路、韮崎まで無宿」の意で、逸見路とは原路のことである。明和6年（1769）の仰せ渡しでは、この原路（逸見道）は釜無川が出水して橋が流失したときに通達次第、韮崎から青坂、台地上を通り、ここで再び甲州街道に入ることになっていた。

まもなく見える真福寺（日蓮宗）の山門を入った左手には芭蕉の句碑「御命講や油のような酒五升」が立つ。真福寺の前を左に進むと、右手に「応安の古碑」があり、五輪塔や宝篋印塔の破片がある。この中の1つ、方形の石に「応安五壬子年（1372）」とあるが、これは宝篋印塔の台石と考えられる。

そのうしろに「子乃神の碑」もある。坂を下ると枡形があり、旧観をよく残している。道祖神の前を過ぎて左に曲がり、右折すると蔦木宿に入る。すぐ右手には「三光寺」がある。

9 三光寺

応永2年（1395）、武田信重が僧となり、父信満のために開基（名勝図誌によると応永24年）。初めは「真如山満願寺」といい、真言宗に属していたが、天正2年（1574）、曹洞宗に改めた。後に焼失し、元禄7年（1694）、諏訪頼水によって再開基され、現在地に移った。寺域の中に杉や檜の大木が茂っている。

◆上蔦木の信号を右折し、曲がりくねった道を登るとJR信濃境駅に着く。歩くとかなりの労力を要するため、タクシーやバスを利用するのがよい。

応安の古碑

御茶壷道中

江戸時代、将軍御用の御茶のため、幕府が宇治へ採茶使（さいちゃし）を遣わして、特別の格式と威厳をもって茶壺を運ばせていた。この行列のことを「御茶壺道中」といった。

寛永10年（1633）に始まった御茶壺道中は、毎年4月下旬から5月上旬に江戸を出て、往路は東海道を

田中神社

通って宇治に向かう。6月の始めころに宇治を出発。中山道を通って下諏訪宿で甲州街道に入り、甲府を経て笹子峠、小仏峠を越えて江戸に向かった。その途中、茶壺の一部は大月から南下して谷村の勝山城に運ばれて、茶壺蔵に納めていた。暑さを過ごしてから江戸に運び、江戸城の富士見櫓に納めていたのである。

しかし街道の住民たちにとっては、大変な負担であった。人馬の割り当て、道や橋の補修や掃除。そして大名行列さながらの「御通りの節は下におり、つくばい申すべく候」といった規制が見られ、宿駅では行列に付き添う役人に進物や接待をする負担もあった。この道中は100年ほど続いた後、東海道を通るようになった。

松尾芭蕉

松尾芭蕉が甲斐を訪れたのは2度ある。1回目は天和2年（1682）12月28日、江戸の大半を焼き尽くした通称「八百屋お七の火事」で、芭蕉庵を焼失したとき。自ら冬の冷たい隅田川に飛び込んで、辛くも難を逃れた芭蕉は、郡内の谷村藩主秋元喬知（たかとも）の国家老、高山伝右衛門繁文（俳号麋塒（びじ））の離れ「桃林軒」に半年ほど滞在した。そのとき、麋塒と江戸より訪ねて来た芳賀一晶とともに以下のような句を詠んでいる（『俳諧一葉集』）。

夏馬（かば）の遅行我を絵に見る心かな　芭蕉
変手（かわりて）ぬるく滝凋（しぼ）む滝　麋塒
蕗の葉に酒灑（そそ）く竹の宿黴（かび）て　一晶

（「夏馬の…」の句は後に「馬ぽくぽく我をゑに見る夏野哉」と改案された）

この他にも「勢ひあり氷柱（つらら）消えて瀧津魚」（『峡中之記』）という句も残している。

2回目は『野ざらし紀行』の帰路、貞享2年（1685）に甲斐に立ち寄ったときであり、以下の句を詠んでいる。

行駒（ゆくこま）の麦に慰むやどり哉　（『甲府吟行』）
山賤（やまかつ）のおとがい閉（とつ）るむぐらかな　（『続虚栗』）

甲州街道には芭蕉の句碑が数多くある。そこに刻まれた句は芭蕉が甲州で詠んだ句ばかりではない。芭蕉の没後、全国的に蕉風の俳諧を復古する運動が高まり、甲州でも本格的な俳人を輩出するようになったり、全国から甲州へ盛んに俳人たちが訪れたりした中で建碑が行われたのである。

こうした句碑を眺めると、その時代の俳人たちの想いが伝わってきて、道行く人たちを慰めてくれる。

第18回
蔦木宿から金沢宿
（３里４町25間）

── 蔦木宿（３里４町25間）金沢宿 ──

ポイント

この間には３基の一里塚がある。中でも「御射山神戸の一里塚」は道の両側に塚が築かれ、南側には欅、北側には榎が植えられている。甲州道中の一里塚の見本である

行程：ＪＲ信濃境駅……蔦木宿……水道施設跡……平岡一里塚……明治天皇御野立所跡の碑……瀬沢の道標……尾形瀬神社……塚平一里塚……原の茶屋……富士見公園……御射山神戸の一里塚……金沢宿……ＪＲ青柳駅
＊歩程約12. 2キロメートル

御射山神戸の一里塚

◆JR信濃境駅から南に約2キロメートル。カーブの続く坂道を下ると上蔦木の信号に出る。これを右折すると蔦木宿に入る。坂道の途中、左方には井戸尻遺跡、歴史民俗資料館がある。

〔蔦木宿〕

本陣1軒　旅籠15軒　総家数105軒
人口508人（男233人　女275人）
宿場の長さ4町30間

蔦木宿は東の枡形から西の枡形まで一直線に延びている。内藤新宿から43番目にあたるこの宿は「上蔦木郷」と呼ばれ、古くは「蘿木（つたき）郷」などとも書かれていた。居平（いだいら）や夏焼（なつやき）から、もともと河原であった現在地に移転したものと伝えられ、慶長20年（1615）ころから計画的に造られた。

この宿は幅広い一直線の道路の東西に枡形を設け、生活用水などの水路は両側の家の裏を通し、各家の土間はすべて甲州側に置かれているところなどに特徴がある。いまも枡形や水路はよく残っている。

問屋場は2カ所あって、それぞれ問屋の居宅を用い、15日交代で人馬を継ぎ立てた。問屋場には問屋・年寄・帳附・馬指がそれ

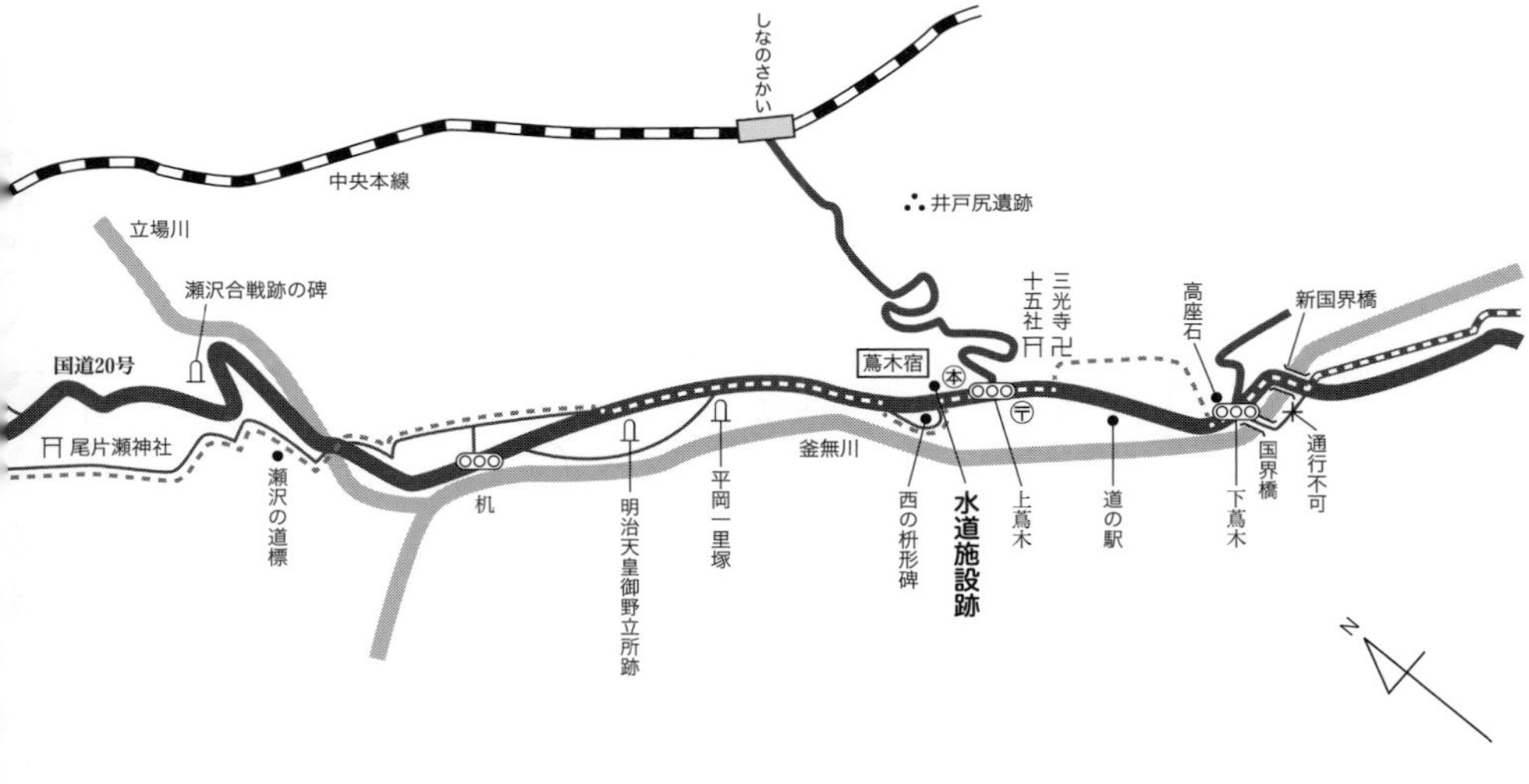

ぞれ1人ずつ、毎日詰めていた。

最初に本陣を務めたのは有賀氏。問屋を兼ねていたが、元禄16年（1703）に源右衛門から次郎右衛門へ問屋役を渡して、本陣だけを務めるようになった。明和元年（1764）には有賀亀右衛門に代わって、明治まで続き、最後の本陣は弘化3年（1846）、現在の上蔦木公民館の位置に建てられた。多くの宿場の本陣は屋号を持たなかったが、この本陣は「大阪屋」という名を持っていた。明治13年（1880）、天皇巡幸の際は御小休所となった。本陣の建物は岡谷の子爵、渡辺千秋（ちあき）が買い取り、明治40年に富士見町南原山に移築。別荘（分水荘）として使用されたが、昭和50年代に老朽化のため取り壊された。本陣の表門は元治（げんじ）元年（1864）に起きた火災後の建築と考えられ、明治38年に富士見町池袋区の平出武平氏が譲り受け、同家の正門としていた。平成2年（1990）の建物取り壊しのときに同町の歴史民俗資料館に保存され、平成5年に本陣跡地に復元された。与謝野晶子の「本陣の子のわが友といにしへの蔦木の

蔦木宿本陣の表門

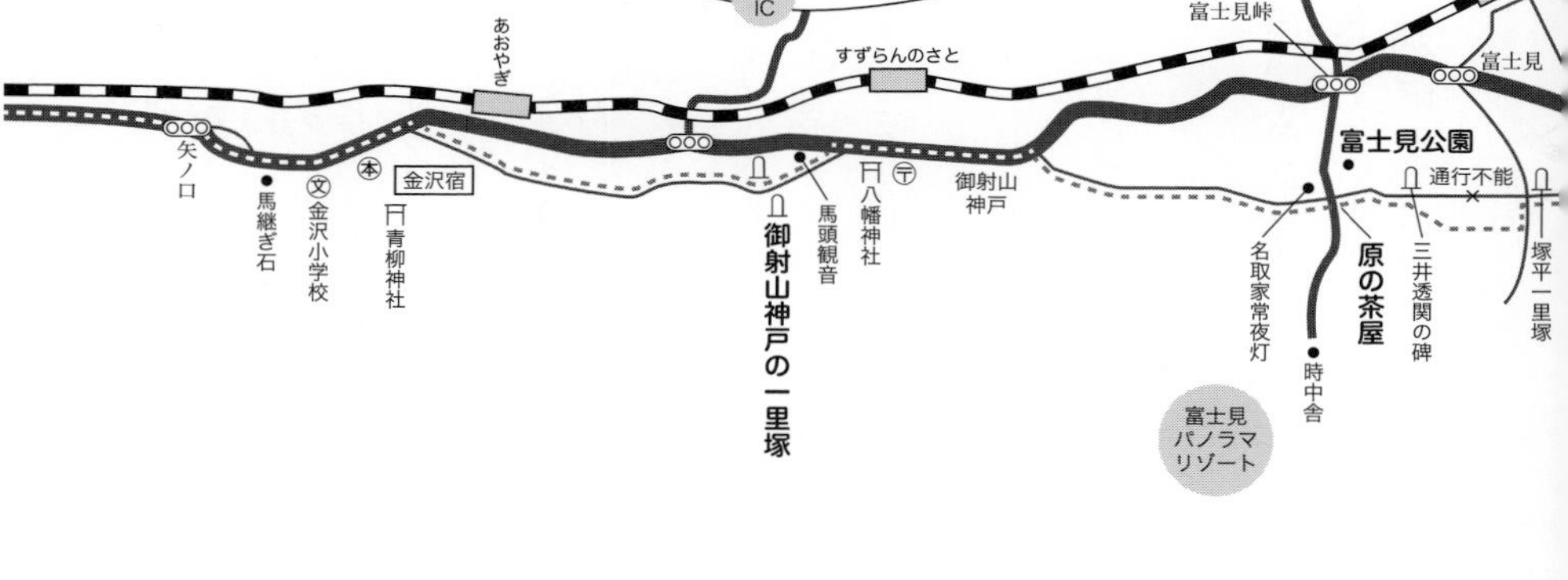

宿を歩む夕ぐれ」の碑もある。

各家々が軒を連ねている造りのために大火が多く、元禄15年の火事をはじめとして寛政6年（1794）には65軒、15年後の文化6年（1809）には67軒、元治元年には58軒を焼失するなど合計6回の火災に見舞われてきた。したがって現存する古い家も建築から200年未満のもののようだ。

また、河原に造られた宿場だったので、2、3年に一度は釜無川（西の枡形先の街道沿いにある）の増水による水害に見舞われた。そのため川沿いは藤川除、大川除など、いくつもの堤防で守られていた。現在、これらの堤防は改修され、「百間堤」と呼ばれている。

戦国時代、蔦木地区（南諏）は甲州領地だったが、幾度かの諏訪勢と甲州勢との戦の末、天文4年（1535）に堺川（一説には立場川）で和睦の会盟を行った。この地はもと甲州に属していたが、天文9年に武田信虎の娘禰々（ねね）が諏訪頼満（よりみつ）の孫頼重（よりしげ）に嫁いだとき、化粧料として境方（さかいかた）18カ村（乙事、高森、池袋、葛久保、先達、田端、蔦木、神代、平岡、机、瀬沢、木の間、休戸など御射山神戸以南の地区）を譲られたといわれている。しかし信虎を駿河に追いやり、実権を握った信玄は諏訪頼重を攻め、これを降して甲府で自刃させた。後に武田信玄は頼重の娘・御料人（湖衣姫（こいひめ））を側室にする。信玄と湖衣姫との間にできた子が勝頼である。

◆宿の中程、旧JA信州諏訪蔦木支所の敷地には「水道施設跡」のレプリカがある。

1 水道施設跡

説明板には「この水は七里ヶ岩から出る湧水であり、明治天皇が御巡幸の折に使われた、御膳水であります。その御膳水を、あと二箇所の湧水を使用して、明治三十九年頃、蔦木宿の街道筋に、十六箇所の水道施設を造り、飲料水として昭和二十六・七年頃まで使用されていたものです。当時の施設の石が保存されていたのでここに復元いたしました」とあり、与謝野晶子の歌碑「白じらと並木のもとの石の樋が秋の水吐く蔦木宿かな」が建つ。

◆西の枡形から約1キロメートル、道の左側に「平岡一里塚」がある。山側に登るような道が甲州街道。甲州街道から少し外れるが、その先の左下にグラウンド状の広場があり、「明治天皇御野立所跡の碑」が建っている。平岡の集落を過ぎ、国道から登って来る道と合流して奥に進むと、札の集落に入る。道なりに進むと国道に出る。国道20号を横切り、立場川を渡って瀬沢の集落に入る。

《瀬沢の古戦場》

瀬沢の集落から右に50メートル、トンネルを出ると碑が立っている。説明板には以下のような記述がある。「瀬沢（せさわ）合戦とは『甲陽軍鑑（こうようぐんかん）』によればおよそ次のような合戦のことである。

天文十一年（一五四二）二月、信濃の小笠原（長時）・諏訪（頼重）・村上（義清）・木曽（義昌）の四大将は甲斐の武田晴信（信玄）を攻めようと合議し、甲信境の瀬沢に陣取った。この動きを察知していた晴信はひそかに軍勢を発し、三月九日朝、信濃勢の不意をついた。戦いは辰の刻（午前八時）に始まり未の刻（午後二時）に終わり、武田軍は信濃方一六二一を討ち取って大勝したが、味方にも多数の死傷者を出した。

その戦場となったのは、瀬沢を中心に新田原（しんでんばら）から横吹（よこぶき）におよぶ広い範囲と考えられる。

……（以下略）」

◆瀬沢の集落は昔の街道の面影をよく残している。集落の中の分れ道に「右山浦、左すわ道」と刻まれた石の道標がある。「山浦」とは八ヶ岳西山麓一帯を指す。瀬沢の集落の坂道を登り切り500メートル、やや平坦なところに出ると芋木(とちのき)の集落に入る。右手の神社は尾片瀬神社で、境内には「福昌院跡の碑」や宝篋印塔、「蛍(まゆ)玉神社の石碑」が建つ。その先右手の松林は、寛政年間に植えられた「芋木風除林」である。

この神社より600メートルのところに「塚平（重修）一里塚」がある。日本橋より47里。右手の塚だけが残っている。

塚の先で道は突き当たる。本来は直進して、原の茶屋に向かっていたが、現在は通行不能。突き当たりで左折後、すぐ右折して約500メートル進むと舗装された道に出る。これを少し戻ると「三井透関の碑」がある。この辺りはぬかるみになることが多かったので、三井透関が安永9年（1780）新道建設に着手し、翌年竣工した。原ノ茶屋の外れに道路改修を記念して立てられた馬頭観音が祀られている。塚平一里塚から500メートルで富士見公園、原の茶屋の十字路に出る。

2 富士見公園

明治37年、伊藤左千夫は甲州御嶽歌会の後、上諏訪で島木赤彦と初対面した。明治・大正の日本短歌会をリードする2人の劇的な出会いである。

このころよりアララギ同人の富士見来訪が多くなり、明治41年、富士見油屋短歌会に来遊した左千夫は「財ほしき思いは起る草花のくしく富士見に庵まくかね」と原の茶屋の丘に立って、「ここは自然の大公園だ。自然を損なわぬように公園を作りたい」と腹案をもたらした。村人は赤彦を通し、左千夫に設計を依頼し、明治44年に富士見公園が出来た。

瀬沢の道標

塚平（重修）一里塚

3 原の茶屋

蔦木と御射山神戸の間は3キロメートルほどである。その間に人家がなく不便であったので、明和9年に松目新田の与兵衛（苗字は名取）が向原（現・原の茶屋）に茶屋を始めた。

原の茶屋の名取家には文化10年に建てられたと推定される「常夜燈」がある。竿には高遠の石匠、守屋平兵衛とある。また、守屋貞治作の如意輪観音が庭に祀られている。

◆甲州街道から外れるが、原の茶屋の十字路から750メートル西に時中舎（じちゅう）がある。ここは心学道場全国153舎の1つである。寛政8年、植松自謙が甲信地方を巡講の折、松目新田の名取五右エ門が自謙の門に入って始まり、文化7年9月に「時中舎」の号が与えられた。

原の茶屋から1・5キロメートルほど坂を下ると国道20号と合流する。ここが御射山神戸（みさやまごうど）で、慶長16年に近くの古屋敷から現在地に移って造られた間宿（あいのしゅく）である。いまは道路拡張のため昔の姿はかなり失なわれ、宿はずれの枡形はなくなり、ゆるいカーブになっている。

約500メートルで左に登ると、坂の頂上近くに「御射山神戸の一里塚」がある。

4 御射山神戸の一里塚

江戸より48里目の一里塚。西側の塚に欅の大木、東側の塚には榎が植えられている。甲州街道の一里塚の中でも原型を一番よくとどめている。

◆御射山神戸の一里塚から約1キロメートル。青柳の集落を抜け、再び20号と合流すると金沢の宿に入る。右折してしばらく進むと、間もなくJR青柳駅が見える。

諏訪氏（神氏）略系図

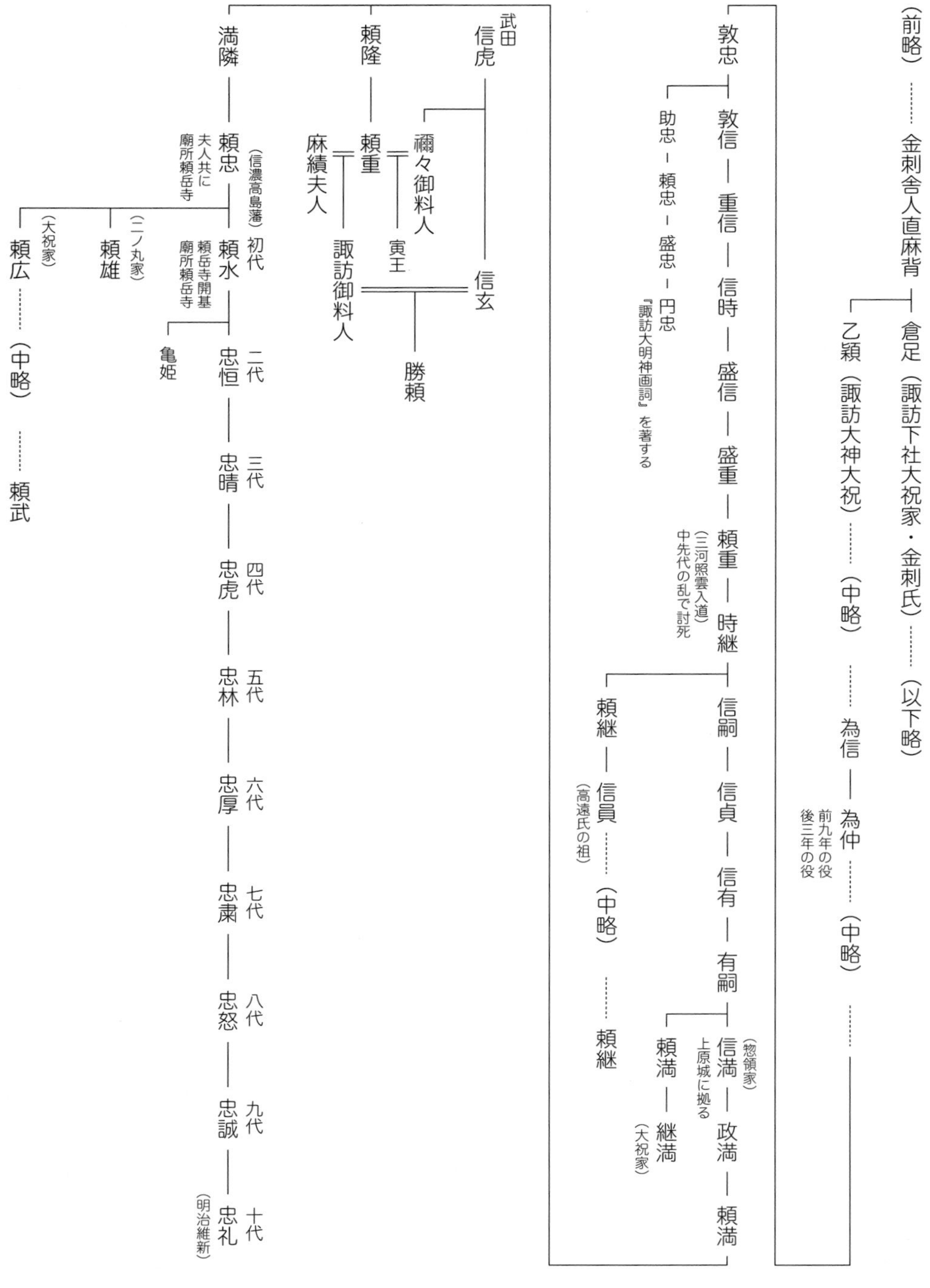

（前略）
金刺舎人直麻背
倉足（諏訪下社大祝家・金刺氏）
（以下略）
乙頴（諏訪大神大祝）
（中略）
為信
為仲
前九年の役
後三年の役
（中略）
敦忠
敦信
重信
信時
盛信
盛重
頼重
（三河照雲入道）
中先代の乱で討死
時継
信嗣
信貞
信有
有嗣
信満
（惣領家）
上原城に拠る
政満
頼満
助忠
頼忠
盛忠
円忠
『諏訪大明神画詞』を著する
頼継
信員
（高遠氏の祖）
（中略）
頼継
頼満
継満
（大祝家）
武田
信虎
禰々御料人
寅王
信玄
勝頼
頼隆
頼重
麻績夫人
諏訪御料人
満隣
頼忠
（信濃高島藩）
夫人共に
廟所頼岳寺
頼水
初代
頼岳寺開基
廟所頼岳寺
頼雄
（二ノ丸家）
頼広
（大祝家）
（中略）
頼武
亀姫
忠恒
二代
忠晴
三代
忠虎
四代
忠林
五代
忠厚
六代
忠粛
七代
忠怒
八代
忠誠
九代
忠礼
十代
（明治維新）

第19回
金沢宿から上諏訪宿
（３里14町）

── 金沢宿（３里14町）上諏訪宿 ──

ポイント

金沢宿の西に追分があり、その先が上諏訪宿になる。現在は道が残っていないが、かつては金沢宿の追分で右に進むと信州善光寺へ、左に進むと高遠、飯田を経て尾張に行くことができた

行程：ＪＲ青柳駅……金沢宿……泉長寺……青柳神社……馬継ぎ石……道標……小松三郎左衛門はりつけ場……権現神社……一里塚……木舟入口バス停……道祖神……酒室神社……間宿茅野村……茅野村の一里塚跡……三輪神社……諏訪神社大鳥居……達谷酢蔵神社……上原八幡神社……神戸の道標……頼岳寺……一里塚跡碑……頼重院……足長神社……上諏訪宿……ＪＲ上諏訪駅
＊歩程約13.2キロメートル

金沢宿

◆ＪＲ青柳駅を出て国道20号を北に向かい、すぐに左手より坂を下ってくる道が甲州街道で、金沢宿に入る。

金沢宿に入り、上町で金沢橋を渡ると中町になる。道がゆるくカーブするところが中町と下町の境で左側の火の見櫓の立っているところに「長野県　本陣跡」と書かれた石柱が建っている。

〔金沢宿〕

本陣1軒　旅籠17軒　総家数１６１軒
人口６２２人（男３３５人　女２８７人）
宿場の長さ8町

金沢宿はもと「青柳宿」といって、現在の金沢の北西、宮川を渡った辺りから権現神社の前で国道20号を横切り、平行する形で約４００メートルにわたって直線的に造られていた。しかしこの地は宮川の氾濫を蒙ることが多く、大火にも見舞われたので、現在の地に移って「金沢宿」と改称したと伝えられている。『村役人の記録』に「慶安四年（１６５１）青柳宿ヲ金沢宿ト相改メ候」とあり、寛文５

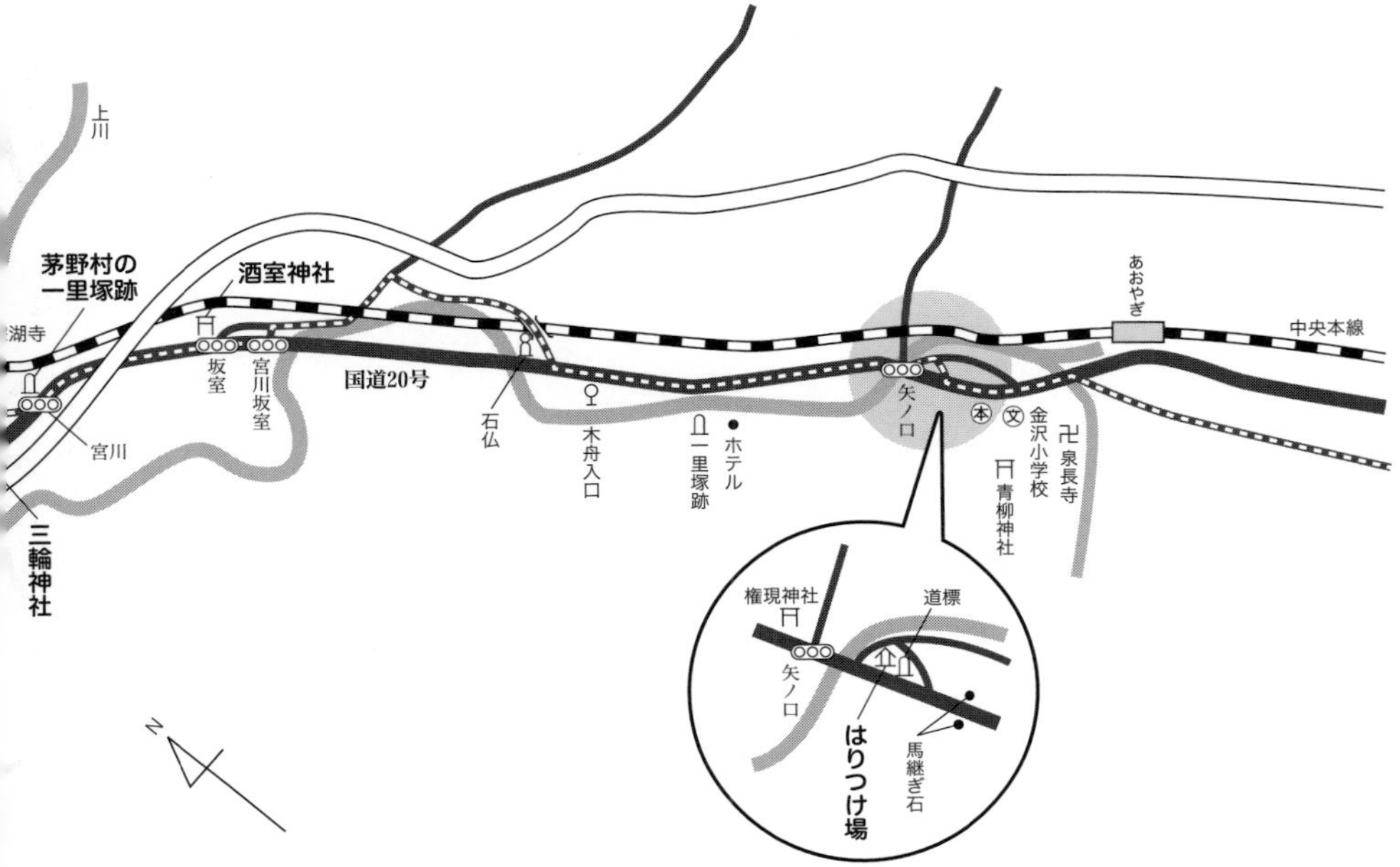

年（1665）の宗門人別帳には「金沢村122戸」とある。

この宿は蔦木宿と上諏訪宿の間にあり、伊那道（高遠道）を通って高遠や飯田に通じる道の分岐点でもあったので、伝馬地として当初から計画的に造られた。町並は上町・中町・下町に分けられ、宿の入口にはそれぞれ枡形が設けられていた。この間6町にわたって道幅は5間に造られ、道の中央と両側の家並の裏には3尺の用水汐（せき）が造られた。

本陣は宿の中央西側にあり、文化2年（1805）の『御分間御絵図御用宿方明細書上帳』によれば「御本陣問屋兼帯白川嘉右衛門　建家坪凡百拾六坪、玄関付ニ而門構無之候」とある。

この本陣は上の問屋を兼ねていて、道をはさんだ樋口芳直氏宅が下の問屋を務め、毎月15日交代で継立の業務を行っていた。また、この宿には脇本陣がなかったので、必要なときには脇本陣の代わりとしても使われていたようだ。『宿村大概帳』に「若脇本陣入用之節は問屋居宅にて取賄来」とある。高札場は下の問屋の前にあった。

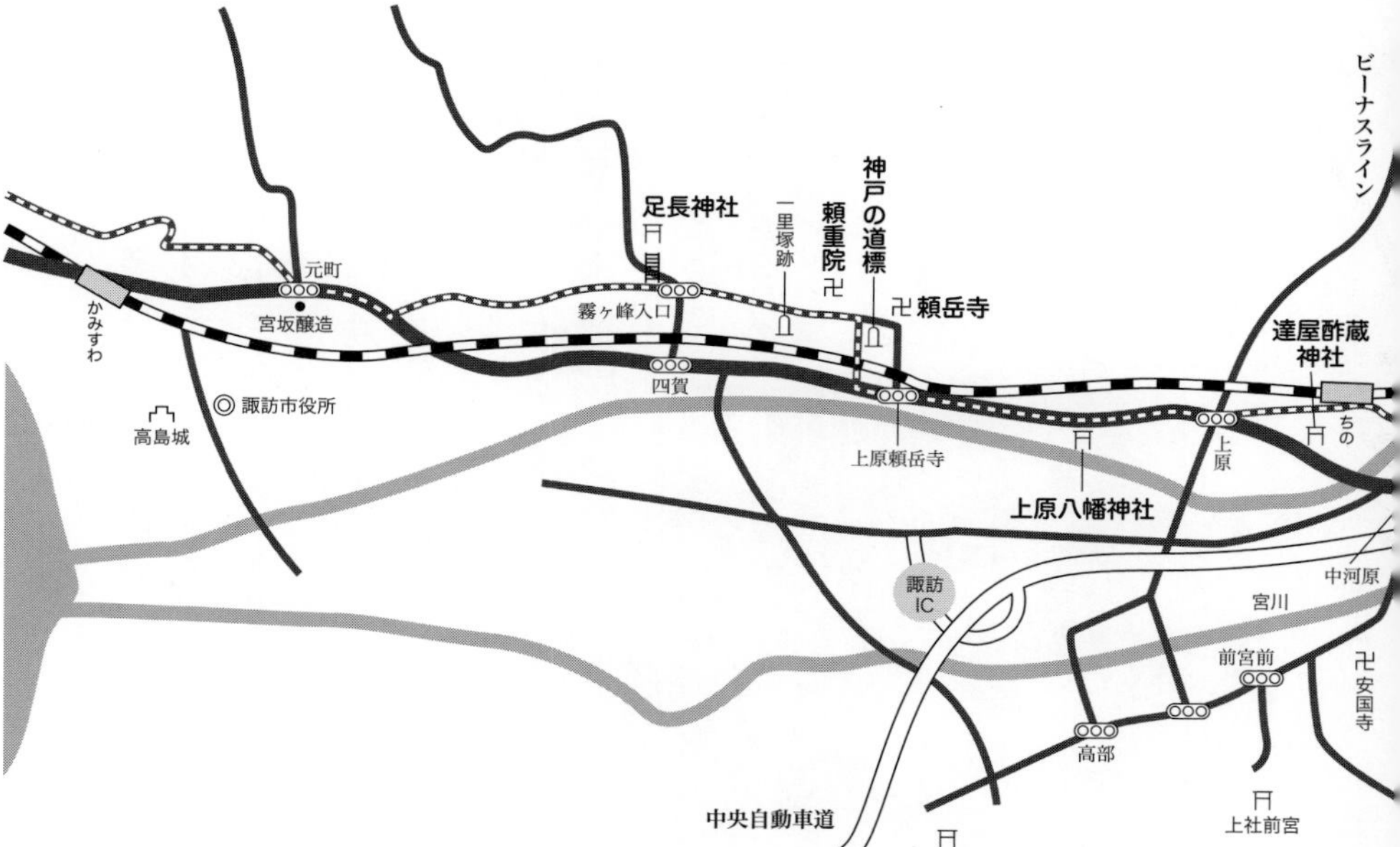

泉長寺

◆本陣跡の奥に金沢小学校、その隣に泉長寺（曹洞宗）がある。境内には御伝馬石（おてつき石）、墓地には金沢宿本陣問屋、小松三郎左衛門（延宝４年〈１６７６〉11月３日没）の墓がある。金沢小学校の奥、青柳神社の境内には「小松三郎左衛門の公徳碑」がある。

本陣から先の甲州街道はかなり旧観が残っている。本陣のすぐ先は旅籠屋「松坂屋」で、２階には連子格子が残り、入口のくぐり戸も昔のままである。

約３００メートルで下町の枡形となっていたのだが、現在は右にカーブして宮川に架かる金沢橋を渡る。途中、右側に「馬継ぎ石」があるのは馬方宿。当時の面影をよく残している建物で、玄関の奥が馬屋、連子格子の入った２階の部屋が馬方の客室となっていた。

馬継ぎ石を過ぎてすぐ、右の小径を入ると追分にあったと思われる「道標」が残っている。「左たかとう道」、裏には「宝暦八年」とある。もう少し進むと左手に小堂があり、中に石地蔵が祀られている。ここはかつての「はりつけ場」で、小松三郎左衛門が処刑されたところである。

1　小松三郎左衛門はりつけ場所

信州高島藩領、諏訪郡金沢宿本陣問屋４代目当主、小松三郎左衛門

松坂屋２階の連子格子

は明暦2年（1656）に金沢宿所有の土地が千野村のものと裁決されたことに対して、村人の先頭に立って諏訪藩に抗議。直訴したが、奉行所は問屋継立を怠ったという理由で三郎左衛門に対してはりつけ、妻子追放、闕所（けっしょ）に処した。結局、土地も延宝6年（1678）に諏訪藩の所有となった。100年後の安永2年（1773）、供養のために子孫が地蔵を建立。この後200年を経た明治13年（1880）には、金沢側の勝訴判決も出された。

土地の人は小松三郎左衛門のことを「みょうり様」と呼んでいる。台石には「寛政十二年（1800）四月建立」とある。

◆金沢橋を渡ってすぐ、矢ノ口交差点近くに権現神社がある。

権現神社から約1キロメートル先、道の左側50メートルほど、宮川の対岸にある水田の土手には石柱が建てられており、「一里塚江戸日本橋より四十九里」とある。

権現神社の摩利支天の像

さらに600メートル進み、木舟入口のバス停を過ぎてすぐの道を右に曲がる。右の土手に道祖神が数基祀られているところを過ぎて中央線の陸橋を渡り、左折して鉄路沿いに進む。約1キロメートル、右から来た県道197号と合流して中央線の下をくぐって、再び国道20号と合流。弓振川に架かる橋を渡り、坂室の信号を右折し、50メートルほど進むと「酒室神社」がある。

小松三郎左衛門のはりつけ場所

2 酒室神社

祭神は建御名方神。諏訪大社上社の年次祭典である押立御狩（5月2日）と御射山祭（8月26日）の神事には、酒室社の神事によってすべての準備が整えられている。御射山祭ではどぶろくを造り、山の神に供える前夜祭を執り行っている。

境内の隅には明治34年に発掘された「雨降塚」という珍しい碑が立っている。

◆坂室の信号から約1キロメートル、中央自動車道の下をくぐって宮川の信号で20号と分かれ、県道197号で茅野村に入る。かつてこの辺りは間宿茅野村であったが、いまはまったくその姿がない。この少し手前、右に入った民家の庭に「茅野村の一里塚跡」の標識がある。

3 茅野村の一里塚跡

江戸から50里の一里塚。『宿村大概帳』には「木立松　但、左右之塚共茅野村地内」とある。

酒室神社

《間宿茅野村》

金沢宿から1里10町、上諏訪へ2里4町のところにあり、慶長のころより町づくりがなされていたと考えられる。茅野村は成立当初より延宝初期までは「千野村」と記されていたが、同村の宗門人別帳によれば延宝6年（1678）以降は「茅野村」と記されている。

◆宮川の信号から県道197号を進むと、左手に「三輪神社」があり、さらに上川橋を渡って道なりに進むとJR茅野駅前に出る。駅前には諏訪神社の大きな鳥居がある。さらに600メートルほどで再び国道20号と合流する。そこから20号を少し戻って横内の信号近くに「達屋酢蔵神社」はある。

4 三輪神社

御祭神は大国主命ほか2神。久寿年間（1154〜56）に大和国三輪神社を分霊したものと伝えられている。

本殿は文化元年（1804）、大隅流大工・矢崎玖右衛門の築。

5 達屋酢蔵神社

達屋社は諏訪明神の造営を司る大工の神で、酢蔵社は酒を造る知恵の神である。文明14年（1482）に両社が合併し、中世より横内の産土神となった。

御柱祭のときは、八ヶ岳の御小屋神社より御柱を曳き出す特権を持っている。

6 上原八幡神社

鎌倉の鶴岡八幡宮を勧請したと伝えられる。江戸時代は藩主諏訪家の信仰が厚く、参勤交代の途中、必ず御前に礼拝した。

◆上原八幡社から約1キロメートル、上原頼岳寺前の信号を過ぎて、次の角を右に入る。中央線の下をくぐり、道が少し登りになると左に曲がるが、その先の右手に「常夜灯」と「神戸の道標」がある。

神戸の道標

7 神戸の道標

大きな石に大きな字で「右江戸道」とあり、石の燈籠には「右東京迄、左大門道」とある。もう1つは小さいもので、正面に「右江戸道」、左には「左山浦道」とある。

◆この「大門道」を東に130メートル行くと「頼岳寺」がある。頼岳寺の北東山腹には上原城跡がある。

8 頼岳寺（曹洞宗）

諏訪頼水が、寛永8年（1631）に上野国甘楽郡白井の双林寺13世関徹禅師を招いて開山。永明寺の釈迦如来を本尊とし、父母の御霊を祀った。境内奥の霊廟に父永明寺殿（頼忠）と母理昌院（頼忠夫人）の墓を永明寺から移して埋葬している。この廟所には後に頼水も葬られた。本堂欄間彫刻は立川流二代和四郎富昌の作。また、総門を入って左手には島木赤彦の「ひとつ蟬なきやみて遠き蟬聞ゆ山門そとの赤松はやし」の歌碑、池のそばに「名月や池を巡りて終夜」の芭蕉の句碑などがある。

頼岳寺

《上原城跡》

現在は金比羅山・城山などと呼ばれている諏訪大社の大祝諏訪氏の本城。信玄の妹祢々を正室としていた城主諏訪頼重は天文11年（1542）6月、武田信玄に攻められた際に手勢350騎で対抗しようとした。しかし北西2キロメートルの桑原城に移った後に降伏し、城を明け渡した。頼重は甲府に送られ、板垣信方邸で天文11年7月20日に自決させられた。

翌年には諏訪郡代板垣信方が上原城を修築。後に武田氏の信濃経営の拠点として、なくてはならない城となった。

天文11年に諏訪氏は一時断絶したが、信玄没後甲州一円を家康が領すると諏訪頼忠（頼重の従弟）は家康に帰順した。その子の頼水も関ヶ原の戦いに参戦して、慶長6年（1601）には旧領を回復した。

山頂部に残る城跡の遺構は一の郭、二の郭、三の郭とも土塁・空堀がよく残っている。本丸は山頂部にある城としては広い。ここから眺めると諏訪上社方面を一望できる。

◆神戸の道標を過ぎると諏訪市に入る。これから甲州街道は山腹をまくように諏訪盆地を眺めながら進む。頼岳寺から800メートル、左側には「一里塚跡碑」が建っている。江戸より51番目である。途中、右手奥には「頼重院」がある。

9　頼重院（曹洞宗）

開基は諏訪頼重。家臣らが頼重の遺髪を持ち帰って境内に埋葬した。大石の石塔の辺りが墓所だったところ。大正9年の台風のとき、この石塔の中から宝篋印塔や六地蔵が出てきた。現在は堂内に安置されている。
◆神戸の一里塚から800メートル、霧ケ峰入口の信号を過ぎて右手にある階段は「足長（あしなが）神社」への参道である。

10 足長神社

祭神は脚摩乳神（あしなずち）。脚摩乳神は櫛名田姫（くしなだ）の父親であるから諏訪大社の祭神、建御名方神の曽祖父にあたる。上桑原の産土神であり、創立年代は不詳であるが、桑原郷の社として手長神社とともに祀られたものと考えられる。

拝殿の彫刻は大隅流の棟領矢崎専司が心血をそそいだもので、内陣扉の上り竜、下り竜、脇破目には孔雀と獏が雲をまとっている。左手の舞殿の虹梁（こうりょう）の唐獅子の木鼻に大きな足の裏が彫られている。この神は足の長さが10メートルもあったという。

足長神社の足

◆足長神社から1・5キロメートルほどで国道20号と合流し、清水町を通って、元町に入る。ここが上諏訪宿の入口で、白樺湖方面への道を分けている。左手に「眞澄」と書かれた宮坂醸造ののれんが目に付く。まもなくJR上諏訪駅に辿り着く。

第20回
上諏訪宿から下諏訪宿
（1里11町）

── 上諏訪宿（1里11町）下諏訪宿 ──

ポイント

城下町の上諏訪宿から下諏訪宿への道は湖畔の高台の上を湖を見下ろしながら歩くので、諏訪盆地の風景を楽しみながら下諏訪宿に入ることができる。下諏訪宿は中山道の宿場でもあり、湯の湧く宿場として大変賑わっていた

行程：ＪＲ上諏訪駅……上諏訪宿……十王堂跡……貞松院……正願寺……八劔神社……精進小路の角地（高札跡）……精進湯跡……手長神社……柳口役所跡……吉田の松……片羽一里塚跡……旧諏訪家庭園指月庵……温泉寺……先宮神社……石投場……富部一里塚跡……承知川橋……諏訪大社下社秋宮……下諏訪宿……甲州道中終点（下諏訪追分）

＊歩程約5.1キロメートル

諏訪大社下社秋宮

◆ＪＲ上諏訪駅前を右折、国道20号を南東に約１キロメートル進むと元町の交差点に着く。この辺りから上諏訪宿に入る。

〔上諏訪宿〕

本陣1軒　旅籠14軒　総家数２３２人
人口９７３人（男４８８人　女４８５人）
宿場の長さ5町
高島城の城下町。
かつての街道沿いには商人町であった清水・角間・上町・中町。そして武家町であった本町・片羽町が続き、細長く城下町を形成していた。宿場の中心は中町であった。

◆元町交差点には十王堂跡の標識があり、ここで道は二手に分かれる。左方の20号をまっすぐ進むのが甲州街道。しかし右に入る裏町通りの方が曲がるところがないため、利用者も多かったようで

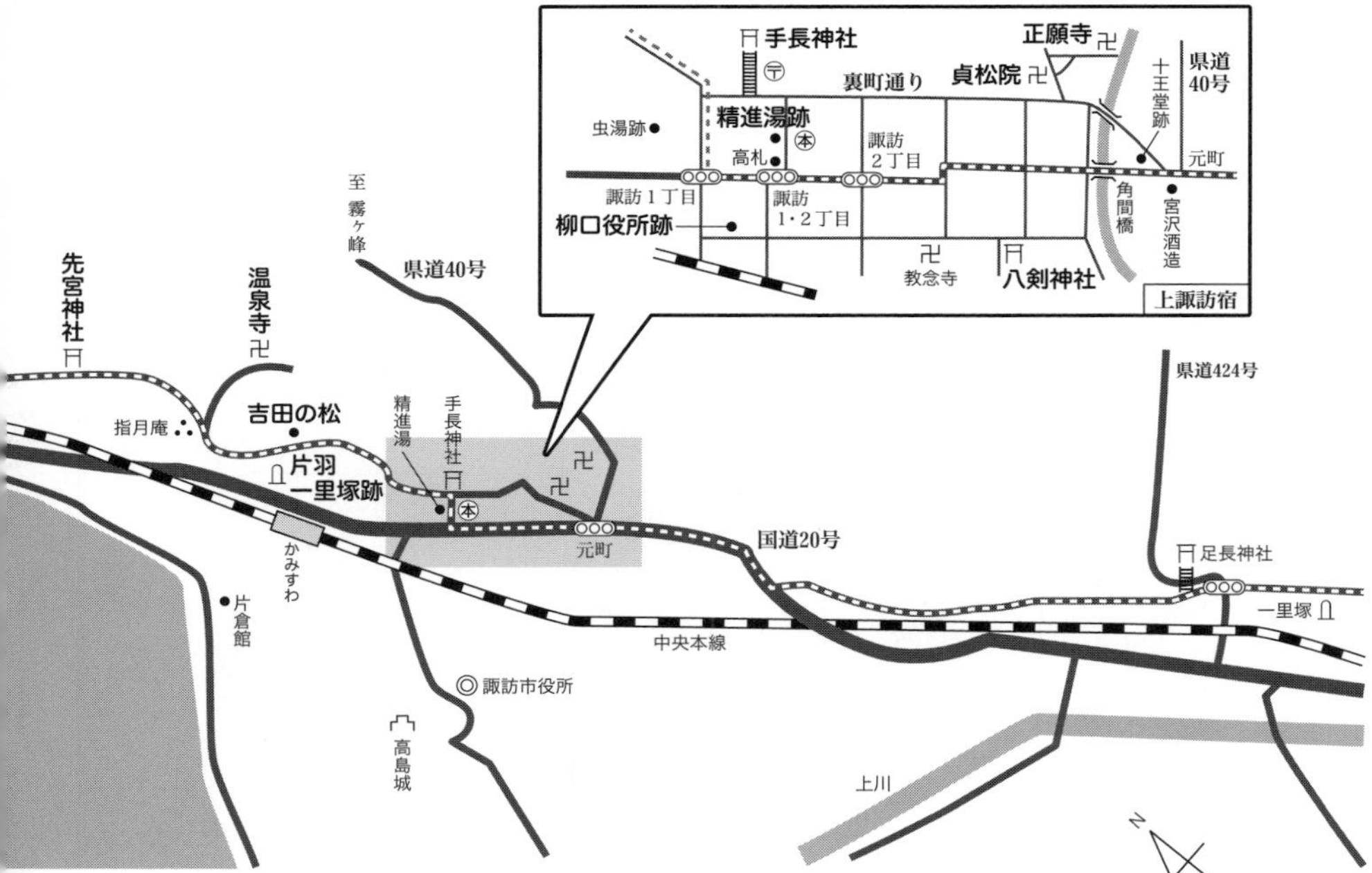

ある。

裏町通りを進むと右手に「貞松院（ていしょういん）」があり、その奥には「正願寺（しょうがんじ）」がある。

1 貞松院（浄土宗）

開創は文禄2年（1593）、開山は無哲上人、開基は諏訪頼水。開創当時は「慈雲院」と称していたが、頼水公夫人の没後、正保2年（1645）10月7日に「貞松院」と改称された。貞松院とは頼水夫人の院殿号である。

ここには松平忠輝の墓がある。忠輝は家康の六男。母は茶阿の方。室は伊達政宗の娘、五郎八姫。高田60万石の領主であったが、元和元年（1615）に家康から勘当され、翌年には秀忠から改易される。以後伊勢・飛騨、そして諏訪頼水に預けられ、天和3年（1683）、93歳で高島城南之丸屋敷で亡くなった。法名は「寂林院殿心誉輝窓月仙大居士」。

2 正願寺（浄土宗）

芭蕉の弟子である河合曽良の墓がある。

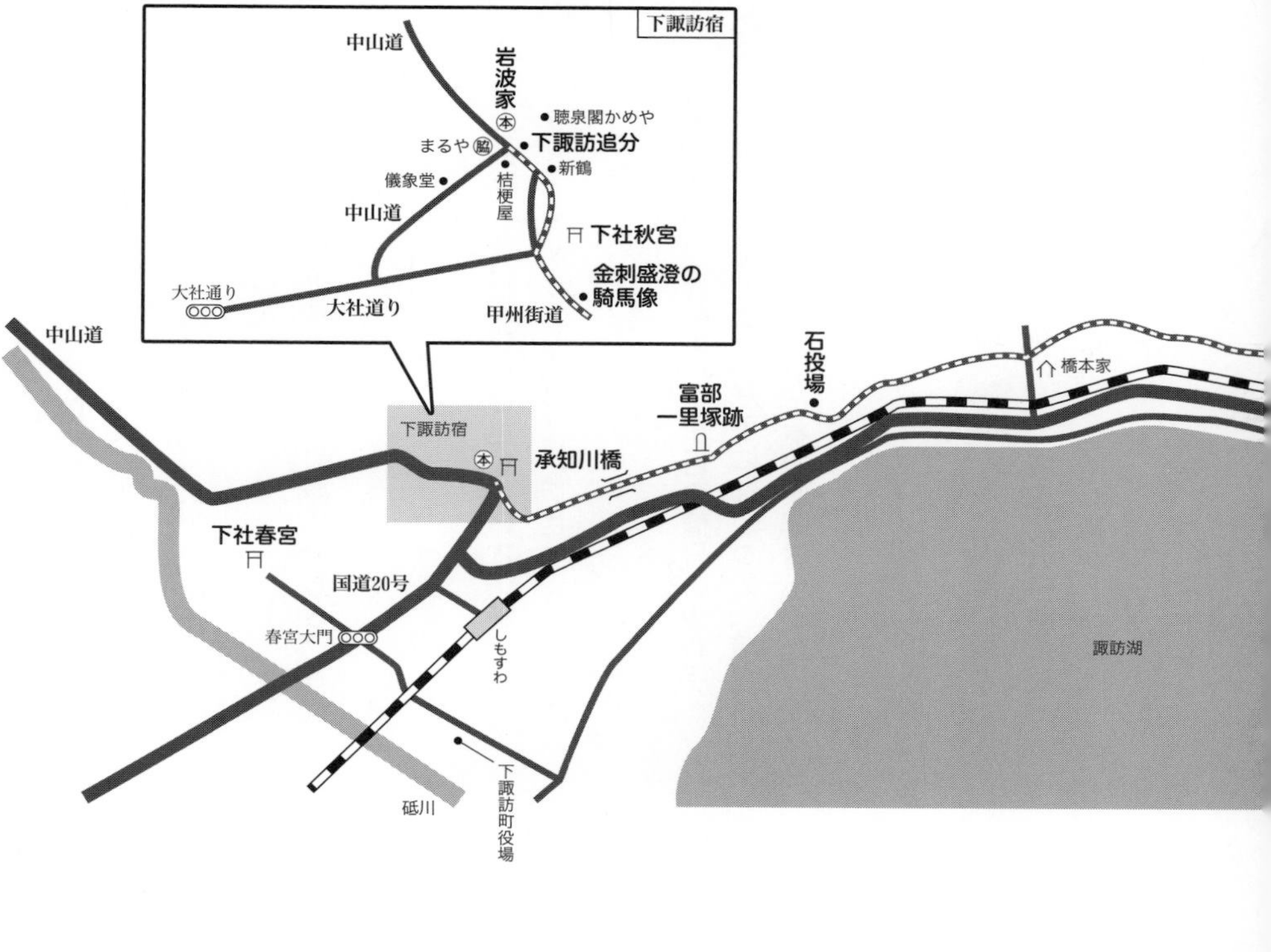

曽良は上諏訪の生まれ。伊勢長島の河合家の養子となったが、後に江戸に出て松尾芭蕉の門人となり、芭蕉とともに「奥の細道」を旅した。宝永7年（1710）5月22日、壱岐の勝本で没し、同地の三光寺（現・能満寺）に葬られた。正願寺の墓には彼の遺髪がおさめられ、「春に我　乞食やめても　筑紫かな」という辞世の句が刻まれている。

◆元町の信号から甲州街道を進み、角間川を渡ると、左手に立派な鳥居が見える。八剱神社である。もとは高島城の辺りにあったが、築城の際に現在地に移された。

3 八剱神社

主祭神は八千矛神（大国主命）とし、日本武尊と誉田別尊を合祀している。鎌倉時代以来、海上の守護神として崇敬されてきた。御神渡の拝観の神事も行っていて、社宝には高島藩主や松平忠輝の寄進したものなどがある。

◆甲州街道に戻って、現在はわずかなカーブになっている枡形を通る。諏訪1・2丁目の信号の少し手前の右手、精進小路に入ったすぐ左角に高札場が置かれていた。少し進んで、左手にはかつて「精進湯」があった。右手の駐車場の辺りが貞享2年（1685）以来、幕末まで続いた本陣兼問屋小平氏の屋敷のあったところである。

4 精進湯跡

上諏訪の主な温泉は、小和田平湯、湯之脇平湯、精進湯、鶴沼の湯、虫湯があった。そのうち鶴沼の湯は武士が、虫湯は藩主が主として利用し、精進湯は一般庶民の湯であった。この湯は手長神社の参道前にあり、潔斎して参拝するという意味から「精進湯」と呼ばれた。現在は閉館し、跡地に「お手湯」がある。

◆精進湯の先、裏町通りにある諏訪郵便局の横から長い階段を登った上に「手長神社」がある。ここからは諏訪市街が一望できる。

5 手長神社

祭神は手摩乳（てなずち）神。足長神とともに櫛名田姫の親である。手長神は手が7メートル、足長神は脚の長さが10メートルもある。この手を伸ばせば、たちどころに魚を捕えられる手長神と湖中を自在に歩きまわれる足長神が、互いに背負い背負われ、共同で漁をするという。

諏訪湖北岸の桑原郡は漁場の一等地で東の足長神社も、西の手長神社も、ともに石段の足もとまで波が打ち寄せていたという。

手長神社は下桑原村の産土神であり、創立は足長神社とともに桑原郷の成立期（平安時代）までさかのぼると考えられる。また丑寅の方角に位置するため、高島城の護神となっている。現在の拝殿は享保16年（1731）、立川流初代和四郎富棟の建築。随所に得意の彫刻がほどこされ、とくに竜を浮き彫りにした海老虹梁は、一部に失火の焼け跡を残しながらも見事な出来である。

精進湯（現在は閉館）

手長神社

《高島城》

高島城は湖水の端に位置する小島に築かれた水城で、小規模ながら湖と低湿地に囲まれて要害を成し、「諏訪の浮城」と呼ばれていた。天正18年（１５９０）、豊臣秀吉の武将、日根野織部高吉によって設計され、慶長３年（１５９８）に築かれた。

西北に３層の天守を築いた本丸を中心に、二の丸・三の丸・衣の渡郭の４つの曲輪から成る連郭式の縄張りは南北に長く湖に面して構えられ、周囲を回る諏訪湖と数条の河川が濠の役を務めていた。諏訪湖の波も城壁も迫り、あたかも水中から城郭のみが浮き出した形であった。

また、高島藩では寛永３年（１６２６）に配流された松平忠輝のための幽閉屋敷として南之丸を建て、堀をめぐらし番所をつけた。この南之丸では吉良上野介の嗣子、義周もこの地で病死するまでの3年間を過ごしている。義周は赤穂浪士討ち入りのとき、親が討たれるのにその働きが武士らしくなかったと幕府より叱責を受け、領地没収となり、罪人として諏訪高島藩お預けとなった。現在、諏訪市役所の駐車場の南、諏訪市武道館の辺りが南之丸のあったところ。

明治８年には天守閣を撤去して、高島公園として一般に開放された。昭和45年には天守閣が復元されたものの、明治以降の城跡周囲の埋め立てによって、昔の浮城の面影は全くなくなってしまった。

高島城

◆精進小路で曲がらず、諏訪1・2丁目の信号をさらに進み、諏訪1丁目の信号から縄手通りに入る。踏切手前を左折してすぐ左、現在公園となっている場所が「柳口役所跡」である。

6 柳口役所跡

説明板によると、ここは高島藩の民政の窓口で、村役人などを呼び出して命令や裁判をしていた場所である。明治2年に国学校、明治12年に高島学校が建てられ、翌13年6月の明治天皇御巡幸の際には行在所となった。

◆諏訪1丁目の信号を右折し、すぐに左折すると裏町の道と合流して片羽（かたは）に入る。道の右側には武家屋敷があり、左手には馬場があった。合流してから350メートルほどで、片羽保育園入口にある「吉田の松」に出る。

7 吉田の松

樹齢約280年の黒松で、諏訪市の天然記念物になっている。諏訪には元禄以前に黒松がなかったが、高島藩士吉田式部左衛門が大坂城守備の任務を終えた折に持ち帰ったといわれる。代々吉田家の庭に植えられていたが、昭和の初めに現在地に移植されたという。

◆吉田の松の先には「片羽一里塚跡」があった。

8 片羽一里塚跡

もとは両塚であったが、現在跡形はない。道の左手の塚の跡に石碑が立っている。『宿村大概帳』には「木立　左榎・右無之、但、左右之塚共下桑原村地内」とある。江戸より52里目の塚である。

◆片羽の一里塚から300メートルしたところに旧諏訪家庭園指月庵がある。ここで左に進むのが甲州街道であるが、右に進むと「温泉寺」がある。

9 温泉寺（臨済宗）

慶安2年（1649）に2代藩主の忠恒が諏訪家の菩提寺として建立。忠恒以降8代忠怨（ただみつ）までの墓碑がある。明治2年（1869）の火災の後、高島城の能舞台を移築したという本堂が残っている。これは三間四方の舞台に裳階と唐破風を持ち、向拝を付けた特色ある形である。山門も城中からの移築といわれ、仁王像は脇に造られた小堂に収まっている。庫裡は城内の藩主書院だったものである。

寺の入口には「薬師如来名湯」という石碑が建っている。傍の石地蔵や境内の石仏は高遠の名工、守屋貞治の作と伝えられている。

永享2年（1430）作という古鐘は、もともと飯田の安養寺にあったもの。織田信長が武田勝頼を攻めたときに陣鐘として、ここまで引いてきて、寺創建のときに同寺の梵鐘としたという。

また、神仏分離の際に上社から移した鉄塔（舎利塔）もある。墓地の横の木の下にある五輪塔は、和泉式部の墓と伝えられている。下諏訪宿は和泉式部の出身地といわれている。

◆指月庵から左に進んで400メートル、右手にある神社が「先宮神社」である。

温泉寺

先宮神社

10 先宮神社

祭神は高光姫命（たかてるひめのみこと）、また稲背脛命（いなせはぎのみこと）ともいう。国津神で、建御名方神入国の際には敵対したが降伏した。そのため境内を出ることを許されず、前の小川には橋が架けられていない。

◆これから先、諏訪湖の北の山腹を大和（おわ）、高木、富部（とんべ）と見晴しのよい道を進む。途中、左手に歴史を感じさせる重厚な建物、橋本政屋という道中茶屋跡がある。

先宮神社から約2キロメートル進んだ右手には「石投場」がある。

11 石投場

説明板によると、昔はここから湖水めがけて石を投げたりしたとのこと。現在は下に中央線と国道20号が走っているが、かつてはこの下まで湖水が迫っていた。

◆石投場の先を500メートル進んで右手、山ぎわに「富部一里塚跡」がある。先宮神社から富部一里塚までは街道のたたずまいがよく残っている。

12 富部一里塚跡

下諏訪町富部にあり、両塚であったといわれており、跡には石碑が立っている。甲州街道最後の一里塚である。残り11町で中山道につながる。碑には大きく「甲州道中　一里塚」と彫られている。右横の説明板には「江戸より五十三里」と記されてある。『宿村大概帳』には「木立榎　但、左右之塚共富部村地内」とある。

道中茶屋　橋本政屋
（かつてユースホステルだった）

富部一里塚跡

◆「承知川橋」を渡ると、少し先に説明板がある。

13 承知川橋

説明板には「(前略)……伝説によると永禄四年(1561)武田信玄が川中島の戦いの砌、諏訪大明神と千手観音に戦勝祈願を約し、社殿の建替と千手堂に三重の塔の建立を約して出陣したと言う。しかし戦に利あらず帰途この橋を通過せんとしたが乗馬は頑として動かず信玄ふと先の約定を思い出され馬上より下りて跪き「神のお告げ承知仕り候」と申し上げ帰国したと言う……(以下略)」とある。

以来この川が「承知川」、この橋が「承知川橋」と呼ばれるようになった。承知川橋に使われていた石が右側の石垣にはめこまれて、保存されている。

◆久保で山をまくようにして一里塚から約1・5キロメートルで「諏訪大社下社秋宮」の前に出る。ここから下諏訪宿に入る。

14 諏訪大社下社秋宮

祭神は大国主命の子建御名方神(たけみなかた)と妃八坂刀売神(やさかとめ)で、狩猟農耕の神、軍神として、いまは交通安全・縁結び・産業の神として崇められている。国の重要文化財である幣拝殿、左右片拝殿は、安永10年(1781)、立川流初代立川和四郎富棟の作で、装飾彫刻などが素晴らしい出来である。天保6年(1835)、2代立川富昌作の神楽殿も国重要文化財となっている。

境内には「御柱(おんばしら)」がある。諏訪大社の御柱祭では寅・申の7年ごとに、17メートルもあるモミの大木を人力で伐採。その大木を曳き行い、曳き立て、社殿の四隅に立て、奉納している。

《諏訪大社》

信濃国一の宮として全国に1万余の分社をもつ。諏訪湖を隔てて南北に上社、下社がある。上社は本宮と前宮に、下社は春宮と秋宮に分かれており、これら4社を合わせて「諏訪大社」という。上社の祭神は建御名方神、下社は建御名方神とその妻の八坂刀売神で、武神・農耕神・狩猟神・風神として武田信玄など武将の信仰も集めた。社殿は四方を御柱に囲まれ、その内部に東西宝殿、幣殿、拝殿などが配置された諏訪造。上社にはその背後に神体山（しんたいざん）が、下社には神木が立つ。諏訪大社は本殿を持たず、上社は「お山（守屋山）」、下社秋宮は「一位の木」、下社春宮は「杉の木」をご神体とする。

〔下諏訪宿〕

本陣1軒　脇本陣1軒　旅籠40軒　総家数３１５軒
人口１３４５人（男７０６人　女６３９人）

下諏訪宿は中山道との合流点で、諏訪湖のほとりにあり、古くから諏訪大社の門前町として栄えた。旅商人の泊まり客も多く、宿場町の特徴もよく残す町である。出桁造り（でげたつくり）の低い2階建て、竪繋格子（たてつなぎごうし）の家も多い。

温泉でも全国的に有名な諏訪は、諏訪氏3万5千石の城下町でもあった。長野県で最も大きな湖、諏訪湖の周囲は商業、観光施設が建ち並び、今日まで発展している。

◆秋宮の鳥居の前を右に入ると、弓を持った金刺盛澄の騎馬像が立っている。

15 金刺盛澄の騎馬像と手塚城跡

かつてホテル山王閣のあった辺りは「山王台」ともいわれている。また手塚別当金刺光盛（手塚太郎光盛）の居城跡で「手塚城」または「霞城」とも呼ばれていた。諏訪大社下社の大祝、諏訪太夫盛澄（金刺盛澄）の弟であった手塚太郎光盛は、木曽義仲に従って平氏を討った後、粟津ヶ原で義仲とともに戦死する。

手塚太夫盛澄も義仲に従って上京。義仲の死後も京に残って、源頼朝に捕らえられた。しかし弓の達人であることを知っていた梶原景時のとりなしがあり、鶴岡八幡宮の放生会（ほうじょうえ）に参加し、頼朝の前で流鏑馬の技を披露する。その妙技に感嘆した頼朝は盛澄を許したといわれている。

後に景時の死を知った盛澄は供養のため宝剣を埋めて塚を作ったという。塚には「梶原塚」と彫られた碑が建てられている。この碑はJR下諏訪駅の北東、菅野町会館前にある。

◆下社秋宮の鳥居の前を左に入ると、石垣の下に「下諏訪宿甲州道中口・番屋跡」の石碑がある。さらに国道142号を進むと、間もなく甲州街道の終点に至る。「下諏訪追分」となる聴泉閣かめやの駐車場にはそれを示す碑が建っている。

下諏訪追分

金刺盛澄の騎馬像

16 下諏訪追分

甲州街道はここで終わる。中山道との合流地点。石の道標には「甲州道中終点　右江戸へ五十三里十一丁　中山道下諏訪宿問屋跡　左江戸より五十五里七丁　正面京都へ七十七里三丁」とある。

◆下諏訪追分の隣が中山道の宿、「下諏訪宿本陣岩波家」である。

17 下諏訪本陣岩波家

元禄以降、岩波氏が代々問屋と本陣を兼ねていて、明治までその任にあたった。門前には「明治天皇行在所の碑」が建っている。

日本の庭園100選にも選ばれている本陣の庭園は、秋宮の森を借景とした名庭園で、中山道でも随一と言われている。中山道は参勤交代、日光例幣使、お茶壷道中の行列や諸大名が多く、別名「姫街道」ともいわれるくらい大名の奥方や姫君の通行が多かった。14代将軍家茂へ嫁ぐため、文久元年（1861）10月20日に京都を出発した皇女和宮も11月5日、この岩波家に泊まった。令和5年（2023）には長野県宝に指定された。

敷地は825坪、建物は280坪あり、本陣と私宅とに分かれていたが、本陣の一部は現在、聴泉閣かめやという旅館になっている。上段の間などは旅館の内部にそのまま残され、茶園も庭園に面して建てられている。

◆下社秋宮から塩尻方面に中山道を進む。下諏訪駅前の信号を左折するとJR下諏訪駅に辿り着くが、もう少し中山道を進み、春宮大門の交差点を右折してまっすぐ進むと「諏訪大社下社春宮」がある。

下諏訪宿本陣

18 諏訪大社下社春宮

下社最初の鎮座地と考えられている。２月１日、８月１日に遷座が行われ、１月15日は作物の吉凶を占う筒粥（つつがゆ）の神事、８月１日はお舟祭りが行われる。また、６月30日に末社の御作田（みさくだ）神社の境内で御田植神事が行われることからもわかるように、下社にはいまでも農耕神の姿が残っている。

幣拝殿・左右片拝殿（ともに国重要文化財）は立川流に対抗して、大隅流の村田長左衛門・伊藤儀左衛門兄弟により建てられた。正面の竜をはじめ軒の装飾彫刻は見事で、秋宮の幣拝殿を請け負った新興の立川和四郎富棟と同じ絵図面を使っている。秋宮の80両80俵に対して35両で請負い、不足額を自分で集め、秋宮より1年早く安永９年（１７８０）に完成させた。

◆時間に余裕があれば諏訪大社上社にもお詣りしたい。諏訪大社上社の前宮と本宮の間にある神長官守矢史料館には、諏訪大社の神事に関連する史料がある。

江戸時代には菅江真澄が諏訪大社上社の御頭祭（おんとうさい）の様子をスケッチと文章に残し、明治時代以降も柳田国男、折口信夫、宮本常一など民俗学者たちが諏訪地方に関心を寄せていた。

甲州街道の終点諏訪の見所はまだまだあるようだが、この旅もここで終わりとしよう。

下諏訪温泉にひたって旅の疲れを癒すとよいだろう。

神長官守矢史料館

甲州街道一里塚

里	名称	所在地	現状
1	隼町	東京都千代田区隼町（グランドアーク半蔵門付近）	築かれなかった模様
2	追分	東京都新宿区新宿3丁目	無し
3	笹塚	東京都渋谷区笹塚2丁目（笹塚交番隣）	説明板
4	下高井戸	東京都杉並区下高井戸1丁目	説明板
5	仙川	東京都調布市仙川町3丁目	石碑
6	小島	東京都調布市小島町1丁目	石碑・説明板
7	常久	東京都府中市清水が丘3丁目	石碑・説明板
8	本宿	東京都府中市日新町1丁目（NEC府中事業場内）	
9	万願寺	東京都日野市万願寺2丁目	片塚現存・説明板
10	日野台	東京都日野市日野台4丁目（日野自動車西端）	説明板
11	竹の鼻	東京都八王子市新町（竹の鼻公園）	石碑・説明板
12	散田	東京都八王子市並木町（横山支所付近）	無し
13	駒木野	東京都八王子市裏高尾町	無し
14	小仏	東京都八王子市裏高尾町（小仏峠手前）	無し

里	名称	所在地	現状
15	小原	神奈川県相模原市緑区小原	標柱
16	貝沢	神奈川県相模原市緑区与瀬	標柱
17	藤野	神奈川県相模原市緑区小渕	無し
18	塚場	山梨県上野原市上野原（疱瘡神社内）	片塚現存・説明板
19	大椚	山梨県上野原市大椚	石碑・説明板
20	荻野	山梨県上野原市野田尻	標柱・説明板
21	恋塚	山梨県上野原市犬目	片塚現存・説明板
22	鳥沢	山梨県大月市富浜町鳥沢	標柱
23	猿橋	山梨県大月市猿橋町殿上（阿弥陀寺山門前）	標柱
24	下花咲	山梨県大月市大月町花咲	片塚・説明板
25	丸山	山梨県大月市初狩町下初狩	無し
26	白野	山梨県大月市笹子町白野	無し
27	黒野田	山梨県大月市笹子町黒野田（普明院門前）	標柱・石柱
28	笹子矢立	山梨県大月市笹子町黒野田	無し
29	日影	山梨県甲州市大和町日影	標柱
30	大和	『山梨県歴史の道調査報告書』には大和橋西詰に一里塚跡の記載あり	無し

31	横吹	山梨県甲州市大和町鶴瀬	標柱
32	等々力	山梨県甲州市勝沼町等々力（等々力交差点付近）	推定
33	南田中	山梨県笛吹市一宮町田中	無し
34	石和	山梨県笛吹市石和町八田	無し
35	板垣	山梨県甲府市善光寺1丁目	無し
36	寿町	山梨県甲府市寿町（荒川橋付近）	推定
37	竜王	山梨県甲斐市竜王新町	推定
38	志田	山梨県甲斐市志田	無し
39	韮崎	山梨県韮崎市本町	推定
40	祖母石	山梨県韮崎市上祖母石	推定
41	穴山	山梨県韮崎市穴山町（穴山橋付近）	推定
	（甲府より）六里塚	山梨県北杜市武川町牧原	石柱
42	三吹	山梨県北杜市武川町下三吹	推定
	（甲府より）七里塚	山梨県北杜市武川町上三吹	石柱
43	台ヶ原	山梨県北杜市白州町台ヶ原	石柱
44	白州松原	山梨県北杜市白州町鳥原	無し
45	山口	山梨県北杜市白州町上教来石	推定

里	名称	所在地	現状
46	平岡	長野県諏訪郡富士見町落合	片塚現存・石柱
47	塚平（重修）	長野県諏訪郡富士見町富士見	片塚現存・石碑
48	御射山神戸	長野県諏訪郡富士見町富士見	両塚現存・石碑
49	木舟	長野県茅野市金沢	石柱・説明板
50	茅野	長野県茅野市宮川	石柱・説明板
51	神戸	長野県諏訪市四賀	石碑・説明板
52	片羽	長野県諏訪市諏訪1丁目	石碑・説明板
53	富部	長野県諏訪郡下諏訪町	石碑・説明板

『宿村大概帳』、『甲州道中分間延絵図』などによる。現状欄の「無し」は『分間延絵図』及び他の絵図に記載されているが、現在は何の表示もない所。「推定」は『分間延絵図』及び他の絵図にも記載はないが、実測と地元の言い伝えから考えられる。おおよそその推定場所である。

本表では距離的に納得できないが、『宿村大概帳』に合わせるため、山梨県の『歴史の道調査報告書』に記載されていた大和橋西詰の所に記載されている一里塚を加えたが、疑問が残る。以上のことを考慮すると、甲州道中（日本橋から下諏訪宿まで）は1里短くなり、52里11町と書き改めなければならなくなるかもしれない。皆様のご意見をお待ちしています。

●参考文献

今井金吾『今昔三道中独案内』ＪＴＢ出版事業局　２００４
大穂耕一郎『風は僕の案内人　人と甲州街道と中央本線』のんぶる舎　１９９３
児玉幸多監修『甲州道中分間延絵図　第1巻〜第9巻』東京美術
児玉幸多校訂『近世交通史料集6　日光・奥州・甲州道中宿村大概帳』吉川弘文館　１９７２
東京都歴史教育委員会編『新全国歴史散歩シリーズ　東京都の歴史散歩（上）〜（下）』山川出版社　２００５
東京都教育庁生涯学習部文化課編『歴史の道調査報告書　第5集　甲州道中』１９９８
中西慶爾『甲州街道』木耳社　１９７９
長野県教育委員会編『歴史の道調査報告書Ⅱ　甲州道中』１９８０
西山松之助ら編『江戸学事典』弘文堂　１９９４
村上直編『江戸幕府八王子千人同心』雄山閣出版　１９９３
山梨県教育委員会文化課編『山梨県歴史の道調査報告書　第4集　甲州街道』１９８５
建設局関東地方建設局甲府工事事務所編『歴史資料集　甲州街道』１９９３
横山吉男『甲州街道を歩く　日本橋から小仏峠へ』東京新聞出版局　１９９０
山梨県高等学校教育研究会地歴科・公民科部会編『新全国歴史散歩シリーズ　山梨県の歴史散歩』山川出版社　２００７
長野県の歴史散歩編集委員会編『新全国歴史散歩シリーズ　長野県の歴史散歩』山川出版社　２００６
八王子市教育委員会生涯学習スポーツ部文化財課編『歴史と浪漫の散歩道』八王子市教育委員会　２００６

●協力機関一覧

東京都中央区教育委員会／東京都千代田区教育委員会／東京都新宿区教育委員会／東京都渋谷区教育委員会／東京都世田谷区教育委員会／東京都杉並区教育委員会／東京都調布市教育委員会／東京都府中市教育委員会／東京都国立市教育委員会／東京都日野市教育委員会／東京都立川市教育委員会／東京都八王子市教育委員会／神奈川県相模原市教育委員会／山梨県上野原市教育委員会／山梨県大月市教育委員会／山梨県甲州市教育委員会／山梨県笛吹市教育委員会／山梨県甲府市教育委員会／山梨県甲斐市教育委員会／山梨県韮崎市教育委員会／山梨県北杜市教育委員会／長野県富士見町教育委員会／長野県茅野市教育委員会／長野県諏訪市教育委員会／長野県下諏訪町教育委員会

●博物館など

消防博物館／新宿区四谷3－10／03－3353－9119／休館日：月曜、年末年始（入館無料）
谷保天満宮／国立市谷保5209／042－576－5123
日野宿本陣／日野市日野本町2－15－9／042－583－5100（日野市ふるさと文化財課）／休館日：月曜、年末年始
小原宿本陣／相模原市緑区小原698－1／042－684－4780／休館日：月曜、年末年始（入館無料）
吉野宿ふじや／相模原市緑区吉野214／042－687－5022／休館日：平日、年末年始（入館無料）
星野家住宅（下花咲宿本陣）／大月市大月町花咲193／0554－22－0006・0554－23－2708／見学は予約のみ
北原家住宅（七賢酒造）／北杜市白州町台ヶ原2283／0551－35－2236（代）／（入館無料）

あとがき

八王子に住む人たちにとって甲州街道は「大通り」と呼ばれ、親しまれていたが、私が街道として認識したのは昭和20年8月15日終戦後の米軍が進駐して来るまでの数日間であった。

当時、私は小学校（国民学校）６年生であったが、父の運転するV8エンジンを載せたフォードのコマーシャルカーで、東京駅前のビルに向かった。街道の信号機は一つも点燈していない。道には人っ子一人見えない。電車でも1時間以上かかっていた八王子から新宿までを、30分で着いてしまった。区内は一面の焼野原で、新宿のガスタンクだけが異様に残っていた。

東京駅前のビル内では長時間待たされたので、トイレに入ったところ、あるべきはずの大便器がない。それらしい個室に入って、椅子のような便器にまたがって用を足した。これが私にとって初めての洋式トイレ体験であった。そのトイレの窓から下を覗くと東京駅が見えたので、多分この建物は丸ビルではなかったかと思う。

それからしばらくして、外国人の姿も珍しくなくなったころ、中央線に乗っていた私の前に1人の外国の婦人が座った。列車の機関車を付け替えるため、八王子駅でしばらく停車したときである。当時、浅川（現・高尾）駅より先に行く列車は、電気機関車で牽引していた。

その夫人が流暢な日本語で「この列車は猿橋に行きますか」と尋ねる。「猿橋に止まる」と答えると、「私はドイツ人ですが、戦争が終わったので、これからドイツに帰らなければなりません。その前に父の造った発電所を見ておきたいのです」と語った。私は手前で下車したので、夫人が無事発電所を尋ねることができたか不明だが、駒橋発電所の建設にドイツ人が関わっていたということがずうっと気になっていた。その後発電所を訪れた折に、この婦人の話を係の方に尋ねてみたが、発電機がドイツ製であること、建設には数人のドイツ人が関わっていたということぐらいしか知ることができず、このドイツ人が何という方だったか今は知る由もなくなってしまった。

また、猿橋は私にとって忘れられない場所である。まだ小学校に入る前、父に連れられてよく猿橋を訪ね、時には橋の下で釣糸を垂れたこともあった。ある日、弟と2人だけで猿橋にいる父の元に出掛けるため、八王子から列車に乗った。猿橋で下車するはずが、案内放送を聞き間違えて1つ手前の駅で降りてしまい、どうしてよいか迷ってうろうろしているところを駅員に保護された。しばらくして乗合バスがやって来た。父が私たち2人を迎えるために、急遽バスを手配してくれたのだった。

なぜ猿橋に何度も行ったのかというと、猿橋のたもとに乗合バスの営業をしていた「都留自動車株式会社」の本社があって、父が役員をしていたのである。平成10年に亡くなった父の遺品の中に、会社の創立から解散までの「議事録」が残っていた。

それによると、創立は昭和15年9月5日、発起人は以下の8名である。

猿橋町猿橋	佐藤貞義	五百五拾株	路線の権利と乗合自動車四輌　他に土地・建物一棟
大月町駒橋	天野高信	五百株	路線の権利・乗合自動車弐輌・大月の宅地・車庫一棟
上野原町	山川新吉	参百四拾株	路線の権利と乗合自動車弐輌　他に建物
上野原町	富田千代麿	参百拾株	路線権利と乗合自動車参輌　他に車庫一棟
猿橋町猿橋	佐藤啓規	四拾株	
八王子市旭町	豊泉信太郎	弐拾株	
八王子市子安町	大高末之助	弐拾株	
浦和市針ヶ谷	近藤理慶	弐拾株	

途中、何回かの増資とそれにともない数人の株主の変動もあったが、戦時体制のためか、昭和19年に解

散している。その時の議事録には「当會社ノ主タル事業タル自動車運輸事業ヲ富士山麓電気鉄道株式會社に譲渡シタル」とある。

当時の人たちが夢と希望を持って地元の発展に尽くしていた「都留自動車株式会社」は、今の「富士急行㈱」に受け継がれて現在に至っていることがわかる。

長野県に入り、ＪＲ富士見駅から北へ少し歩くと富士見高原病院がある。この病院は戦後間もなく上原謙、花柳小菊で映画化された『月よりの使者』や堀辰雄の『風立ちぬ』の舞台となった場所である。現在、病院の一角が資料館となり、スチールなどが飾られている。中学生のころ、一人で何気なく入った映画館で観たのが、上原謙主演の『月よりの使者』であった。同名の主題歌はナツメロとしてもよく知られ、耳にする度に映画のシーンを思い出した。


なにか自分史みたいになってしまったが、私にとって甲州街道は思い出深い道である。

最後に本書を出版するにあたり、お世話になった方々を列挙させていただき、この場を借りてお礼申し上げます。

隣家の中村勇氏には、大変お世話になった。中村氏から甲州街道を歩いてみませんかと声がかかり、その隣の小川一夫氏と3人で高尾駅から小仏の関跡、さらに峠を越えて与瀬神社にお参りして猿橋まで向かった。そこから先は中村氏と数回に分けて韮崎まで歩いた。途中、鶴川宿では、中村氏の案内で、加藤家に保存されている高札を拝見させてもらった。穴山橋の先の上円井にある妙浄寺の梵鐘についての話も中村氏の紹介で地元の方から聞くことができた。

日本橋から下諏訪まで、約10年間にわたり何十回も歩く機会をくださったクラブツーリズム（株）、ご一緒に歩いていただいた多くの方々、本書出版にあたりご尽力くださった揺籃社の清水英雄さん及び編集で大変ご苦労をかけた増沢航さんに深く感謝いたします。

また、今回新版を作成するにあたって、初版から10年以上の歳月を経過したために、街道が著しく変化したことを実感した。今まで通れたところが通行止めになったり、新たに説明板が設置されたりといった変化を把握できる範囲で調べ直した。そしてそれぞれの地域にお住まいの方々からのご意見や誤りのご指摘も反映してきた。

たとえば初版刊行時には下鳥沢宿で昔のことを知っている古老を訪ねたが、上鳥沢宿の本陣は不明とのことだった。明治天皇御小休の碑があり、玄関が立派な家がそれらしいのではないかと住人に訪ねたが、最近越してきたばかりで分からないようだった。そこで推測のまま本陣の位置を記入していた。

初版刊行後、上野原市にお住まいの山口裕博氏から上鳥沢宿の本陣、問屋場について拙書の誤りのご指摘をいただいた。合わせて戸籍謄本や江戸時代の図面もご送付いただき、増補改訂版以降の記述に反映することができた。書面を借りてお礼申し上げます。

こうしたご意見を元に、より正確な情報を反映して新版を作成することができた。さまざまな形でご協力いただいた皆様にお礼申し上げます。

２０２２年12月

大高　利一郎

大高利一郎（おおたか りいちろう）
1933年東京都八王子市生まれ
東京学芸大学、東京経済大学卒業
公立学校教員退職
元近畿日本ツーリスト㈱ クラブツーリズム歴史講師、
クラブツーリズム㈱歴史講師

著　書『街道を歩く１　日光街道』（のんぶる舎）1999年
『日光街道をあるく』（創英社／三省堂書店）2009年

現住所　〒192-0904 東京都八王子市子安町２-36-19

新版 街道を歩く　甲州街道

令和５年４月10日　印　刷
令和５年４月22日　発　行

著　者　大　高　利一郎
発　行　揺　籃　社
〒192-0056　東京都八王子市追分町10-4-101
電話 042-620-2615　振替 00170-9-153497
URL https://www.simizukobo.com
印刷・製本　㈱清水工房

ISBN978-4-89708-501-2 C0026　　乱丁本はお取り替えします